A EMPRESA NOS CENTROS COMERCIAIS
E A PLURALIDADE DE ESTABELECIMENTOS

PEDRO MALTA DA SILVEIRA
Assistente da Faculdade de Direito de Lisboa
Advogado

A EMPRESA NOS CENTROS COMERCIAIS E A PLURALIDADE DE ESTABELECIMENTOS

OS CENTROS COMERCIAIS COMO REALIDADE JURIDICAMENTE RELEVANTE

LIVRARIA ALMEDINA
COIMBRA – 1999

TÍTULO:	A EMPRESA NOS CENTROS COMERCIAIS E A PLURALIDADE DE ESTABELECIMENTOS
AUTOR:	PEDRO MIGUEL MALTA DA SILVEIRA
EDITOR:	LIVRARIA ALMEDINA – COIMBRA
DISTRIBUIDORES:	LIVRARIA ALMEDINA ARCO DE ALMEDINA, 15 TELEF. (039) 851900 FAX. (039) 851901 3004-509 COIMBRA – PORTUGAL Livrarialmedina@mail.telepac.pt LIVRARIA ALMEDINA – PORTO R. DE CEUTA, 79 TELEF. (02) 2059773/2059783 FAX. (02) 2026510 4050-191 PORTO – PORTUGAL EDIÇÕES GLOBO, LDA. R.S. FILIPE NERY, 37-A (AO RATO) TELEF. (01) 3857619 1250-225 LISBOA – PORTUGAL
EXECUÇÃO GRÁFICA:	G.C. – GRÁFICA DE COIMBRA, LDA. JANEIRO, 1999
DEPÓSITO LEGAL:	130659/98

Toda a reprodução desta obra, por fotocópia ou outro qualquer processo, sem prévia autorização escrita do Editor, é ilícita e passível de procedimento judicial contra o infractor.

*Dissertação de Mestrado em Ciências Jurídicas
apresentada na Faculdade de Direito de Lisboa
em Abril de 1997*

INTRODUÇÃO

A consideração dogmática e jurisprudencial da temática dos centros comerciais que constatámos existir entre nós, quando iniciámos o processo de informação prévio à elaboração do presente trabalho, permite a imediata conclusão de que, com excepções, o debate, se aprofundou, fundamentalmente, em torno do problema da natureza jurídica do contrato que permite a instalação dos lojistas num local relativamente individualizado no seio do vasto centro comercial.

Será, muito provavelmente, um pendor que surge como consequência da necessidade, que não de uma opção claramente assumida.

Ao versarmos, também nós, a consideração jurídica dos centros comerciais sob esse mesmo prisma, algum sentimento de frustração nos invadiu, pela circunstância de, crescentemente, verificarmos que várias das tomadas de posição sobre a natureza jurídica de tal contrato ignoravam vastos aspectos do fenómeno em causa, centrando-se apenas em alguns deles, tidos por mais decisivos ou importantes.

Havia, assim, um seccionar da realidade, não autorizado ao jurista, já que é a mesma de extrema e decisiva relevância para os efeitos práticos tidos em vista pelas partes com a celebração do contrato, havendo inequívoca intenção de os submeter ao âmbito de vinculação deste.

Dito de outra forma: persistiam alguns sectores da doutrina e – cada vez menos – da jurisprudência em reconduzir um fenómeno de raiz essencialmente económica ou comercial a um mero fenómeno de raiz imobiliária.

Essa tendência reducionista bem se compreende, encarando-se o centro comercial, atomisticamente, sob o prisma de cada contrato de instalação do lojista, visto isoladamente. Dessa forma, não se perspectiva o profundo significado que esse negócio jurídico encerra em si e que lhe confere sentido e utilidade: cada contrato de instalação de um lojista num centro comercial inscreve-se, fundamentalmente, numa lógica de adesão e constituição de um empreendimento global que, por predominar na economia do contrato, lhe determina a vocação típica.

Face ao exposto, não se vê como qualificar juridicamente o contrato de instalação do lojista, sem antes qualificar juridicamente o centro comercial, já que aquele se inscreve na mais profunda lógica deste último. A sede própria para, com pleno aproveitamento sob o prisma da determinação do respectivo regime jurídico, qualificar os centros comerciais foi, entre nós, localizada por OLIVEIRA ASCENSÃO em torno do estabelecimento e da empresa[1]: em perfeita sintonia com aquela que é a vocação de princípio dos centros comerciais. Com efeito, os elementos ou aspectos da realidade que são postos em causa na negociação da adesão do lojista ao centro comercial, são exemplarmente absorvidos pelas figuras do estabelecimento e da empresa.

Percorrido tal caminho, chega-se a um ponto do percurso que, talvez, nos revele o motivo pelo qual – não só, mas também – a propósito dos centros comerciais se ignora a parte mais substancial das suas várias vertentes: para considerá-la, há que saber o que é o *estabelecimento* e o que é a *empresa*. Sabemos que o centro comercial, como projecto produtivo (em sentido lato), se posiciona muito claramente face a tais fenómenos, mas saber o que eles sejam é tema muito mais vasto e profundo do que, em qualquer caso, o seriam as considerações que agora se introduzem.

Cientes dos riscos, mas, muito mais atraídos pela problemática específica que envolve, para além de conscientes da necessidade de fazê--lo, debruçamo-nos no primeiro capítulo sobre o tema da determinação do estabelecimento e da empresa.

O nosso posicionamento nessa determinação do estabelecimento e da empresa não é, de forma alguma, alheio ao objectivo que, primacialmente, nos move: a determinação do que seja o centro comercial (até porque sob a referência de centro comercial se albergam as mais distintas e variadas realidades). Há que estabelecer distinções no recorte da realidade, diversificada como é, que se nos apresenta sob as vestes de centro comercial. Inclusivamente, para sabermos se o centro comercial pode considerar-se como uma categoria juridicamente operativa[2].

---

[1] *Integração Empresarial* cit..

[2] A jurisprudência, insistentemente, salienta a necessidade de identificação e delimitação da realidade tida como *centro comercial*, como pressuposto necessário da procura de regime adequado – cfr. acórdãos do Supremo Tribunal de Justiça de 12 de Julho de 1994, publicado na Colectânea de Jurisprudência, Ano II, Tomo II, 1994, pp. 178-179 e de 24 de Outubro de 1996, publicado na Colectânea de Jurisprudência, Ano IV, Tomo III, 1996, p. 74 e acórdão da Relação de Lisboa de 18 de Março de 1993, publicado na Colectânea de Jurisprudência, Ano XVIII, 1993, Tomo II, p. 117.

Esta perspectiva de abordagem, repete-se, teve profunda influência no método de aproximação ao estabelecimento e à empresa – a este propósito consideramos decisivo, tal como o ilustraremos em local próprio, o contributo de ORLANDO DE CARVALHO pela forma como demonstra e abre espaço na doutrina para a consideração da empresa e do estabelecimento como realidades juridicamente relevantes [3].

No segundo capítulo cuidaremos de identificar os centros comerciais, tal como se nos colocam, com a sua típica fórmula de integração comercial, para, no terceiro capítulo, procedermos ao seu confronto com as noções de empresa e estabelecimento apuradas no primeiro capítulo.

Finalmente, no último capítulo, pronunciar-nos-emos sobre a admissibilidade de os centros comerciais, caracterizados da forma como o fizemos nos capítulos precedentes, serem juridicamente estruturados por algumas das formas que habitualmente lhes fazem aderir. Aqui nos referiremos ao debatido tema da natureza jurídica dos contratos de instalação dos lojistas.

No desenvolvimento dos temas, em matéria de experiências estrangeiras, privilegiaremos o contacto com a informação que nos chega do Brasil, local onde, desde o início da década de oitenta, se tem desenvolvido o debate em torno da consideração jurídica dos centros comerciais, de forma muito semelhante ao que por cá vai acontecendo (para o que contribui a circunstância de nesse país os centros comerciais terem surgido de forma muito semelhante àquela que foi a sua génese e desenvolvimento em Portugal) – com notória influência na nossa doutrina e jurisprudência.

Igualmente teremos em vista a experiência francesa (apesar de em França os centros comerciais terem surgido com uma configuração originária consideravelmente diferente daquela que nos caracterizou) sobretudo porque aí – diferentemente do que acontece v.g. na Alemanha e em Itália [4] – graças à existência de legislação específica e subsequente elaboração jurisprudencial e doutrinal, foram objecto de tratamento individualizado e substancialmente desenvolvido. Para efeitos comparativos, consideramos a experiência francesa particularmente enriquecedora.

---

[3] *Critério e Estrutura do Estabelecimento* cit..

[4] Nesses países a problemática dos centros comerciais foi, de algum modo, absorvida pelo contrato de locação que pode ter por objecto bens do tipo daqueles que à frente veremos estarem aqui em causa – cfr. ANGELO LUMINOSO, *I Contratti Tipici e Atipici* cit., pp. 632-633 e 625 e s. e ECKHARD WOLF e HANS-GEORG ECKERT, *Handbuch des gewerblichen Mietrechts* cit., pp. 42 e 61e s..

Capítulo Primeiro

A EMPRESA E O ESTABELECIMENTO NO DIREITO

SECÇÃO I
A EMPRESA

1. A RECEPÇÃO DA EMPRESA PELO DIREITO.

Na sua típica função regulativa da realidade, o Direito estabelece relações de inter-influência com outras áreas do conhecimento humano, como seja a economia. Cada uma dessas áreas do conhecimento humano desenvolve um método próprio adaptado ás suas exigências específicas, método esse que lhe permite recortar as componentes da realidade que, efectivamente, lhe importam.

A ciência económica na sua função de percepção do fenómeno de atribuição de bens escassos, procura detectar (perceber e actuar sobre) aquilo que, pela sua estabilidade, é susceptível de redução a categorias conceptualmente significativas.

O Direito, sempre operando sob o prisma normativo, interessa-se pelas situações sociais, não apenas *em tosco*, tal como elas se nos apresentam intuitivamente, mas, igualmente, com o significado que tais situações sociais assumem, tal como posto em relevo por outras áreas do conhecimento humano.

Com efeito, uma ciência jurídica insensível às exigências sociais básicas tal como postas em relevo pela economia, pela sociologia, pela psicologia ou pela filosofia, é manifestamente inadequada: uma ciência jurídica dessa forma concebida, fechada sobre si mesma, encarada como um fim em si mesma, para além de servir deficientemente o ser humano, poderá, inclusivamente, provocar-lhe danos irreparáveis.

Não se dirá com isto que o Direito constitui uma ciência do acessório ou secundário: como fenómeno cultural o dado normativo é, ele próprio, componente da realidade. As relações de inter-influência entre o direito e a economia (que aqui mais nos interessam) funcionam em ambos os sentidos [5].

Passando a compreensão da riqueza das nações e da subsistência das populações, valores (entre vários outros) que o Direito deve acolher e, mais do que isso, preconizar, pela compreensão da realidade no seu significado, nomeadamente, económico, coloca-se inevitavelmente o problema da juridificação das sínteses económicas.

A absorção pelo Direito das categorias que lhe são impostas (atendendo aos valores que faz seus, porque justos ou conformes à dimensão humana) pela ciência económica, não pode, de forma alguma, operar por via da mera recepção: o Direito não é uma ciência de intuições, algo em que inevitavelmente se tornaria se assim acontecesse. Para a sua plena operatividade normativa, o Direito necessita das suas próprias sínteses, sínteses que lhe são próprias, não por via de uma qualquer intenção de originalidade, mas porque apenas estas, construídas intencionalmente, lhe permitem atingir o seu fim: solucionar de forma previsível e justa os casos concretos.

Claro que a dificuldade de tal *conversão* pode ser extrema, mas nem por isso se tornará desnecessária ou despicienda: ainda que se conclua, no estado actual da ciência jurídica, ser impossível tal conversão de forma plena, não deixará de preconizar-se tal coisa, pois impõe-no o fim do próprio Direito (a sua dimensão valorativa).

O problema que aqui abordamos – a noção juridicamente relevante de empresa – surge, precisamente, como um dos mais paradigmáticos da tensão que, inevitavelmente, se estabelece no seio do Direito e que deixámos em relevo.

É sabida a extrema dificuldade que o Direito tem, e sempre teve, de assimilar ou, se se quiser, conceptualizar a noção de empresa [6]. Com

---

[5] Sobre tais relações de inter-influência com as projecções que assumem na configuração da ciência jurídica, MENEZES CORDEIRO, *Direito da Economia* cit., pp. 53 e s..

[6] De resto, os juristas reconhecem-no de forma, por vezes, bastante expressiva, fazendo referência à circunstância de não haver nada mais desconcertante do que falar da empresa – PAILUSSEAU, *L'Entreprise* cit., p. 11 – ou ao embaraço que sempre resulta de se abordar tal tema – SAVATIER, *Droit des Affaires* cit., p. 185.

Capítulo primeiro – *A empresa e o estabelecimento no direito* 13

efeito, conforme se reconhece [7], o conceito de empresa nasceu e, de alguma forma, frutificou na ciência económica, aí assumindo um conteúdo, senão inequívoco [8], pelo menos relativamente estável [9]: a ideia de unidade de produção ou, de forma menos sintética, a *organização autónoma de factores produtivos com vista a promover (ou a também promover) rentavelmente o encontro entre a oferta e a procura de bens* [10].

Esta noção económica de empresa, quando transposta para o Direito, ou melhor, a realidade por si unificada, quando objecto de consideração pelo Direito, revela diversos perfis [11], dando origem a outras tantas perspectivas ou, até mesmo, a conceitos passíveis de serem abarcados pela designação de empresa [12].

---

[7] Casos de FRAN MARTINS, *Curso de Direito Comercial* cit., pp. 14-15, de Rubens Requião, *Curso de Direito Comercial* cit., p. 48, de CLÓVIS DO COUTO E SILVA, *O Conceito de Empresa no Direito Brasileiro* cit., p. 97, de FERNANDO OLAVO em *Direito Comercial* cit., p. 250 e em *A Empresa e o Estabelecimento Comercial* cit., p. 11, de FERREIRA DE ALMEIDA, *Direito Económico* cit., pp. 16-17 e 371-372, de PEREIRA DE ALMEIDA, *Direito Comercial* cit., p. 110 ou de SAVATIER, *Droit des Affaires* cit., p. 185.

[8] Como salienta VICENT CHULIA, *Compendio Critico de Derecho Mercantil* cit., pp. 189-190.

[9] Reconhece-o COUTINHO DE ABREU que não obstante afirmar existirem divergências no seio de cada ramo do saber quanto ao que seja a empresa – *Da Empresarialidade* cit., p. 15 – reconhece ser possível *conseguir um conceito económico de empresa sintetizando as notas comuns à maior parte das propostas definidoras* – *Da Empresarialidade* cit, pp. 20-21. Cfr. BROSETA PONT, *Manual de Derecho Mercantil* cit., p. 93.

[10] ORLANDO DE CARVALHO, *Critério e Estrutura do Estabelecimento* cit., p. 142 nota 53. Ou, numa definição quase equivalente de FONT GALAN, *La Empresa* cit., p. 65, organização de factores produtivos (capital e trabalho) para a produção e intermediação de bens e serviços destinados ao mercado ou, numa definição de G. RIPERT e R. ROBLOT, *Traité de Droit Commercial* cit., p. 227, organização autónoma que coordena um conjunto de factores (naturais, capital, trabalho), em vista da produção para o mercado de certos bens ou serviços, ou, ainda, de forma simplificada, unidade económica para o comércio – GIERKE, *Handelsrecht* cit., p. 72. Para uma perspectiva mais completa das variações em diversas noções económicas de empresa veja-se COUTINHO DE ABREU, *Empresa Pública* cit., pp. 25 e s. e Solá Cañizares, *Tratado de Derecho Comercial Comparado* cit., pp. 7 e s..

[11] Na expressão de Asquini, *Profili dell'impresa* cit., pp. 1 e s.. Igual perspectiva de análise é adoptada v.g. por GIUSTO JAEGER, *La Nozione d'Impresa* cit., pp. 14 e s., por Giuseppe Ferri, *Manuale di Diritto Commerciale* cit., pp. 35 e s, por JOAQUIN GARRIGUES, *Tratado de Derecho Mercantil* cit., pp. 28-29, por VICENT CHULIA, *Compendio Critico de Derecho Mercantil* cit., p. 190, por SÁNCHEZ CALERO, *Instituciones de Derecho Mercantil* cit., pp. 57-60 ou por RODRIGO URÍA, *Derecho Mercantil* cit., pp. 37-39.

[12] Veja-se a variedade de noções enunciadas por PEREIRA DE ALMEIDA, *Direito Comercial* cit., pp. 111-114, sendo de notar o carácter marcadamente económico de quase todas elas.

14   *A empresa nos centros comerciais e a pluralidade de estabelecimentos*

Numa simplificação extrema [13], podemos dizer que há quem saliente o perfil subjectivo da empresa, pondo em evidência que a empresa constitui um sujeito de direito [14]. Diversamente, há quem identifique a empresa com a actividade económica desenvolvida de forma organizada e profissional. Acentuando o elemento patrimonial, há quem reconduza a empresa ao conjunto dos meios ou elementos necessários ao exercício da actividade. Há, ainda, quem acentue o carácter institucional da empresa numa (sua) consideração que permite a inclusão dos precedentes perfis e, ainda, do perfil corporativo.

Esta brevíssima nota de algumas das posições ou modos de conceber a realidade empresarial pelo Direito, parece-nos significativa da dimensão e carácter multifacetado que para o Direito, em vários dos seus níveis de relevância, assume tudo aquilo que fenomenologicamente se reúne em torno da empresa. Com efeito, tal realidade toca indesmentivelmente as categorias jurídicas constituídas pelas *pessoas* (empresa como sujeito de direito), pelos *bens* (empresa como conjunto de meios) e pelas *acções* (empresa como actividade) [15]. Na medida desta simples verificação, podemos certamente concordar com esta nota de aproximação do Direito à empresa.

Naturalmente que tal verificação é insuficiente a um desejável conceito unitário de empresa para efeitos jurídicos [16]. Será que a lei não

---

[13] Que, por pouco que o fosse, nunca espelharia a diversidade verdadeiramente desconcertante com que a empresa tem sido encarada pelos cultores do direito.

[14] É o caso de FERREIRA DE ALMEIDA, *Direito Económico* cit., pp. 323 e s. que, inscrevendo a empresa nas categorias jurídicas subjectivas *como entidade que exerce uma actividade económica por forma organizada e continuada*, a considera um *sujeito de direito nascente*. Note-se que diferente é a perspectiva de quem apela ao perfil subjectivo da empresa para por em relevo o papel que nela desempenha o empresário ou mesmo para a identificar com este – pessoa colectiva ou singular.

[15] Conforme é salientado por FONT GALAN, *La Empresa* cit., p. 65 ou Savatier, *Droit des Affaires* cit., p. 185. Numa formulação semelhante veja-se: JOAQUIN GARRIGUES, *Tratado de Derecho Mercantil* cit., pp. 28-29; BARBOSA DE MAGALHÃES, *Do Estabelecimento Comercial* cit., pp. 3-4 e FRANCESCO FERRARA jr., *La Teoria Giuridica dell'Azienda* cit., pp. 78-79.

[16] O atingir de um conceito jurídico unitário de empresa permite realizar a harmonia, desejável tal como vimos, entre o direito e a economia, conforme salienta GARRIGUES, *Tratado de Derecho Mercantil* cit., p. 27. Neste sentido, e ainda que com resultados desencorajadores, crê-se desejável a busca de tal conceito.

Capítulo primeiro – A empresa e o estabelecimento no direito   15

fornece inequívoco ponto de apoio [17]? Poderemos encontrá-lo no artigo 230.º do Código Comercial Português? Como o tem salientado, sobejamente, a doutrina, tal artigo, de conteúdo certamente não unívoco, não contém (nem é essa a sua pretensão) qualquer conceito genérico de empresa [18]. Recentemente COUTINHO DE ABREU rejeitando expressamente o método de transpor para o direito uma noção pré-jurídica de empresa captada na realidade do ser [19] e, diversamente, previlegiando a procura da categoria jurídica empresa com base nos dados jurídicos [20], local onde encontra várias definições [21], acaba por concluir pela impossibilidade de um conceito jurídico unitário de empresa [22], não deixando – curiosamente e, ao que se crê, significativamente – de, em sede de conceito unitário (e não a propósito da consideração de algum dos seus perfis), acabar por admitir uma noção de empresa assumidamente *pré-jurídica* dada por ORLANDO DE CARVALHO [23], noção essa que, acaba, afinal, por admitir no seio do Direito, qualificando-a como noção *pró-jurídica* [24].

---

[17] Cumpre salientar que com base em apoio legal não sedimentado culturalmente, dificilmente se conceberia um conceito unitário de empresa: ainda que a procura de tal conceito na vida das relações socio-económicas fosse desnecessária pela existência de inequívoco dado legal, para da sua validade se apurar, torna-se necessário o seu confronto com tal realidade da vida. Neste sentido se pronuncia ORLANDO DE CARVALHO, *Critério e Estrutura do Estabelecimento* cit., pp. 734-737, que, embora referindo-se ao problema mais restrito da determinação do estabelecimento como bem, o afirma com plena aplicação, ao que nos parece, em matéria de determinação de um conceito unitário de empresa.

[18] Nesse sentido veja-se FERREIRA DE ALMEIDA, *Direito Económico* cit., pp. 340-341 e 349-352, FERNANDO OLAVO, *Direito Comercial* cit., 252-254 e *A Empresa e o Estabelecimento Comercial* cit., pp. 14-17, COUTINHO DE ABREU, *Da Empresarialidade* cit., pp. 27-31 e OLIVEIRA ASCENSÃO, *Direito Comercial* cit., I, pp. 121-125. Sobre a *ratio legis* subjacente ao artigo 230.º do Código Comercial Português, veja-se ainda PAULO SENDIM, *Artigo 230.º, Código Comercial e Teoria Jurídica da Empresa Mercantil* cit., pp. 909 e s..

[19] *Da Empresarialidade* cit., pp. 13 e s..

[20] Sem que isso implique, tal como o afirma, um virar de costas às informações recolhidas nos terrenos extra-jurídicos – *Da Empresarialidade* cit., p. 22.

[21] Agora por referência ao específico dado jurídico que é a legislação – vejam-se as várias noções de empresa recolhidas em *Da Empresarialidade* cit., pp. 23-24.

[22] *Da Empresarialidade* cit., pp. 286 e s. e 303.

[23] Que é a seguinte: *processo produtivo destinado à troca sistemática e vantajosa (visando a formação de excedentes das receitas sobre os custos que garantam a auto-reprodução do processo e o estímulo a essa auto-reprodução) e, simultaneamente, estrutura, isto é, complexo organizado de factores com racionalidade e estabilidade suficientes para que o processo-estrutura tenha autonomia funcional e financeira e possa emergir na intercomunicação das produções (no mercado, em sentido lato) como centro emissor e receptor a se stande – Da Empresarialidade* cit, p. 282.

[24] *Da Empresarialidade* cit., pp. 282-283.

16 A empresa nos centros comerciais e a pluralidade de estabelecimentos

Mais recentemente, ainda, MENEZES CORDEIRO após uma análise das experiências jurídicas alemã, francesa e italiana [25], acaba por concluir que, entre nós, como, de resto, nessas experiências, a dogmática da empresa é, ainda, incipiente, não permitindo muito mais ao Direito, do que considerar a empresa como uma *locução disponível para o legislador, sem se embaraçar com uma técnica jurídica precisa, indicar destinatários para as suas normas, designadamente as de natureza económica* [26].

FONT GALÁN ante a evidência de uma falta de ponderação unitária e sistemática das empresas pelo Direito, explica-o com base no facto de que o Direito positivo persiste em encerrar a empresa em inadequadas categorias jurídicas do passado [27].

Face a este panorama, há até quem, ante a verificação do carácter controverso e da extrema dificuldade de pacificação doutrinal, preconize, pura e simplesmente, a abolição do uso de tal conceito que, mais do que clarificar, contribui para confundir [28].

2. OS DADOS PRÉ-LEGAIS E A EMPRESA

Salientámos que a realidade unificada pela consideração económica do que seja a empresa, tem, ou pode ter, consequências nas categorias jurídicas constituídas pelas *pessoas*, pelos *bens* e pelas *acções*. Antes de o verificarmos, convirá configurar, muito brevemente, o significado de tais categorias.

Na sequência da consideração do Direito como inserido na ordem social [29], foi posto em evidência por OLIVEIRA ASCENSÃO que a matéria

---

[25] *Da Responsabilidade Civil dos Administradores* cit., pp. 498-513.

[26] Exemplo disso mesmo seria a definição constante do artigo 2.º do Decreto-Lei n.º 132/93 de 23 de Abril (Código dos Processos Especiais de Recuperação da Empresa e de Falência) – Da *Responsabilidade Civil dos Administradores* cit, pp. 515-516. Conclusão semelhante à de MENEZES CORDEIRO é retirada por COUTINHO DE ABREU na análise das experiências jurídicas italiana, alemã, francesa e espanhola, ao considerar como francamente inconsistente a possibilidade de aí descortinar um conceito jurídico unitário de empresa.

[27] *La Empresa* cit., pp. 64-65. De forma muito semelhante se manifestam ANTONIO IANNARELLI, *La disciplina dei beni* cit., pp. 22-24 e REMO FRANCESCHELLI, *La notion juridique d'entreprise* cit., p. 407.

[28] FERNANDO CARDOSO, *Reflexões Sobre o Estabelecimento Comercial* cit., p. 27.

[29] OLIVEIRA ASCENSÃO, *O Direito* cit., pp. 13 e s.

Capítulo primeiro – A empresa e o estabelecimento no direito　　　17

objecto da disciplina jurídica não é constituída pelo próprio Direito, é-lhe prévia, havendo que, de alguma sorte, ser detectada na sociedade. A realidade social é prévia ao direito, a ele se impondo, no mínimo, como ponto de partida [30].

Tal não significa a negação do carácter valorativo do Direito, pois, como salienta o mesmo autor, *a valoração pressupõe um objecto que se valora*, não se devendo, desta forma, *confundir a valoração do objecto com o objecto da valoração* [31]. Muito menos significará o abandono da ciência jurídica como método de análise e qualificação da realidade social juridicamente relevante: o recorte ou a selecção, no vasto âmbito dos múltiplos aspectos significativos em que a realidade se apresenta ao conhecimento humano, é feito, atendendo às exigências específicas que o Direito tem em torno da sua função típica regulativa (o *ser* é visto sob o prisma das exigências do *dever ser*) [32].

Desta forma se apuram os dados pré-legais [33], aí se incluindo as categorias que referimos, constituídas pelas pessoas (simultaneamente os que actuam e justificam a própria existência do Direito), pelos bens (aquilo que é, pela sua natureza, apto a satisfazer uma necessidade humana e, nessa medida, objecto de atribuição pelo Direito) e pelas acções (os comportamentos humanos nos seus vários aspectos, tal como o impõe o Direito). Naturalmente que esta formulação redutora não esconde a extrema complexidade de detecção destas realidades para fins jurídicos.

Face ao exposto, cabe inquirir da relação que se possa estabelecer entre tais dados pré-legais e a realidade *empresa* [34] nas suas múltiplas

---

[30] OLIVEIRA ASCENSÃO, *Teoria Geral do Direito Civil* cit., I, pp. 26-27. A mesma perspectiva é adoptada por PAIS DE VASCONCELOS, *Teoria Geral do Direito Civil* cit., pp. 28-29.

[31] OLIVEIRA ASCENSÃO, *Teoria Geral do Direito Civil* cit., I, p. 27.

[32] Tal operação, sem dúvida jurídica, constituí aquilo a que OLIVEIRA ASCENSÃO apelida de dar condições de praticabilidade à realidade – *Teoria Geral do Direito Civil* cit., I, p. 30.

[33] Ou *extra-jurídicos* na formulação de PAIS DE VASCONCELOS, embora tal diversidade na designação, como nos explica este mesmo autor, não se traduza em mera divergência linguística: *a expressão "dados ou realidades extra-jurídicas" parece mais adequada, porque, por um lado, a sua exterioridade se refere não só ao Direito legal mas a todo o Direito e, por outro, a alteridade desses dados em relação ao Direito assenta menos no seu carácter prévio do que em serem exteriores, externos ou exógenos – Teoria Geral do Direito Civil* cit., p. 29, nota 33.

[34] É a metodologia proposta por JOAQUIN GARRIGUES, *Tratado de Derecho Mercantil* cit., p. 28.

manifestações atrás sumariadas, depois se podendo (ou não) concluir pela possibilidade (ou conveniência) da sua ponderação unitária pelo Direito. Nessa abordagem incidiremos sobre a realidade económico-social na formulação anteriormente salientada [35].

3. AS PESSOAS E A EMPRESA

A perspectiva da *pessoa* como dado pré-legal [36] opera, desde logo, uma cisão entre a pessoa física e a pessoa colectiva: nesta falha o substracto ontológico que caracteriza aquela. A consideração de ambas sob o género *pessoa* não nos deverá distrair da circunstância de que apenas se admite semelhança na estrita medida da analogia [37].

Evidentemente que o contributo da empresa na formação ou reconhecimento da personalidade jurídica, apenas poderá ser relevante em matéria de pessoas colectivas: e aqui, tal contributo será sempre limitado, sabendo-se que a atribuição de personalidade jurídica às pessoas colectivas nem sempre é precedida do reconhecimento da existência de uma entidade com um substracto específico que permita a sua identificação no

---

[35] A este propósito, cumpre salientar a chamada de atenção feita por GIORGIO OPPO para a circunstância de que ao proceder-se à análise da empresa como realidade económico-social, se está a proceder a uma análise normativa, isto é, pretende-se identificar a empresa como pressuposto e limite da produção de efeitos, de forma sintética, como *fattispecie – L'Impresa come Fattispecie* cit., pp. 109-110. Relembrando aqui as palavras de MENEZES CORDEIRO que atrás reproduzimos, podemos afirmar que mesmo que nos falhem outras possibilidades de consideração jurídica do fenómeno empresarial uma é, certamente, inegável tal como nos surge o dado legislativo: a sua consideração na previsão da norma. Neste mesmo sentido se manifesta FERRO-LUZZI, *L'Impresa* cit., p. 22, nos seguintes termos: *vero è invece che di "impresa" in senso giuridico può parlarsi solo per indicare il fenomeno economico della realtà materiale rilevante per il diritto, il modello assunto dalla norma della sua postulata struttura ipotetica.*

[36] O que desde logo implica a consciência de que o fundamento da personalidade jurídica não pode ser procurado na discricionariedade do dado legal (a susceptibilidade de aí, em maior ou menor medida, lhe ser permitida a titularidade de direitos e obrigações), antes no ser humano, naquilo que é a sua essência e valor intrínseco – de forma desenvolvida veja-se GOMES DA SILVA, *Esboço de uma Concepção Personalista* cit., pp. 101 e s..

[37] Cfr. GOMES DA SILVA, *Esboço de uma Concepção Personalista* cit., p. 101, que, admitindo, embora, a analogia das pessoas colectivas com as características da personalidade humana, não considera adequado serem ambas consideradas espécies de um único género.

Capítulo primeiro – A empresa e o estabelecimento no direito 19

diálogo social (o dado pré-legal). Nunca haveria, desta forma, qualquer relação de necessidade entre empresa e personalidade jurídica: ainda que verificada a existência daquela em toda a sua pujança social, bastaria uma manifestação expressa de exclusão por parte da lei para se lhe negar personalidade jurídica; inversamente, por determinação expressa nesse sentido, adquirirá personalidade jurídica qualquer projecto empresarial que cumpra meros requisitos de forma, por muito incipiente que seja no seu substracto real.

Ainda assim, para quem se socorra da verificação da existência de tal substracto na consideração da personalidade jurídica, a realidade empresarial surge de forma impressiva [38]. É um pouco a tendência manifestada por FERREIRA DE ALMEIDA que, constatando a existência em torno da empresa de uma organização complexa de bens de capital e de trabalho com um património próprio, vem a considerá-la como *entidade que exerce uma actividade económica por forma organizada e continuada*. Acrescentando que, como pessoa jurídica, a empresa *aguarda a sua hora de personalização* [39].

Sentido algo semelhante é expresso por COUTINHO DE ABREU que, embora aceite que a personalidade colectiva é produto da técnica jurídica, afirma poder reconhecer-se a *subjectividade jurídica* de grupos organizados, mas desprovidos de personalidade colectiva, fundando-se para tal, não apenas no regime jurídico que se lhes reconhece, mas, igualmente, na ideia de interesse e substracto organizativo subjacentes [40].

Igualmente neste sentido se tem pronunciado a jurisprudência francesa da *Cour de Cassation*, considerando que a personalidade moral não é uma criação da lei, pertencendo, em princípio, a todos os grupos providos de uma possibilidade de expressão colectiva para defesa dos seus interesses dignos de protecção jurídica [41].

---

[38] Assim se manifesta VICENT CHULIA, *Introducción al Derecho Mercantil* cit., pp. 109-110.

[39] *Direito Económico* cit., pp. 356-359 e 366. Este autor não deixa de, em última análise, reconduzir o critério da personalização, *no estado actual da ordem jurídica*, à lei: a forma jurídica adoptada para a constituição da empresa será determinante – *Direito Económico* cit., pp. 367-368.

[40] *Da Empresarialidade* cit., pp. 198-202.

[41] Conforme nos faz saber MERCADAL, *La notion d'entreprise* cit., p. 11, autor este que, de resto, se manifesta contra tal doutrina.

20 A empresa nos centros comerciais e a pluralidade de estabelecimentos

Convirá anotar que esta utilização da estrutura da empresa como índice pré-legal da personalidade jurídica colectiva enfrenta dificuldades, quando contraposta à pessoa ou pessoas dos seus titulares. Não havendo qualquer relação de correspondência necessária, a verdade é que dificilmente se conceberá uma empresa com tais indicações na titularidade de uma única pessoa, ou então, mais do que analisar da existência de uma forte estrutura, substracto ou organização interna, haverá que apurar de que forma tal organização se projecta no exterior, quando estabelece relações com terceiros: se aí sobressair a figura do seu titular, e não já algo que permita projectar uma ideia da empresa como subjectividade autónoma (ainda que só e apenas com um titular), dificilmente se poderá concluir estarmos perante uma nova entidade no diálogo da vida social.

4. A ACTIVIDADE E A EMPRESA

Pelo que respeita à configuração da empresa como dado pré-legal sob o prisma das acções, parte-se da consideração de que essa específica unidade económica que constitui a empresa no desenvolvimento da sua função produtiva [42] pressupõe a prática sistemática e continuada de actos. Tal prática de actos em série dá, assim, origem à configuração jurídica dos actos da empresa, não tanto como *acções,* conceito mais adequado a uma análise individualizada do significado de cada acto, mas, sobretudo, como *actividade,* conceito que permite projectar o nível de relevância jurídica para a consideração unitária do conjunto sequencial de actos.

Surge, assim, salientado o contributo da empresa para o Direito em torno da ideia de actividade, contributo esse que, para muitos, constitui o exclusivo ou quase exclusivo significado da relevância para o Direito da realidade empresarial [43] negando os outros perfis possíveis ou considerando que a *empresa* deve designar apenas este perfil.

---

[42] Função produtiva aqui entendida em sentido lato: inclui a intermediação nas trocas (a distribuição).

[43] É a opinião dominante em Itália, muito *por culpa* da norma constante do artigo 2082.º do Codice Civile que define, não o que seja empresa, mas sim, o que é empresário, numa formulação, no entanto, bastante sugestiva do especial significado e relevância da empresa para o Direito, conforme se pode concluir do seu texto: *È imprenditore chi esercita professionalmente una attività economica organizzata al fine della produzione o dello scambio di beni o di beni o di servizi.* De resto, tal contributo da noção de empresa que constitui um desenvolvimento da concepção dos actos em massa é um dos entendimentos possíveis do *nosso* artigo 230.º do Código Comercial. Sufragando este entendimento da empresa, entre muitos, veja-se RUBENS REQUIÃO, *Curso de Direito Comercial* cit., p. 57.

Capítulo primeiro – A empresa e o estabelecimento no direito

Este deslocar do atomismo dos actos para o conjunto da actividade, tem, obviamente, implicações importantes que cumpre salientar.

A consideração ou qualificação pelo Direito dos actos praticados não se vai centrar tanto na pessoa de quem os praticou (como mais facilmente acontece, quando analisados isoladamente e não no encadeamento de um processo), mas, sobretudo, na sua caracterização externa de forma a que desta se possa retirar aquilo que permite o juízo de inclusão na actividade. Dito de outra forma: mais do que a vontade, será relevante a exteriorização; mais do que a imputação subjectiva, será relevante o nexo de imputação objectiva.

É claro que o que acabamos de dizer deixa à vista a absoluta necessidade de determinar o critério que permite tal juízo de inclusão *daquele acto naquela actividade*, sob pena de se perder a noção do que seja esta.

Surge a necessária qualificação ou caracterização da actividade a exigir: a determinação do elemento organizacional que, em maior ou menor medida, sempre terá de existir, dado que a actividade supõe prática continuada e esta exige permanente disposição de meios; a determinação do fim ou objectivo a atingir com a actividade a desenvolver. Assim, face a um acto, haverá que determinar: numa perspectiva material, se se inclui na organização criada; numa perspectiva ideal, se constitui um contributo para atingir a finalidade de produção em vista.

Com efeito, a doutrina que reconduz a empresa à ideia de actividade ou alguma dessa doutrina não deixa de salientar a necessidade de tais elementos [44] [45].

Pode ir-se mais longe, considerando que a realidade empresarial, para o ser, não necessita da actividade em acto, bastando a mera potência:

---

[44] Veja-se neste sentido e de forma desenvolvida, GIORGIO OPPO, *L'Impresa come Fattispecie* cit., pp. 111-113, salientando que o papel da organização, na identificação da empresa como *fattispecie*, é o de instrumento de qualificação da actividade, mas sem reconduzir aquela a esta: mantêm-se como realidades distintas, só que ligadas funcionalmente, dado que a organização é criada para servir a actividade. Salientando a necessidade do elemento organizacional, partindo da consideração do elemento actividade, veja-se ainda: JOAQUIN GARRIGUES, *Tratado de Derecho Mercantil* cit., pp. 25-26, RODRIGO URÍA, *Derecho Mercantil* cit., p. 38 e PEREIRA DE ALMEIDA, *Direito Comercial* cit., p. 16, 108 e 118.

[45] Perspectiva interessante, sem dúvida, é aquela que nos é apresentada por GALVÃO TELLES, *Aspectos Comuns aos Vários Contratos* cit., pp. 285 e 294-296, ela permite a conciliação entre a análise atomística de cada acto e a manutenção da finalidade produtiva: a noção de *contrato produtivo*, como aquele que, pressupondo uma empresa, se integra no círculo da produção económica, criando novas utilidades.

22   *A empresa nos centros comerciais e a pluralidade de estabelecimentos*

a possibilidade de, de imediato, dar-lhe início [46]. Para tal, bastaria, justamente, estarmos perante o elemento organizacional, sendo certo que este, pela sua vocação funcional, contém o elemento teleológico. É a ideia de empresa como *empreeendimento* [47]. Ou, em teoria, indo mais longe ainda, considerando-se suficiente o elemento teleológico: bastaria o projecto do empresário.

Sem prejuízo de retomar o assunto à frente, verifica-se que, em qualquer uma destas duas versões, o elemento actividade pura e simplesmente desaparece, pois ela não é efectiva. Tudo estará em saber se, não obstante isso, o Direito reserva (ou deve reservar) *àquilo que existe* uma especial ponderação, atendendo, nomeadamente, aos interesses que move e aos valores que lhe subjazem.

Questão diversa será a de saber que tipo de actividade se deve exigir: actividade económica ou actividade comercial? Ou, se se quiser, deverá, cumulativamente, exigir-se o intuito lucrativo? São, evidentemente, questões complexas, que não se compadecem com a economia das considerações que aqui se desenvolvem: não pela sua complexidade, mas porque se crê que não constituem pressuposto do que aqui se pretende desenvolver.

5. OS BENS E A EMPRESA

Tendo presente a noção de bem, como realidade apta à satisfação de necessidades humanas, a realidade empresarial deixa-nos antever um outro perfil que nessa noção se inscreve, de novo sob o prisma da pluralidade: o conjunto, mais ou menos complexo, de meios organizados que permitem a prossecução da actividade empresarial.

É, precisamente, a propósito deste perfil da empresa que, em boa parte da doutrina, vem considerada a figura do estabelecimento [48] [49],

---

[46] Salienta-o PEREIRA DE ALMEIDA, *Direito Comercial* cit., p. 120.

[47] Cfr. OLIVEIRA ASCENSÃO, *Direito Comercial* cit., I, pp. 136-137.

[48] No sentido da recondução do estabelecimento ao conjunto de bens que constituem os meios de prossecução da actividade, embora com formulações distintas, vejam-se entre muitos outros: BARBOSA DE MAGALHÃES, *Do Estabelecimento Comercial* cit., p. 13, define estabelecimento como o *conjunto ou complexo de coisas corpóreas e incorpóreas organizado para o exercício do comércio por determinada pessoa*; PINTO COELHO, *Lições de Direito Comercial* cit., p. 82, que considera estabelecimento a *organização comercial do comer-*

Capítulo primeiro – A empresa e o estabelecimento no direito   23

ciante; BRITO CORREIA, *Direito Comercial, 1987/88* cit., pp. 214 e 216, identificando estabelecimento com os *componentes ou instrumentos da empresa em certo momento*, ou, com o *conjunto de bens e serviços organizado pelo empresário com vista ao exercício da sua actividade económica*; PINTO FURTADO, *Manual do Arrendamento* cit., p. 484, adoptando a denominação estabelecimento para designar o *complexo objectivo de bens reunidos pelo empresário para o exercício da sua actividade económica*; FRAN MARTINS, *Curso de Direito Comercial* cit., p. 479, definindo fundo de comércio (expressão equivalente à de estabelecimento muito usada pela doutrina brasileira que se inspira na equivalente noção usada em França – *fonds de commerce*) como o *conjunto de elementos de que se utiliza a empresa para obter bons resultados de sua atividade*; MANUEL PITA, *Direito Comercial* cit., p. 191, para quem o estabelecimento constitui o *conjunto dos meios materiais* em que assenta a empresa; RUBENS REQUIÃO, *Curso de Direito Comercial* cit., p. 186, considerando que o fundo de comércio ou estabelecimento constitui a *base física da empresa sendo composto por elementos corpóreos e incorpóreos*; FERNANDO OLAVO, *A Empresa e o Estabelecimento Comercial* cit., pp. 15-16 e *Direito Comercial* cit., pp. 255-256, identificando estabelecimento com o *complexo organizado de bens e serviços postos ao serviço da empresa para que esta possa realizar os seus fins*; MENDES DE ALMEIDA, *Negociação e reivindicação do estabelecimento comercial* cit., p. 7, considerando estabelecimento como o *conjunto de meios de que o comerciante se serve para o exercício do seu comércio ou indústria*; OLIVEIRA ASCENSÃO, *Direito Comercial* cit., I, p. 138, afirmando que o estabelecimento é *um conjunto unificado de bens, com aptidão funcional*; PUPO CORREIA, *Direito Comercial* cit., p. 189, explicando que o estabelecimento equivale ao *conjunto de factores de produção e outros elementos congregado e organizado pelo empresário com vista ao exercício da sua actividade*; PESTANA DE AGUIAR, *O fundo de comércio* cit., p. 104, conectando o estabelecimento à ideia de complexo de meios idóneos, materiais e imateriais, pelos quais o comerciante explora determinada espécie de comércio; para MARIA ELISA VERRI, *Shopping Centers – Aspectos jurídicos e suas origens* cit., p. 76, estabelecimento é o *complexo de bens, materiais e imateriais, que constituem o instrumento utilizado pelo comerciante para a exploração de determinada actividade mercantil*; para PEREIRA COELHO, *Direito Civil* cit., p. 175, o estabelecimento concretiza-se numa *organização de factores produtivos*; para SANTOS JÚNIOR, *Sobre o trespasse* cit, p. 417, estabelecimento pode ser definido como *organização estável e autónoma de um conjunto de elementos materiais e ou imateriais, instrumental e recíproca ou complementarmente coligados, para o desempenho de uma actividade comercial*; para FERNANDO CARDOSO, *Reflexões sobre o estabelecimento comercial* cit. p. 31 o estabelecimento surge como a *organização técnica constituída por todos os factores afectos ao exercício de uma actividade mercantil*; para FERRER CORREIA, *Lições de Direito Comercial* cit., pp. 201-202, o estabelecimento vem a significar o mesmo que o *complexo da organização comercial do comerciante*, ou, *o conjunto de meios dispostos pelo empresário para o exercício da sua actividade profissional ou da sua empresa* (*Sobre a Reforma da Legislação Comercial* cit., p. 21).

[49] Sobre outros possíveis sentidos de utilização do termo *estabelecimento*, afastados pela doutrina mais recente, veja-se FERNANDO OLAVO, *A Empresa e o Estabelecimento Comercial* cit., pp. 18-19, FERRER CORREIA, *Lições de Direito Comercial* cit., pp. 207-209 e OLIVEIRA ASCENSÃO, *Estabelecimento Comercial* cit., pp. 35-37 e 41 e *Cessão de Exploração* cit., p. 879.

embora com fortes divergências quanto ao que possa ser susceptível de inclusão nesse conjunto de bens: assim, discute-se sobre a inclusão ou não dos *serviços* como modalidade dos bens reunidos no estabelecimento [50] ou, ainda, a consideração da relevância jurídica ou não de certos elementos, como sejam a *clientela* ou o *aviamento* – para além de se discutir o que sejam tais elementos. Regressaremos, para tomar posição, a este último tema. Anote-se, no entanto, e desde já, que qualquer posição assumida sobre o tipo de bens que podem ser incluídos no estabelecimento, passa pela determinação prévia do ponto de vista unitário sob o qual entendemos dever reunir o conjunto: na formulação de ORLANDO DE CARVALHO, o problema da *estrutura* e do *critério* do estabelecimento.

Se se encontra generalizada a ideia de que é neste sector de análise da realidade económica que devemos configurar juridicamente o estabelecimento, também aqui, como nos dois sectores anteriores (o das *pessoas* e o da *actividade*), há quem considere que a empresa, juridicamente relevante, não deve transpor as fronteiras da delimitação como bem, acabando por identificá-la com o estabelecimento [51]: nuns casos por convicção, noutros casos por descrença nas virtudes do ordenamento jurídico, com a configuração que actualmente tem, em permitir que se vá mais longe com alguma margem de elaboração doutrinal segura.

Encarando este perfil da empresa que nos é dado pelo *estabelecimento* – podemos desde já aceitar o uso do vocábulo para designar o conjunto de meios organizados [52] – sobressai a sua caracterização global como bem produtivo ou, se se quiser, como bem complexo produtivo [53]: entendido bem produtivo como aquele que possibilita a obtenção de novos bens.

---

[50] Cfr. SOLÁ CAÑIZARES, *Tratado de Derecho Comercial Comparado* cit., pp. 174--175. Sobre tal problema veja-se ainda TITO RAVÁ, *Il sistema del diritto civile di frente all'azienda* cit., p. 6 (autor que explica que as típicas exigências subjacentes ao aparecimento do direito comercial conduzem, por vezes, à consideração da pessoa como valor patrimonial) e, de forma substancialmente desenvolvida, MÁRIO BARCELLONA, *Attribuzione Normativa e Mercato* cit., pp. 653 e s..

[51] É o caso de PINTO COELHO, *Lições de Direito Comercial* cit., p. 82, de CARVALHO MARTINS, *Locação de Estabelecimento* cit., p. 6, de FERRER CORREIA, *Lições de Direito Comercial* cit., p. 201 e *Reivindicação do Estabelecimento* cit., p. 255; COUTINHO DE ABREU, *Da Empresarialidade* cit., p. 5 ou de PEREIRA COELHO, *Direito Civil* cit., pp. 175 e 214.

[52] Conscientes de que esta antecipação não tem qualquer significado, outro que o linguístico, sem que tomemos posição perante o problema atrás enunciado da determinação do critério e estrutura do estabelecimento.

[53] Salienta-o por exemplo SANTOS JÚNIOR, *Sobre o trespasse* cit., pp. 404-405.

6. AS RELAÇÕES DE INFLUÊNCIA ENTRE OS DIVERSOS PERFIS DA EMPRESA: A NECESSIDADE DE PONDERAÇÃO UNITÁRIA

O breve traçado destas três perspectivas de delimitação da realidade empresarial permite algumas constatações que, ao que cremos, terão relevância na forma como a empresa deverá ter projecção no jurídico.

É nítida uma absorção pela empresa de dois níveis de relevância distinta, pelos quais a realidade económico-social se nos apresenta na sua globalidade: o aspecto estático e o aspecto dinâmico [54]. Ao traçarmos os perfis da realidade empresarial, pomos em relevo uma inevitável tensão entre esses dois aspectos.

Com efeito, se, por hipótese, na consideração da empresa como actividade ou empreendimento é nítida a ponderação do aspecto dinâmico, alguma frustração ou sentido de insuficiência nos surge se não atendermos mesmo aí (na consideração da actividade) aos aspectos estáticos: vimos que não podemos saber afinal quais os actos que podemos incluir nessa actividade senão atendermos, nomeadamente, à organização – esta funciona aí (embora não exclusivamente) como critério.

Na inversa, quando se pondera um aspecto estático da empresa, como é o de determinar quais os meios necessários à prossecução da actividade comercial, no fundo, a determinação do estabelecimento, não podemos esquecer a configuração daquela, seja qual for o relevo que se lhe venha a dar na determinação deste último: não fará sentido falar em estabelecimento sem que do mesmo se projecte uma actividade.

Daqui decorre a tensão a que nos referimos: a separação, provavelmente imposta pelo jurídico, na análise de um fenómeno, na sua raiz económica unitário, cria inevitáveis focos de tensão.

Igual tensão existe, muito embora, provavelmente, não tão nítida como a anterior, entre os aspectos objectivos e subjectivos no seio da empresa [55], também eles seccionados pela bissectriz da análise feita [56].

---

[54] Duplicidade esta que a doutrina tem bem presente na consideração da empresa e do estabelecimento e que subjaz a muitas das suas opções. Assim de forma explícita, AMÂNDIO CANHA, *Negociação e Reivindicação do Estabelecimento* cit., pp. 327-328, OLIVEIRA ASCENSÃO, *Integração Empresarial* cit., p. 37, *Direito Comercial*, I, p. 135 *e O estabelecimento individual* cit., p. 9 e BRITO CORREIA, *Direito Comercial, 1987/88* cit., p. 216.

[55] Posta em evidência v.g. por BERNARDO LOBO XAVIER, *A repercussão do encerramento definitivo do estabelecimento nos contratos de trabalho* cit., pp. 2-3 nota 2 e por COUTO E SILVA, *O conceito de empresa no direito brasileiro* cit., p. 99.

[56] Análise que, recorde-se, tem em vista a ponderação jurídica.

26 A empresa nos centros comerciais e a pluralidade de estabelecimentos

Com algum artificialismo se consegue isolar a *actividade* do *sujeito* que a pratica, numa vocação de análise que não será a tendência natural do Direito, não obstante ser o resultado, como vimos, de se desenvolver um conceito de actividade em torno da realidade empresarial, por oposição à noção de *acto*. De novo aqui uma tensão, de alguma forma suprida pela consideração da empresa como pessoa em si: se esta é uma entidade própria, de alguma forma poderemos dispensar-nos de procurar, na consideração jurídica da actividade, *outra pessoa* a quem imputar a sua prática.

Inversamente, na consideração da empresa como pessoa em si, utilizámos como elemento a existência de um substracto organizacional que permitiria o seu reconhecimento como parceiro no diálogo social: esse substracto irá buscar uma fortíssima componente ao conjunto organizado dos meios, até porque, muito provavelmente, apenas o carácter impressivo destes meios (o estabelecimento) poderá permitir uma projecção exterior da empresa que a afaste de uma mera projecção das pessoas singulares que por ela se manifestam.

De novo se sente uma tensão resultante da separação jurídica daquilo que a realidade económico-empresarial une. Dir-se-á que nada temos de novo que não se encontre noutras áreas do conhecimento jurídico. Talvez seja verdade, mas, provavelmente, não será menos verdade, a circunstância de que tal tensão se faz sentir aqui de uma forma incontornável: tão superior será essa tensão, que o Direito arriscará não cumprir a sua função regulativa-axiológica por desconformidade com a realidade, se permanentemente, isto é, sempre que considere diferentes aspectos regulativos da realidade empresarial, a não tiver em conta, antes de mais, como fenómeno unitário.

Por extremamente sugestivas daquilo que pensamos ser a imagem unitária que se impõe na consideração jurídica da empresa, não resistimos a reproduzir aqui as palavras de ORLANDO DE CARVALHO [57] a propósito da sinonímia por si adoptada no uso das expressões *empresa* e *estabelecimento:*

> *A utilização indiscriminada dos dois termos (...) visa (...) reunir numa só mão as duas "nuances" que esses dois termos sugerem. A palavra "estabelecimento" (...) tem a preferência no plano objectivo: quando a lei fala de um objecto de domínio, prefere a locução "estabelecimento". O termo "empresa" (...) é referido de preferên-*

---

[57] Em *Critério e Estrutura do Estabelecimento* cit., pp. 8-11, nota 3.

cia a alguma coisa de activo, de subjectivo ou de subjectivante (incluindo-se, evidentemente, nesse "subjectivante" a ideia de empresa como actividade empresarial que a doutrina estrangeira, particularmente alemã e italiana, hispostasia em face do empresário em si mesmo, da sua pessoa – embora não deixe de a ligar intimamente a este último, pois a actividade é actividade dele próprio (...).

(...)

O modo mais adequado para excluir todas as dúvidas sobre a não prevenção do nosso ponto de partida (...) será justamente servirmo-nos dos dois termos com todas as suas sugestões, será servirmo-nos de uma sinonímia que confira à nossa perspectiva, não apenas uma dupla riqueza, mas também uma fecunda dialéctica: que não só conjugue e unifique as sugestões desses dois termos, mas inclusivamente mantenha os seus instintos de oposição (a sua recíproca contradição ou tensão).

(...) salientamos que o que verdadeiramente nos interessa não é tanto uma questão de nomenclatura mais ou menos especiosa, mas uma direcção inequívoca a esse mundo englobante de toda a fenomenologia da organização comercial, nas suas múltiplas e talvez contraditórias significações ou manifestações. Alguma coisa que abrange o homem e o conjunto de meios, os elementos reais e os elementos pessoais, o domínio e o exercício, a vida interna e a vida externa, a significação individual e a significação colectiva – sem que se procure resolver desde logo qual a imagem jurídica última para todos ou para um dos seus momentos de relevância, suprimindo ou cobrindo os desfasamentos ou interstícios que o xadrez dessa realidade profundamente dialéctica ostenta a qualquer puro observador.

7. A PERSPECTIVA INSTITUCIONAL

Foi possível concluir no ponto anterior que a inequívoca projecção da realidade empresarial em diversas áreas do saber jurídico (pessoas, acções e bens) não esconde a necessidade de, a propósito da análise em cada uma dessas áreas, ter presente as restantes.

Foi, ainda, possível concluir, que tal complementaridade se enriquece de forma significativa, se feita no âmbito de uma ponderação unitária da empresa: tendo-se presente os diferentes perfis da empresa, tal como o

28 *A empresa nos centros comerciais e a pluralidade de estabelecimentos*

impõe a ponderação jurídica, não se duvidará que cada um deles se enriquece de conteúdo e adequação, partilhando todos de pontos de vista unitários reunidos pelo comum significado de inclusão na empresa. Dito de outra forma, e em termos de elaboração sistemática: no sistema empresarial, os distintos perfis devem funcionar de forma integrada [58].

Para além dos perfis expostos, há que reconhecer a existência de outros aspectos na realidade empresarial, a ter em linha de conta pelo Direito, aspectos esses que, também eles, apenas poderão ser devidamente ponderados no âmbito de um recorte sistemático da realidade empresarial.

A doutrina tem posto em evidência a consideração da realidade empresarial a partir da verificação de que ela reúne no seu seio um conjunto de pessoas empenhadas ou, no mínimo, comprometidas com o exercício e prossecução da actividade empresarial [59]. Surge, sob um ponto de vista interno da organização empresarial, a necessidade que o Direito tem de detectar – para depois *actuar sobre* – o papel de cada agente nessa comunidade de trabalho (em sentido lato) que constitui a empresa, *comunidade* que não esconde a existência de fortíssimos níveis de conflituosidade [60].

Sob um prisma externo, a realidade ou organização empresarial tem inevitáveis projecções sociais no ambiente em que se insere e sobre o qual actua. Surge a empresa em todo o seu significado económico-social, como um *organismo vivo polarizador da criação da riqueza, mas também de emprego e até de cultura* [61]. Não cremos que tal valor social deva ser secundarizado por inútil, na consideração dos restantes perfis da empresa.

---

[58] Sobre o significado do modelo integrado no pensamento sistemático aplicado ao Direito, veja-se MENEZES CORDEIRO, *Introdução – Pensamento Sistemático* cit., pp. LXX e s..

[59] Neste sentido veja-se PEREIRA DE ALMEIDA, *Direito Comercial* cit., pp. 116 e 120-121, BRITO CORREIA, *Direito Comercial, 1983/84* cit., pp. 13-14, FERREIRA DE ALMEIDA, *Direito Económico* cit., pp. 345-347 ou BERNARDO LOBO XAVIER, *A repercussão do encerramento definitivo do estabelecimento nos contratos de trabalho* cit., pp. 2-3.

[60] A vertente institucional ou corporariva poderá contribuir para a compreensão de que a inclusão dos serviços como modalidade dos bens que constituem o estabelecimento, sempre exigirá uma especial consideração. Sobre a forma como a riqueza de interesses contrapostos no seio da empresa a impõem como célula de base da vida económica dos países veja-se H.-F. KOECHLIN, *Droit de l'entreprise* cit., p. 80.

[61] PUPO CORREIA, *Direito Comercial* cit., p. 190. Sobre esta dimensão social da empresa veja-se igualmente FERREIRA DE ALMEIDA, *Direito Económico* cit., pp. 345-346. Pondo em evidência a empresa como factor social de progresso e riqueza, para além de desenvolvimento técnico, veja-se PAUL LE FLOCH, *Le Fonds de Commerce* cit., p. 27.

Capítulo primeiro – A empresa e o estabelecimento no direito

Parece, assim, impôr-se, de alguma forma, o perfil institucional da empresa, perfil este salientado, entre nós, fundamentalmente, por OLIVEIRA ASCENSÃO. Com efeito, este autor constata existirem na empresa *pelo menos* quatro realidades:

O estabelecimento – pressuposto material do exercício da empresa.

O empresário – o comerciante, sendo a empresa comercial.

Os actos objecto da empresa – os actos integrados na actividade que é objecto da empresa.

A empresa – realidade nova, irredutível, quer ao sujeito, quer ao acto de comércio [62].

Antes havia afirmado, ponderando o significado de adoptar o ponto de vista institucional na consideração da empresa:

Para a consideração institucional (...) o que é central é o conceito de instituição-coisa: a própria ideia de obra ou de empreendimento, no dizer de Hauriou ([63])*, que perdura juridicamente no meio social, e a que as pessoas aderem para a realizarem* [64].

Ponderado o significado, OLIVEIRA ASCENSÃO adere claramente à concepção institucional da empresa:

Apesar da sua complexidade, a concepção institucional é a correcta. A empresa supõe um plano para realização de um objec-

---

[62] *Direito Comercial*, I, pp. 138-139.

[63] HAURIOU, na tradução que nos é dada por BRITO CORREIA, *Direito Comercial, 1987/88* cit., p. 215, define instituição como:

(...) uma ideia de obra ou de empresa que se realiza e dura juridicamente num meio social; para a realização desta ideia, organiza-se um poder que lhe proporciona órgãos; por outro lado, entre os membros do grupo social interessado na realização da ideia, produzem-se manifestações de comunhão dirigidas pelos órgãos do poder e reguladas por procedimentos.

É ainda sugestiva a definição de instituição dada por GALVÃO TELLES, *Aspectos Comuns aos Vários Contratos* cit., p. 247:

(...) a instituição é uma organização social que ultrapassa o indivíduo humano; tem existência própria, subsiste para além das mutações ocorridas nos seus membros. (...) Domina-a uma ideia duradoura que imprime a um grupo de pessoas estrutura sociológica diversa da dos seus componentes: estrutura dirigida por um poder e servida por órgãos e que nasce e vive pela participação ou comunhão de todos os membros na ideia directriz.

[64] *Direito Comercial*, I, p. 136.

tivo – uma ideia de obra lançada no meio social. Ela unifica contributos materiais e humanos, entre os quais passa a haver uma ordem para a realização do objectivo. O Direito regula a empresa como o desempenho estável de uma função produtiva, baseado numa organização autónoma [65].

(...)

Devemo-nos situar directamente na perspectiva da empresa.

Esta é a grande realidade institucional que não pode ser mais lateralizada; e que crescentemente se aceita como conformadora do círculo do Direito Comercial. A empresa funciona como um núcleo, que atrai matérias a regular [66].

As críticas movidas à consideração da empresa como realidade institucional partem, na sua maioria, do cepticismo em torno da real utilidade no uso do conceito *instituição* [67]. Com efeito, do ponto de vista jurídico, a noção de instituição é tida como sendo susceptível dos significados mais variados, o que compromete a sua valia científica por inoperatividade [68].

Aquela que é apontada como a grande desvantagem da noção de *instituição* [69] surge para nós como a sua grande virtude para o efeito que aqui importa: apurar uma noção delimitadora da realidade, para efeitos

---

[65] *Direito Comercial*, I, p. 137.

[66] *Direito Comercial*, I, p. 161. De resto, OLIVEIRA ASCENSÃO vem, há vários anos, salientando o perfil institucional da empresa: cfr. *A Empresa* cit., pp. 19 e 22. Salientando e aceitando a validade do perfil institucional da empresa veja-se: FERREIRA DE ALMEIDA, *Direito Económico* cit., pp. 345-357; PUPO CORREIA, *Direito Comercial* cit., pp. 190-191 e PINTO FURTADO, *Curso de Direito dos Arrendamentos* cit., p. 356 e *Manual do Arrendamento* cit., p. 484.

[67] Reconhece-o FERREIRA DE ALMEIDA, *Direito Económico* cit., p. 345. Afirma-o, convictamente, BRITO CORREIA, *Direito Comercial, 1987/88* cit., p. 216: para este autor, não obstante aliciante, a figura da instituição não é mais clara do que a própria noção de empresa, motivo pelo qual, mais do que esclarecer, criaria novo foco de dificuldade na análise. Em sentido semelhante se pronuncia REMO FRANCESCHELLI, *La notion juridique d'entreprise* cit., p. 408 para quem *instituição* não é sequer uma categoria dogmática ou jurídica.

[68] Cfr. MENEZES CORDEIRO, *Direito da Economia* cit., pp. 109-110.

[69] Instituição por nós entendida com o sentido técnico que deixámos descrito atrás: veja-se, para maior detalhe, a delimitação do conceito técnico operada por OLIVEIRA ASCENSÃO, *O Direito* cit., pp. 23 e s..

Capítulo primeiro – A empresa e o estabelecimento no direito   31

jurídicos. Relembre-se que seguimos no caminho do recorte da realidade empresarial juridicamente relevante, o que, em si, é operação jurídica e não económica ou de qualquer outra ciência [70].

Sob este prisma, importa, por um lado, apurar um conceito delimitador da realidade empresarial, sob um prisma jurídico e não económico (ou, se se quiser, tanto quanto o jurídico recebe e faz seu o fenómeno económico) – se o mero uso da noção de *empresa* nos faz correr tal risco, a noção de *instituição* põe-nos, talvez, no bom caminho. Por outro lado, tal conceito deverá conter em si a virtude de, simultaneamente, apelar à consideração unitária, pondo em relevo uma pluralidade de facetas juridicamente relevantes: se o termo empresa por si só não tem, ou pode não ter, tal significado, pensamos que o de instituição o terá.

SECÇÃO II
O ESTABELECIMENTO

8. RAZÃO DE ORDEM

As considerações até agora expendidas, já nos permitiriam, em si mesmas, uma primeira abordagem daquilo que aqui nos ocupa: a qualificação dos *centros comerciais* como empresa, como estabelecimento, como pluralidade de empresas, como pluralidade de estabelecimentos, como um sobre-estabelecimento contendo em si uma pluralidade de estabelecimentos ou, ainda, como uma empresa contendo uma pluralidade de estabelecimentos. Admitimos até que, sem querer antecipar conclusões [71], fossem já suficientes para, uma vez caracterizada a *fattispecie* que encerra o centro comercial, optarmos, decisivamente, por esta última. Cremos, todavia, que, o que fica dito, não é ainda suficiente para que, com algum à vontade, possamos, desde já, avançar na abordagem do nosso tema específico.

Vários são os motivos subjacentes a tal entendimento. Passamos a enunciá-los com a advertência de que os que primeiro se anotam são pressuposto dos que se lhes seguem.

---

[70] Como pensamos ter salientado atrás.

[71] Aliás, não estaríamos a antecipar algo que o título pelo qual optámos não antecipe por si só.

Em primeiro lugar, se a ideia do que para nós seja *empresa* já ficou, de alguma forma, clarificada, temos consciência de que quase nada dissemos sobre o que para nós significa falar de *estabelecimento* – sendo certo que não identificámos os dois conceitos como sinónimos.

Em segundo lugar, a aproximação que poderíamos fazer, nesta fase de desenvolvimento das nossas considerações, entre *empresa* e *estabelecimento,* por um lado, e *centros comerciais*, por outro lado, seria sempre algo longínqua e pouco precisa.

Em terceiro lugar, se é certo que algo se poderia dizer quanto à consideração dos *centros comerciais* como *empresa* ou *estabelecimento* – embora mais como aquela do que como este – não temos dúvidas de que muito pouco se poderia dizer quanto à qualificação jurídica como *negócio jurídico sobre o estabelecimento* ou, diversamente, como *negócio jurídico sobre a empresa*, daquele que é o problema jurídico que mais seriamente vem preocupando a nossa comunidade jurídica, dos que se relacionam com os centros comerciais, e ao qual não queremos deixar de nos referir: a identificação dogmática do contrato de utilização de loja em centro comercial. Advirta-se que, para nós, a conclusão sobre a pertença deste contrato à fileira de uma daquelas duas categorias (negócio jurídico *sobre a empresa* ou *sobre o estabelecimento*), com plena compreensão do sentido de tal pertença, constitui a forma dogmaticamente mais profícua de compreender a sua natureza jurídica. Não poderemos entender, em toda a sua amplitude, o significado de um contrato, separando-o do seu contexto, não só social, mas inclusivamente jurídico: sobretudo tendo nós consciência que os contratos de utilização de loja em centro comercial constituem o momento jurídico de maior relevância na constituição de um centro comercial, não faz sentido conceber tal contrato sem compreendermos o que é um centro comercial, tal como, provavelmente, não fará sentido conceber este último sem perspectivar a celebração daquele. Pensamos, no entanto, que o caminho lógico a seguir é o de qualificar juridicamente o centro comercial, pois de tal qualificação fluirá, com naturalidade, a natureza jurídica dos contratos de utilização de lojas em centros comerciais.

Face ao exposto, cumpre avançar nos termos que ficam alinhavados: a delimitação do conceito de estabelecimento. Nessa delimitação teremos sempre presente uma conclusão essencial, a que chegámos até ao momento: a de que o estabelecimento se inscreve num espaço de partilha com outras realidades afins, espaço que se identifica com a empresa. Nem de outro modo se compreenderia o nosso avanço, sob pena de se ter por inútil tudo o que até agora dissemos.

Porém, antes de avançarmos, algo se nos impõe. Pensamos que o que dissemos, em tese geral, sobre a nossa opção de analisar a empresa como dado pré-legal, não esconde a necessidade de melhor clarificar tal opção antes de, sob a mesma perspectiva da pré-legalidade, versarmos a matéria daquilo que possamos vir a considerar como sendo o estabelecimento.

Esta clarificação, agora intencionalmente dirigida ao estabelecimento, não deixa de valer para o que até agora dissemos sobre a empresa.

Começaremos por aqui.

9. METODOLOGIA NA DETERMINAÇÃO DO ESTABELECIMENTO

Da exposição que fizemos sobre os vários perfis da empresa, resulta a conclusão de que é possível encontrar na literatura jurídica da especialidade opiniões do mais diversificado, no que respeita à perspectiva jurídica da empresa: quem considere válida para o Direito a ponderação dos quatro perfis enunciados (pessoa; actividade; bem; instituição – embora este último abranja os anteriores), na formulação em que o fizemos ou em diferente formulação; quem apenas considere válida a ponderação de um ou de dois deles, na formulação que demos ou em formulação distinta [72].

Questão diferente mas que é frequentemente confundida com a anterior é a da mera linguagem a empregar para delimitar tais sectores da realidade juridicamente relevante: o vocábulo *empresa* ou, por hipótese, o vocábulo *estabelecimento*, são utilizados quer para designar tais realidades de forma unitária, quer algumas delas, quer, ainda, apenas uma delas.

São dois níveis distintos [73] daquilo que efectivamente nos ocupa – a delimitação da realidade empresarial juridicamente relevante – devendo, desde já, realçar-se que o aspecto formal da opção linguística apenas nos preocupará, na medida em que traduza uma real opção quanto ao aspecto

---

[72] Aqui reside, precisamente, uma das principais causas da perplexidade dos juristas, quando versam sobre estes assuntos: a falta estrutural de estabilidade dogmática. Para um panorama (que, por muito abrangente que fosse, sempre padeceria de incompletude) da diversidade veja-se SOLÁ CAÑIZARES, *Tratado de Derecho Comercial Comparado* cit., pp. 11 e s. e 24 e s..

[73] Embora tenhamos presente o nível significativo-ideológico da linguagem – cfr. MENEZES CORDEIRO, *Introdução – Pensamento Sistemático* cit., pp. LXVI-LXX.

34   *A empresa nos centros comerciais e a pluralidade de estabelecimentos*

substancial de delimitação do real ou em que nós próprios tenhamos de optar a nível conceptual, sob pena de condenarmos a operatividade futura das conclusões que a nível substancial formos tirando.

Vejamos, pois, a razão profunda, pela qual iremos *procurar* o *estabelecimento* ao nível da realidade juridicamente relevante, tal como o fizemos com a *empresa*.

Na descrição da *empresa* a propósito da categoria bens, vimos que a doutrina está relativamente estabilizada em torno da concepção do *estabelecimento* como conjunto de meios para prossecução da actividade empresarial. Bem sabemos que, só por si, tal constatação pouco nos adiantará na procura da determinação do que realmente seja um *estabelecimento*.

Se nos questionarmos sobre o motivo de tal pacificação, não andaremos longe da verdade se dissermos que a elaboração doutrinal em torno do estabelecimento como bem ou, se se quiser, conjunto de bens, é de longe bastante mais desenvolvida do que nos outros perfis. De alguma forma, ante os difíceis e frustrantes resultados da tentativa de captação pelo Direito de um conceito unitário de empresa, a doutrina concentrou-se naquilo que é um elemento seguro, segurança reforçada pelo apoio legal: a empresa / estabelecimento, enquanto objecto de negócios. Todavia, tal orientação não faz esquecer a frustração que sempre subsiste em quem se dedica, exclusivamente, a um aspecto de uma realidade que não se ignora ser global [74].

Enquanto matéria objecto de negócios jurídicos, o estabelecimento foi contemplado com um regime legal relativamente vasto [75], embora disperso, no qual se destacam os aspectos relativos à sua negociação definitiva [76] e os aspectos relativos à cessão temporária da sua exploração [77].

---

[74] Neste sentido veja-se FONT GALAN, *La Empresa* cit., pp. 65-66.

[75] Advirta-se que, embora o faça de forma predominante, a verdade é que a lei nem sempre utiliza a expressão *estabelecimento* para designar a realidade que temos vindo a referir (conjunto de meios para a prossecução da actividade empresarial) – assim acontece v.g. nos artigos 95.º, 2.º e 263.º § único do Código Comercial Português.

[76] Sobre a noção e delimitação do conceito de *trespasse* veja-se, entre outros, PEREIRA COELHO, *Arrendamento* cit., p. 214; PINTO COELHO, *Lições de Direito Comercial* cit., p. 86; PINTO FURTADO, *Manual do Arrendamento* cit., p. 491; PESSOA JORGE, *Transmissão do arrendamento comercial* cit., p. 479; SANTOS JÚNIOR, *Sobre o trespasse* cit., pp. 436, 447 e 449- -450; FERRER CORREIA, *Lições de Direito Comercial* cit., pp. 232-234; ORLANDO DE CARVA- LHO, *Critério e Estrutura do Estabelecimento* cit., pp. 590-591 e *Anotação a um acórdão do S.T.J.* cit., pp. 103-104 e COUTINHO DE ABREU, *Da Empresarialidade* cit., pp. 325-327.

[77] Sobre a noção e caracterização da *cessão de exploração* de estabelecimento comercial veja-se, entre outros, ERIDANO DE ABREU, *Locação de Estabelecimento* cit.,

Vejamos algumas das mais significativas referências legais.

O artigo 115.º do Decreto-Lei n.º 321-B/90 de 15 de Outubro (Regime do Arrendamento Urbano) referindo-se à transmissão por acto entre vivos da posição de arrendatário afirma que a mesma é permitida sem dependência de autorização do senhorio, no caso de tal transmissão surgir enquadrada no trespasse do estabelecimento. Sem definir o que seja trespasse do estabelecimento comercial a lei não deixa de descrever dois tipos de situações fácticas em que considera não haver trespasse: num dos casos quando, tendo-se incluído no trespasse a transmissão da posição de arrendatário, dele se excluíram certos elementos (a lei enumera alguns) que integram o estabelecimento; no outro caso quando, tendo-se transmitido o gozo do prédio onde vinha sendo desenvolvida determinada actividade comercial ou industrial, verificou-se uma mudança no destino dado ao local.

No artigo 111.º do mesmo diploma legal estabelece-se uma clara distinção entre o arrendamento de prédio urbano ou rústico e o *contrato pelo qual alguém transfere temporária e onerosamente para outrem, juntamente com o gozo do prédio, a exploração de um estabelecimento comercial ou industrial nele instalado.* Mais se acrescenta que verificando-se nesse contrato de cessão de exploração de estabelecimento comercial, que em si inclui a transferência do gozo do prédio, algum dos dois tipos de situações fácticas descritas no artigo 115.º que acabamos de citar, será tido como arrendamento de prédio.

Nos termos do disposto no artigo 100.º n.º 1 do Decreto-Lei n.º 63//85 de 14 de Março (Código do Direito de Autor e dos Direitos Conexos) e contrariamente ao que é regra geral, permite-se que o editor, sem o consentimento do autor, transfira para terceiros os direitos de que é titular tal como emergentes do contrato de edição, no caso de tal transferência resultar do trespasse de estabelecimento.

---

pp. 543 e 545; Pereira Coelho, *Direito Civil* cit., p. 189; Pinto Furtado, *Manual do Arrendamento* cit., pp. 510 e 514; Januário Gomes, *Arrendamentos Comerciais* cit., pp. 72-73; Pires de Lima e Antunes Varela, *Código Civil Anotado* cit., II, p. 530; Carvalho Martins, *Locação de Estabelecimento* cit., pp. 11 e s. e 17-18; Estelita de Mendonça, *Da Sublocação* cit., p. 51; Henrique Mesquita, *Cedida a exploração de um estabelecimento comercial* cit., p. 8; Orlando de Carvalho, *Alguns aspectos da negociação do estabelecimento* cit., Ano 114.º, p. 363 e Ano 115.º, pp. 10-11; Coutinho de Abreu, *Da Empresarialidade* cit., pp. 309-310 e 312; Lobo Xavier, *Locação de estabelecimento comercial* cit., p. 763 e Antunes Varela, *Cessão da exploração do estabelecimento comercial em formação* cit., pp. 825-827.

De forma substancialmente semelhante, permite-se, no artigo 145.º do mesmo diploma legal, àquele que, por via de contrato, tenha obtido autorização do autor para a fixação da obra, transferir para terceiro os direitos que lhe emergem de tal contrato caso tal resulte de trespasse do estabelecimento.

No artigo 181.º n.º 3 do Decreto-Lei n.º 132/93 de 23 de Abril (Código dos Processos Especiais de Recuperação da Empresa e de Falência) prevê-se expressamente a possibilidade de, encontrando-se no activo do falido um estabelecimento comercial, proceder-se à venda da totalidade do estabelecimento, caso tal seja mais vantajoso do que a venda em separado dos bens que o integram.

Em especifico artigo dedicado à penhora de estabelecimento (artigo 862.º-A introduzido pelo Decreto-Lei n.º 180/96 de 25 de Setembro) constam do Código de Processo Civil, entre outras, regras relativas aos bens que se devem ter por incluídos no estabelecimento (com expressa referência aos créditos) e regras relativas ao regime de penhora aplicável individualmente a cada um dos bens que compõem o estabelecimento.

No artigo 20.º n.º 2 do Decreto-Lei 411/91 de 17 de Outubro (regularização de dívidas à segurança social) é estatuída a responsabilidade solidária do cessionário e do cedente, nomeadamente, em caso de trespasse ou cessão de exploração.

Em matéria de contratos de trabalho consta do artigo 37.º n.º 1 e 4 do Decreto-Lei n.º 49 408 de 24 de Novembro de 1969 (Lei do Contrato de Trabalho) a regra geral de que a respectiva posição jurídica ocupada pelo alienante transmite-se ao adquirente do estabelecimento onde os trabalhadores exerçam a sua actividade.

Pelo que respeita à *firma*, dispõe o artigo 15.º n.º 1 do Decreto-Lei n.º 42/89 de 3 de Fevereiro que apenas com autorização do alienante poderá o adquirente do estabelecimento comercial aditar à sua própria firma a menção de haver sucedido na firma do anterior titular do estabelecimento.

No artigo 29.º n.º 5 e 6 do Decreto-Lei n.º 16/95 de 24 de Janeiro (Código da Propriedade Industrial) é enunciada a regra de que a transmissão do estabelecimento envolve o respectivo nome, insígnia, logotipo e recompensas, a menos que, no caso do nome, insígnia ou logotipo, figure nome individual, firma ou denominação social do titular do estabelecimento ou de quem ele represente.

No artigo 211.º n.º 1 do mesmo diploma legal consagra-se a presunção de que se tem por transmitido o pedido de registo ou a propriedade da

Capítulo primeiro – A empresa e o estabelecimento no direito   37

marca em caso de trespasse do estabelecimento. No n.º 2 desse mesmo artigo estipula-se que o pedido de registo ou a propriedade da marca registada apenas são transmissíveis, independentemente do estabelecimento, se isso não poder induzir o público em erro quanto à proveniência do produto ou do serviço ou aos caracteres essenciais para a sua apreciação.

De todas estas normas se pode concluir com segurança que o Direito admite que o estabelecimento possa ser objecto de um negócio jurídico de forma unitária [78].

Evidentemente que esta constatação levanta, de seguida, problemas extremamente complexos, como sejam: o de determinar a natureza jurídica

---

[78] Cfr., entre outros: BRITO CORREIA, *Direito Comercial*, 1983/84 cit., pp. 62-63 e SANTOS JÚNIOR, *Sobre o trespasse* cit., pp. 418-419.

[79] Cf. MANUEL PITA, *Direito Comercial* cit., p. 202, FERNANDO OLAVO, *Direito Comercial* cit., p. 283 e *A Empresa e o Estabelecimento Comercial* cit., p. 36.

[80] Com efeito, o carácter absolutamente decisivo da determinação do que seja o estabelecimento em face da posterior determinação do seu regime jurídico, é posto em evidência por ORLANDO DE CARVALHO. Este autor classifica em três grupos as questões de determinação do regime jurídico do estabelecimento que, naturalmente, não podem ser resolvidas sem que se saiba o que seja este:

As *questões distintivas*. Visam a distinção da situação de facto, servindo o intérprete no plano da subsunção (*Critério e Estrutura do Estabelecimento* cit., p. 363). Aqui se inscrevem problemas como o de saber se estamos ou não perante um negócio sobre a empresa ou sobre o estabelecimento e, estando-o, que espécie de negócio está em causa (*Critério e Estrutura do Estabelecimento* cit., pp. 364, 371 e s. e 458 e s.).

As *questões normativas*. Visam o regime propriamente dito, servindo o intérprete no plano da estatuição (*Critério e Estrutura do Estabelecimento* cit., p. 363). Aqui se inclui, nomeadamente, o problema da admissibilidade jurídica dos vários negócios que incidem sobre a empresa, sobretudo, quando tais negócios lidam com valores equívocos como a clientela e o aviamento (*Critério e Estrutura do Estabelecimento* cit., pp. 465 e s.) e o problema do âmbito de entrega nas negociações que, de alguma forma, mobilizam o estabelecimento, que envolve, designadamente, o de saber-se o que é o mínimo do estabelecimento como matéria disponível (*Critério e Estrutura do Estabelecimento* cit., pp. 476 e s.).

As *questões intelectivas*. Visam os modelos sistemáticos que permitem a compreensão da própria disciplina ou aferir qualquer particular aspecto desta aparentemente vinculado a algum desses modelos (*Critério e Estrutura do Estabelecimento* cit., p. 363). Aqui encontramos, desde logo, a questão do *nomen iuris* a atribuir à negociação do estabelecimento: como enquadrar tal forma negocial dentro dos moldes do sistema jurídico; o problema do enquadramento ou qualificação de tais negócios num tipo ou em vários tipos negociais (*Critério e Estrutura do Estabelecimento* cit., pp. 657 e s.).

38 *A empresa nos centros comerciais e a pluralidade de estabelecimentos*

do estabelecimento comercial; o de qualificar os direitos ou direito que sobre essa unidade objecto de negociação se transmitem; o de saber, qual o regime jurídico de transmissão desse ou desses direitos.

Face a tal problemática profunda, a doutrina manifesta frequentemente de forma explícita, a circunstância de que basta concluir pela admissibilidade de circulação unitária, que se reconhece ao estabelecimento, não se podendo ou não se devendo, face à nosso sistema jurídico, ir mais além [79]. Tirando os casos em que tal afirmação contém em si uma posição de princípio quanto aos problemas, ou a alguns deles, enunciados no parágrafo anterior, esta afirmação deverá ser entendida com o significado de que não faz sentido tomar posição sobre tais problemas, sem que previamente se tome posição sobre o que significa falar de estabelecimento: que porção da realidade ou da vida aí devemos incluir? [80] [81] Trata-se do já atrás enunciado problema da determinação do critério e da estrutura do estabelecimento: que tipo de bens podem ou devem ser incluídos no estabelecimento (a estrutura), o que pressupõe a determinação

---

[81] Quanto à precedência desse problema pelo que respeita ao da natureza jurídica do estabelecimento, anotamos as impressivas palavras de ORLANDO DE CARVALHO:

> *Não interessa fazer agora o inventário do que pensam os juristas sobre essa qualificação* (universalidade de direito), *que respeita ao problema da "natureza jurídica" – ou seja do "nomen" do estabelecimento no Direito – o que, como se provou, não é o problema de fundo que se levanta na negociação do estabelecimento. O problema de fundo é o problema do critério e da estrutura do estabelecimento mercantil – do que distingue ou caracteriza o estabelecimento enquanto objecto presumível de negócios – problema para que a qualificação em apreço não contribui com nenhuma ideia definida (tal a avalanche de posições da doutrina sobre o que são a "universitas" e a "universitas juris") e, sobretudo, com nenhuma ideia insuspeita de ser apenas o fruto de uma escolha apriorística (pois não assenta em nenhum exaustivo das realidades da própria vida do comércio, mas decorre, isso sim, de uma rotina conceitual que não tem outro peso senão o peso da insistência) – Anotação a um acórdão do S.T.J.* cit., pp. 103-104.

Em igual sentido veja-se COUTINHO DE ABREU, *Da Empresarialidade* cit., p. 69-70. Anotem-se, ainda, as – relativamente – recentes palavras de PIER GIUSTO JAEGER e FRANCESCO DENOZZA, *Appunti di Diritto Commerciale* cit., pp. 90-91:

> *(...) Il dibattito sulla natura giuridica dell'azienda non è del resto molto utile né per chiarire la disciplina ad essa applicabile (...), né per risolvere il problema più rilevante in pratica, quello della identificazione della fattispecie trasferimento di azienda (...).*

Capítulo primeiro – A empresa e o estabelecimento no direito 39

do ponto de vista unitário sob o qual entendemos dever reunir tal conjunto de bens (o critério) [82].

Vimos que a negociação do estabelecimento, legalmente tutelada, põe em evidência o estabelecimento como bem ou complexo de bens de destino unitário [83]. Sabemos que o bem se define como a realidade apta à satisfação de necessidades humanas, necessidades essas aqui encaradas sob o prisma da produção (o estabelecimento é por vocação um bem produtivo – como igualmente salientámos).

Haverá, pois, que determinar a forma, o método por via do qual nos será possível determinar esse bem ou conjunto de bens. Sabemos que procuramos na realidade económico-social o recorte de algo com significado jurídico – mantém-se a consciência de que nos movemos no âmbito da pré-legalidade. Mas em matéria de empresa como bem, contrariamente ao que sabemos acontecer com a empresa no seu perfil institucional, os dados legais são, substancialmente, mais consistentes: um dos factores que permitiu o robustecimento da doutrina em torno deste perfil da empresa. Deverá isso impor uma metodologia nos moldes em que nos é proposta explicitamente por GIOVANNI COLOMBO? Vejamos:

> (...) *in presenza di una disciplina dei principali aspetti del trasferimento d'azienda, sarebbe il far discendere la soluzione di talune problemi pratici dalla previa costruzione della natura giuridica dell'azienda, anziché dall'interpretazione delle singole norme positive. Simile metodo d'indagine poteva infatti giustificarsi, come "rimedio" alla mancanza di disciplina legislativa, prima dell'emanazione del codice civile: in assenza di specifiche norme era invero necessario che gli scrittori preliminarmente accertassero che cosa dovesse intendersi – secondo il significato delle parole comune nel mondo degli affari – per azienda, e successivamente individuassero una categoria giuridica in cui essa potesse farsi reintrare, onde applicarle la disciplina (in ipotesi) dettata per tale categoria giuridica. Da quando una disci-*

---

[82] Da mesma forma, concluindo pela prioridade lógica da determinação do estabelecimento, isto é, saber o que o distingue das outras realidades (problema do critério) e que valores o compõem (problema da estrutura) veja-se MENDES DE ALMEIDA, *Negociação e reivindicação do estabelecimento comercial* cit., pp. 12-13.

[83] Cfr. VARELA PINTO, *Transmissão do Estabelecimento Comercial* cit., p. 540 e CARVALHO MARTINS, *Locação de Estabelecimento* cit., p. 8.

40   A empresa nos centros comerciais e a pluralidade de estabelecimentos

plina à specificamente dettata per il trasferimento dell'azienda, invece, la construzione non pùo precedere, ma deve (eventualmente) seguire l'interpretazione delle norme positive [84].

Mais à frente adverte:

Ciò non significa, ovviamente, propugnare un ritorno ad una riducente metodologia da "école d'exégèse": significa semplicemente diffidare da – e mettere in guardia contro – le superfetazioni concettalistiche [85].

Não obstante o exposto, e se bem que o apoio legal na determinação da empresa como bem, se bem que aquilo que o Direito pretende recortar da realidade, seja consistentemente mais nítido aqui, do que o era no recorte da empresa como realidade unitária, não nos podemos esquecer que também aqui se procura o recorte de algo com uma lógica primariamente não jurídica [86]: para sabermos como determinar o bem unitariamente considerado pelo Direito pelas suas virtudes produtivas, temos de apurar o que sejam tais virtudes. Não é, certamente, o Direito que nos fornecerá o critério ou ponto de vista unitário em que se traduz tal produtividade. Não estamos a devolver o problema à ciência económica, mas há que reconhecer que trabalhamos com um conceito que daí nos chega: se não o aceitarmos, o consequente desfasamento entre o Direito e a realidade económico-social que visa regular só prejudicará a finalidade de ambas as ciências.

---

[84] *L'Azienda e il Mercato* cit., pp. 2-3. Já antes, este mesmo autor se manifestara no sentido de afastar uma metodologia de (na sua expressão) análise extra-jurídica, privilegiando uma procura no dado legislativo, assim se evitando (no seu entendimento) afirmações arbitrárias e indemonstráveis – GIOVANNI COLOMBO, *Il trasferimento dell'azienda* cit., pp. 3 e 14. Neste sentido, veja-se FRANCESCO FERRARA jr., *La Teoria Giuridica dell'Azienda* cit., p. 78.

[85] *L'Azienda e il Mercato* cit., p. 3.

[86] Anote-se o comentário de COUTO E SILVA, *O conceito de empresa no direito brasileiro* cit., p. 95:

Poder-se-ia pensar que o modelo jurídico da empresa seria uma criação do direito, algo que não se encontraria num mundo pré-jurídico ou social. Todavia, assim como sucede com a família, com o contrato e com tantos outros modelos jurídicos, a empresa é apenas reconhecida pelo Direito, pois a sua existência a ele antecede. Há, por igual, uma concepção económica da empresa. Pois é precisamente essa dualidade de concepções que estabelece uma relação dialética ou uma tensão entre os dois modelos de empresa.

Capítulo primeiro – A empresa e o estabelecimento no direito 41

De resto, em questões metodológicas, por vezes, só por imperativo de análise se separa aquilo que, na prática, se mantém ligado: partindo das exigências regulativas do Direito, há que captar a realidade económi-co-social, não apenas em si, mas com o seu nível significativo-ideológico (as categorias económicas), confrontando os resultados que assim se forem obtendo com as normas jurídicas.

Face ao enunciado que deixámos atrás de alguns dos aspectos regulativos do, disperso, regime legal do estabelecimento comercial, parece-nos inequívoco que da lei ressalta a absoluta necessidade – para que possamos falar em negócio sobre o estabelecimento beneficiando de tal regime próprio – de que tal estabelecimento preexista no núcleo do negócio em causa [87].

De resto, a própria *ratio legis* genérica e geralmente reconhecida como subjacente à especial consagração de um regime de negociação do estabelecimento exige a presença dele: obedece-se ao interesse económico-social de manutenção da riqueza, riqueza esta que apenas subsiste enquanto subsistir a pluralidade agregada em que se traduz o estabelecimento. No fundo e de novo, o objecto de tutela ou protecção é o estabelecimento ante o qual, de alguma forma, se diluem os vários componentes [88]. Eis a exigência regulativa da lei em matéria de determinação do estabelecimento [89].

---

[87] Assim se pronunciam OLIVEIRA ASCENSÃO e MENEZES CORDEIRO, *Cessão de Exploração* cit., p. 900 a propósito do regime – então em vigor – dos artigos 1085.º e 1118.º do Código Civil Português.

[88] Neste sentido vejam-se ERIDANO DE ABREU, *Locação de Estabelecimento* cit., p. 544, RUI DE ALARCÃO, *Sobre a Transferência da Posição do Arrendatário* cit., p. 41, nota 48; Mário Frota, *Arrendamento Urbano* cit., p. 503; PINTO FURTADO, *Manual do Arrendamento* cit., p. 478; JANUÁRIO GOMES, *Arrendamentos Comerciais* cit., pp. 70-71; CARVALHO MARTINS, *Locação de Estabelecimento* cit., p. 27; FERRER CORREIA, *Sobre a Reforma da Legislação Comercial* cit., pp. 38 e 42; COUTINHO DE ABREU, *Da Empresarialidade* cit., p. 313; OLIVEIRA ASCENSÃO, *Direito Comercial* cit., p. 506 e OLIVEIRA ASCENSÃO e MENEZES CORDEIRO, *Cessão de Exploração* cit., pp. 883-884 e 891; FERNANDO OLAVO, *A Empresa e o Estabelecimento Comercial* cit., p. 27.

[89] A igual conclusão chega FONT GALÁN, *La Empresa* cit., pp. 67-68, a propósito do regime jurídico espanhol de protecção do *valor patrimonial de exploração económica* que a empresa traduz, ou VICENT CHULIA, *Introduccion al Derecho Mercantil* cit., p. 115, com referência à protecção da organização, da clientela e das expectativas de lucro. Da mesma forma v.g. GIUSEPPE FERRI, *Manuale di Diritto Commerciale* cit., p. 220 e GIUSEPPE AULETTA e NICCOLÒ SALANITRO, *Diritto Commerciale* cit., pp. 45-46, colocam o acento tónico do âmbito de protecção da lei italiana na tutela do aviamento comercial (ainda que indirecta). Sobre a *ratio* subjacente a alguns aspectos da lei francesa veja-se *infra*.

No domínio metodológico da determinação do estabelecimento enquanto objecto de negócios não podemos deixar de dar particular relevo ao contributo de ORLANDO DE CARVALHO pela forma como demonstrou a perspectiva de análise a adoptar na procura do critério e estrutura do estabelecimento.

Adverte para o equívoco que consiste em adoptar a metodologia de procura do estabelecimento como conceito legal, entendendo *o "cognoscível" como produto do conhecimento* [90] e atribuindo *valor ontológico a categorias meramente lógicas,* dado que dessa forma não poderá nunca atingir-se a substância deste fenómeno em toda a sua plenitude [91].

Para este autor *importa reconhecer que o estabelecimento no direito é o estabelecimento como fenómeno concreto: não é alguma coisa de construído ad libitum, mas um produto da própria vida em si mesma* [92]. *Com efeito, é à vida viva do comércio que se devolve claramente a voz da lei: não é para reger simples produtos mentais – mas sim negócios sobre evidências reais – que existe um regime da negociação do estabelecimento* [93].

Advertindo nomeadamente para a insatisfação dos resultados a que chegará quem busque o estabelecimento como bem apenas na economia, embora reconhecendo nesta um ponderoso ponto de apoio [94]; para a

---

[90] *Critério e Estrutura do Estabelecimento* cit., pp. 34-35.

[91] *Critério e Estrutura do Estabelecimento* cit., pp. 36-37.

[92] *Critério e Estrutura do Estabelecimento* cit., p. 62.

[93] *Critério e Estrutura do Estabelecimento* cit., pp. 66-67. Neste mesmo sentido se pronunciam CARVALHO MARTINS, *Locação de Estabelecimento* cit., p. 10 e VARELA PINTO, *Transmissão do Estabelecimento Comercial* cit., pp. 539-540 e 543, salientando este último:

> (...) *torna-se necessário, ainda que superficialmente, considerar o problema do "ser" do estabelecimento e tentar caracterizá-lo enquanto realidade concreta e relevante que é para a vida económica* (...).

Acrescentando, este mesmo autor, um pouco mais à frente:

> *Seria, de resto, difícil de conceber juridicamente o estabelecimento em total assintonia com a realidade material e económica que o mesmo representa, atomizando-se algo que por natureza funciona unitariamente.*

[94] *Critério e Estrutura do Estabelecimento* cit., pp. 330-332. A este propósito note-se na seguinte passagem:

> *O estabelecimento com que o Direito contacta ao nível da simples relevância é* (...) *o produto de uma convergência de factores em que entra, não só a economia, mas toda uma ideologia com as consequentes conceptologia e termino-*

Capítulo primeiro – A empresa e o estabelecimento no direito   43

circunstância de que a determinação do estabelecimento, não obstante este ser um fenómeno com origem essencialmente na vida, é uma indagação tecnicamente jurídica, dado que se busca uma resposta juridicamente aceitável (são as exigências específicas do regime que impõem a ideia de estabelecimento como bem)[95]; para a distinção entre a relevância do estabelecimento como fenómeno constituído antes do Direito mas conhecido para fins do Direito (a adoptar) e o que será uma relevância do

---

logia, isto é, não só uma "infra" como uma "super-estrutura", sem esquecermos o papel de reagente que esta tem. Papel em que o sistema jurídico desempenha uma função preponderante, e não apenas enquanto a ele inevitavelmente "se acomodam" os valores que solicitam uma tutela jurídica, mas também enquanto a tutela jurídica ajuda a formar a consciência do público sobre o relevo desses valores do comércio – Critério e Estrutura do Estabelecimento cit., p. 745.

[95] *Critério e Estrutura do Estabelecimento* cit., p 737-739. Sobre a forma como uma aparente tensão entre a realidade (a *empresa empírica*) e a juridicidade (a *empresa jurídica*) se resolve, ORLANDO DE CARVALHO distingue dois níveis de relevância jurídica do estabelecimento como bem:

(...) o direito tem um primeiro contacto com as coisas, atraindo-as da zona da irrelevância jurídica e automaticamente conferindo-lhes uma certa relevância. É o nível da "simples relevância", ou "relevância primária", que nada tem a ver com a regulamentação em concreto. Esta regulamentação em concreto é já o fruto de um segundo contacto com as coisas, de um contacto ao nível, já não da simples relevância, mas da "medida de relevância", ou da "relevância secundária". Decerto que já na primeira fase há uma certa valoração do jurídico, que se traduz em ver nas coisas algo que merece a consideração do Direito. Mas só na segunda há a valoração definitiva, que se corporiza no estatuto disciplinar que se confere – Critério e Estrutura do Estabelecimento cit., p. 742.

Aplicando tal distinção à realidade empresarial, conclui que o nexo entre a relevância primária e a relevância secundária é, no caso da empresa, de matiz muito diverso do que é, em regra, entre o facto e o direito:

Propondo-se regular a negociação de uma empresa, é a empresa como objecto indiscutível de negócios que a disciplina coloca como seu primeiro pressuposto. Significa isto que a relevância primária é assumida integralmente pela relevância secundária, não no sentido (óbvio) de que a medida de relevância postula sempre uma simples relevância, mas no sentido (raro) de que a medida de relevância assume como positivamente relevante – como um valor positivo para o Direito – o primariamente relevante. Desta maneira, se as determinações de regime, quaisquer que sejam, assumem sempre o fenómeno no seu ser, o que importa, antes de tudo, é conhecer esse fenómeno, e só depois as determinações em questão – Critério e Estrutura do Estabelecimento cit., p. 743.

44 *A empresa nos centros comerciais e a pluralidade de estabelecimentos*

estabelecimento como fenómeno constituído antes do Direito e conhecido independentemente deste [96]; para a relevância da composição de interesses em conflito que o Direito tem em vista quando intervém acolhendo o estabelecimento [97]; ORLANDO DE CARVALHO acaba por concluir como forma de procurar a realidade estabelecimento juridicamente relevante que, mantendo a consciência da necessária relação entre a utilização das "coisas" e o *"posse"* das "coisas", haveria que buscar um conjunto de intuições do comércio que, na medida em que inequívocas, nos fornecem não o contexto ou a descrição do fenómeno, mas um valioso padrão de pesquisa [98].

10. O ESTABELECIMENTO COMO VALOR DE MERCADO

O estabelecimento como bem ou complexo de bens produtivos, sendo susceptível de utilização na satisfação de interesses, acredita em si um valor económico [99]. Face a tudo aquilo que assume valor económico, de imediato se coloca a questão da sua *atribuição*: o nível de relevância jurídica é, então, insuperável.

Na verdade, os bens que existem pela sua utilidade económica apenas adquirem essa efectiva utilidade graças aos direitos que, reconhecidos aos seres humanos, lhes permitem actuar sobre esses bens [100].

O valor económico dos bens traduz-se na sua *patrimonialidade* (susceptibilidade de avaliação pecuniária). Pode, desta forma, atribuir-se ao Direito o princípio da patrimonialidade como fórmula ou índice para discriminar as situações sociais com relevância jurídica, traduzindo um nível de intencionalidade do ordenamento no campo da função atributiva [101].

Temos o estabelecimento como *valor em património*.

Há que avançar um pouco mais. Relembremos que o estabelecimento é expressamente regulado pela lei, não tanto pelo prisma da *apropria-*

---

[96] *Critério e Estrutura do Estabelecimento* cit., p. 782.

[97] *Critério e Estrutura do Estabelecimento* cit., pp. 811-812 e 867-869.

[98] *Critério e Estrutura do Estabelecimento* cit., p. 869.

[99] Uma das características dos bens reside na sua escassez: donde, o valor económico.

[100] Evidencia-o CAIO MÁRIO DA SILVA PEREIRA, *A nova tipologia contratual* cit., p. 3.

[101] Mario Barcellona, *Attribuzione Normativa e Mercato* cit., pp. 647-648. Neste mesmo sentido, MENEZES CORDEIRO, *Direito da Economia* cit., pp. 53-58 e MARCELLO PARRINELLO, *Prelazione urbana e attività d'impresa* cit., pp. 427-429.

Capítulo primeiro – A empresa e o estabelecimento no direito 45

ção, mas pelo da sua *circulação*. Ora, sob este prisma, um passo realista deverá ser dado: numa economia de mercado, é o mercado que decide aquilo que tem ou não valor económico [102]. Assim se dirá que, sob o prisma da sua circulação, o estabelecimento protegido pela lei, enquanto valor em património, é determinado pelo nível da sua procura ou demanda como valor de troca.

Do que se afirma, decorre que o estabelecimento deverá ser procurado como utilidade susceptível de circulação sem perecimento: o bem (ou bens) que o compõe apenas será transaccionável, se susceptível de aproveitamento por outrem. Isto é, a sua negociação supõe uma utilidade, não apenas subjectiva, mas, igualmente, objectiva, o que permite a sua cisão da pessoa do sujeito [103].

Finalmente temos de regressar àquilo que, do ponto de vista funcional, vimos caracterizar o estabelecimento como bem ou conjunto de bens: a sua componente produtiva – é esta componente que permite e justifica a agregação dos meios em que se traduz o estabelecimento (ou, se se quiser, a empresa neste seu perfil como bem). Há pois que buscar o estabelecimento, não só como realidade de justaposição de bens, mas antes naquilo que os mobiliza e unifica como factores produtivos [104]. Há que procurar o valor ou valores particulares subjacentes a esta unidade funcional que do ponto de vista legal justificam a sua protecção [105].

Na expressão de ORLANDO DE CARVALHO, há que procurar entre os seus valores de exploração:

> (...) *um valor que não desminta as características de disponibilidade, economicidade, transpersonalidade, durabilidade, reconhecibilidade e irredutibilidade, que a vida dos negócios indiscutivelmente postula* [106].

Na síntese de COUTINHO DE ABREU:

> (...) *o estabelecimento é um valor ou bem económico ou patrimonial, transpessoal (cindível ou isolável da pessoa que o criou, ou da pessoa a quem pertença em dado momento – como se demonstra*

---

[102] Cfr. MARIO BARCELLONA, *Attribuzione Normativa e Mercato* cit., pp. 678-681.

[103] ORLANDO DE CARVALHO, *Critério e Estrutura do Estabelecimento* cit., pp. 679-680 e 682.

[104] Cfr. RUI DE ALARCÃO, *Sobre a Transferência da Posição do Arrendatário* cit., p. 30.

[105] Cfr. FERNANDO OLAVO, *A Empresa e o Estabelecimento Comercial* cit., p. 36.

[106] *Critério e Estrutura do Estabelecimento* cit., p. 685.

pelos casos de transmissão definitiva, "inter vivos" ou "mortis causa"), duradouro ("não só transferível e assumível, mas retro-transferível e reassumível" – facto evidenciado nas transmissões temporárias), reconhecível e irredutível (algo que contradistingue os negócios como negócios sobre o estabelecimento e que se não confunde com outros bens – a ele ou não ligados) [107].

11. OS VALORES DE MERCADO NO ESTABELECIMENTO

Ninguém questionará que o estabelecimento visto, numa primeira aproximação, como mera realidade de justaposição de bens contém em si aquela que é a soma dos valores individuais desses mesmos bens. Por este prisma o estabelecimento é mera realidade descritiva: nada acrescenta do ponto de vista da realidade.

A doutrina, de forma insistente e convicta, põe em relevo a insuficiência da consideração do estabelecimento sob esta perspectiva simplesmente descritiva: o complexo empresarial assume-se como algo mais relativamente aos elementos reais e pessoais que o integram, constituindo um novo bem jurídico [108]; o estabelecimento não se reduz ao simples aglomerado de mercadorias ou ao conjunto de coisas móveis ou imóveis, materiais ou imateriais, afectas a uma exploração, mas é antes a própria exploração considerada como valor comercial [109]; os elementos que constituem o estabelecimento deixam de ter o seu valor intrínseco, passando a fazer parte dum todo com valor próprio e distinto [110]; realidade distinta de cada um dos elementos que o constituem [111]; o valor económico do todo é maior do que a soma dos seus vários componentes [112]; para além do valor de cada um dos seus componentes, se considerarmos o valor das coisas agregadas para o desempenho da actividade, obtemos um sobre-valor ou mais-valia [113]; o estabelecimento não é um mero somatório de coisas, serviços e relações de facto, é algo mais em termos de valor, do que a

---

[107] *Da Empresarialidade* cit., p. 42.
[108] RUI DE ALARCÃO, *Sobre a Transferência da Posição do Arrendatário* cit., p. 31.
[109] PINTO COELHO, *O Trespasse do estabelecimento* cit., p. 19.
[110] TORRES GARRIDO, *Valor do Estabelecimento* cit., p. 184.
[111] CARVALHO MARTINS, *Locação de Estabelecimento* cit., p. 339.
[112] VARELA PINTO, *Transmissão do Estabelecimento Comercial* cit., p. 542.
[113] FERNANDO OLAVO, *Direito Comercial* cit., p. 265.

Capítulo primeiro – A empresa e o estabelecimento no direito

soma aritmética dos seus componentes, ostenta e comporta uma mais-valia [114]; o valor do estabelecimento não é puramente igual à soma dos valores do seu activo considerados à margem da organização, antes implicando esta para aqueles uma valorização especial, assim, o valor do todo é superior ao da soma das partes [115]; rejeita-se uma estrutura de somatório para admitir, inversamente, que o estabelecimento é suportado por certos valores da exploração mercantil [116].

Na tentativa de identificar a referida mais-valia ou sobre-valor do estabelecimento, posta em evidência aquando da sua negociação, relembremos aquilo que assumimos como fórmula de detecção: os valores de mercado. Teremos que indagar do motivo que preside à atribuição ao estabelecimento, quando negociado, de valor pecuniário superior ao que resultaria da mera soma dos seus elementos: qual o bem ou utilidade que se retira do conjunto, para o qual existe uma procura específica.

Pensamos que tais utilidades – por elas se pagam por vezes preços extremamente elevados – se situam ou podem situar em níveis distintos: falaríamos, para facilidade de análise, num *nível de organização interna* e num *nível de projecção externa*.

A selecção qualitativa e quantitativamente adequada dos vários elementos ou meios (o projecto); a sua recolha e adequação prática (a execução); a verificação da sua harmonia e funcionalidade (a operacionalidade), tudo em vista da real existência de uma aptidão do conjunto para produzir, constituem por si parcelas, dados ou factos de verificação prática, ainda que seja a análise económica a pô-los em relevo.

Aqui temos um nível de relevância económica com tradução em valor de mercado (a empresa aparelhada) que transcende a mera soma dos vários elementos em si.

Este sobre-valor do estabelecimento é um dado de verificação interna: há que olhar para a forma como a empresa se organizou, para os meios com que se apetrechou, atendendo à actividade que pretende desenvolver.

Estamos aqui perante o que podemos apelidar de *valor de organização interna*, embora tal apelido unitário não esconda a inclusão de diferentes realidades.

---

[114] FERNANDO CARDOSO, *Reflexões sobre o estabelecimento comercial* cit., p. 31.

[115] FERRER CORREIA, *Lições de Direito Comercial* cit., p. 204.

[116] ORLANDO DE CARVALHO, *Génese e Evolução da Noção de Estabelecimento* cit., pp. 173-174.

48 *A empresa nos centros comerciais e a pluralidade de estabelecimentos*

Parafraseando JEAN PAILLUSSEAU, dir-se-á que, para compreender a empresa, é necessário partir das coisas mais simples e banais mas que, talvez por isso mesmo sejam as mais importantes. A empresa apenas existe, porque há pessoas que adquirem os seus produtos ou serviços. Elas nascem, desenvolvem-se, transformam-se e desaparecem em função da evolução das necessidades e desejos das pessoas. O imperativo de sobrevivência das empresas é, não obstante os concorrentes, o de atraírem clientes que lhes comprem os seus produtos e serviços em quantidade suficiente, para que consigam a manutenção de níveis de rentabilidade indispensáveis à sua viabilidade [117].

Esta verdade simples e cristalina põe em evidência aquele que designámos como *nível de projecção externa*. A empresa, por definição, existe para exercer a sua actividade, dessa forma obtendo resultados exploracionais. Para a obtenção destes ou até mesmo, para que efectivamente produza, a empresa tem absoluta necessidade de fidelizar os agentes económicos com os quais se relaciona no seu exercício. Tem necessidade de se dar a conhecer. Tem necessidade de criar uma imagem de si própria perante tais agentes. Tem necessidade de marcar posição. Em suma, tem necessidade de assegurar uma posição de mercado – entendida esta como a efectiva imagem que a empresa, nessa qualidade, projecta ou conquista junto dos agentes económicos com os quais se relaciona.

Surge assim este *valor de projecção externa* da empresa: o *valor de posição no mercado* [118]. É um valor de alguma sorte *impressivo*: releva não tanto aquilo que a empresa é – como acontecia com o anterior – mas aquilo que a empresa consegue ser no conceito de quem, sendo-lhe exterior, se insere na sua área de actuação, na sua área de influência económica (a ideia de posição de mercado supõe um conceito de relação).

Estes são, de forma esquemática [119], dois dos valores ou sobre-valores que, por vezes, a doutrina associa ou inclui no estabelecimento, muito

---

[117] *L'Entreprise* cit., pp. 13-14. Neste sentido veja-se igualmente GIUSEPPE AULETTA e NICCOLÒ SALANITRO, *Diritto Commerciale* cit., p. 43.

[118] Cfr. ORLANDO DE CARVALHO, *Direito das Coisas* cit., pp. 196-197 e *Alguns aspectos da negociação do estabelecimento* cit., Ano 115.º, p. 167.

[119] Sobre outras fórmulas que tentam descrever ou captar aquilo que o estabelecimento ou a empresa pode oferecer e que transcende o mero somatório de bens, fórmulas essas que só parcialmente coincidem com a que se apresentou no texto, vejam-se MANUEL DE ANDRADE, *Sobre a validade das cláusulas de liquidação* cit., pp. 274-275 (este autor distingue o *valor comercial vivo* do *valor interno do estabelecimento*), AMÂNDIO CANHA,

Capítulo primeiro – A empresa e o estabelecimento no direito   49

embora a sua análise, pelo que respeita a tais sobre-valores, normalmente incida sobre a consideração do que seja o *aviamento* e a *clientela* e do seu papel na estrutura do estabelecimento.

Vejamos, pois, o posicionamento daquilo que tem sido configurado como o *aviamento* e a *clientela* no âmbito do estabelecimento, face ao que aqui deixamos dito.

12. O AVIAMENTO

A inegável existência de um sobre-valor ou mais-valia do estabelecimento constitui uma forma de riqueza produtiva que dá origem a um novo tipo de bem ou *valor patrimonial de exploração económica* [120]. De resto, não subsistem relevantes dúvidas de que é essa a razão de ser da consideração e protecção pelo Direito do estabelecimento e da empresa. A grande questão que se coloca ao Direito, talvez mesmo um dos seus grandes desafios em matéria de estabelecimento e empresa, consiste em *captar* e *atribuir* juridicamente tal bem ou valor: ora como fazer, adequadamente, esta última se, desde logo, aqueloutra se mostra de uma extrema e quase desesperante rebeldia? Sabemos que algo existe na realidade empresarial, mas, se os juristas não estão de acordo quanto ao que seja tal coisa, como pôr-se de acordo quanto ao respectivo regime jurídico de atribuição e de circulação? Ou ainda, como concluir algo quanto à sua natureza jurídica? O desespero começa na delimitação da realidade: como detectar tais valores de forma juridicamente relevante?

O labor dos juristas em torno desta última questão tem-se centrado em grande medida em torno das figuras jurídicas constituídas pelo *aviamento* e pela *clientela*. Tal como atrás advertimos para a distinção entre o que seja *empresa* e *estabelecimento*, aqui de novo o fazemos: não nos

---

Negociação e Reivindicação do Estabelecimento cit., pp. 50-51 (este autor distingue os *valores ostensivos externos ou periféricos*, os *valores de articulação ou de organização*, os *valores de posição de mercado* e os *valores de exploração*), MENDES DE ALMEIDA, *Negociação e reivindicação do estabelecimento comercial* cit., pp. 13-22 (a distinção no critério deste autor deverá ser estabelecida entre aquilo que designa por *valores de organização*, *valores de posição* e *valores de exploração*) e COUTINHO DE ABREU, *Da Empresarialidade* cit., p. 45 (distinguindo entre os *valores ostensivos*, os *valores de organização* e os *valores de exploração*).

[120] Na expressão de FONT GALÁN, *La Empresa* cit., p. 66-67.

50 A empresa nos centros comerciais e a pluralidade de estabelecimentos

interessam, para já, diferentes perspectivas terminológicas, mas sim diversas formas de recorte da realidade juridicamente relevante.

Uma vasta parte da doutrina, partindo do pressuposto de que o aviamento deverá, de algum modo, identificar aquilo que subjaz ao acréscimo patrimonial que o estabelecimento representa por comparação com a soma dos vários bens que unifica, vem identificá-lo com a capacidade lucrativa do estabelecimento, com a sua aptidão para gerar ou produzir lucros [121].

Convirá atentar em que quem tal considera está a deslocar a consideração da mais-valia ou sobre-valor do estabelecimento para aquilo que não pode deixar de ser uma mera expectativa (não jurídica): a capacidade lucrativa é uma mera abstracção que se projecta relativamente ao futuro, não sendo, assim, susceptível de detecção como bem presente. Com efeito, a susceptibilidade de produzir lucros não se confunde com aquilo que efectivamente os provoca: a efectiva prestação dos bens ou serviços naquilo que constitui a actividade da empresa.

Não deixa de ser verdade que esta perspectiva de susceptibilidade de produção de lucros representa uma aproximação relativamente a alguns dos métodos mais divulgados de avaliação de mercado do estabelecimento. Assim, do ponto de vista económico, para a determinação e avaliação do estabelecimento, são de extrema relevância as condições de futuro desenvolvimento da gestão da empresa com base na sua capacidade de

---

[121] Assim, v.g., FRANCESCO FERRARA jr., *La Teoria Giuridica dell'Azienda* cit., pp. 61-62, MÁRIO ROTONDI, *O Aviamento* cit., pp. 9-11, OSVALDO PAGANELLI, *Valutazione delle Aziende* cit., p. 74, ANTONIO CAIAFA, *L'azienda* cit., p. 14, GIUSEPPE AULETTA e NOCCOLÒ SALANITRO, *Diritto Commerciale* cit., p. 43, FRANCESCO GALGANO, *Sommario di Diritto Commerciale* cit., pp. 61-62, COSIMO SASSO, *Avviamento d'impresa* cit., p. 57, ADRIANO VANZETTI, *La Tutela della proprietá e del possesso dell'azienda* cit., p. 429, GIORGIO COLLA, *L'indemnità per la perdida dell'avviamento* cit., pp. 1-2, BARBOSA DE MAGALHÃES, *Do Estabelecimento Comercial* cit., p. 64, FERNANDO OLAVO, *A Empresa e o Estabelecimento Comercial* cit., p. 23, FERRER CORREIA, *Lições de Direito Comercial* cit., pp. 205--206, *Reivindicação do Estabelecimento* cit., p. 258 e *Contrato de Locação de Estabelecimento* cit., pp. 799-780, VASCO LOBO XAVIER, *Locação de estabelecimento comercial* cit., pp. 766-767, PUPO CORREIA, *Direito Comercial* cit., p. 206, BRITO CORREIA, *Direito Comercial, 1983/84* cit., p. 16, JANUÁRIO GOMES, *Arrendamentos Comerciais* cit., p. 164, SANTOS JÚNIOR, *Sobre o trespasse* cit., p. 412, FRAN MARTINS, *Curso de Direito Comercial* cit., p. 527, VARELA PINTO, *Transmissão do Estabelecimento Comercial* cit., p. 541, RUBENS REQUIÃO, *Curso de Direito Comercial* cit., p. 225, GALVÃO TELLES, *Cessão de Exploração Turística* cit., pp. 778-779.

Capítulo primeiro – A empresa e o estabelecimento no direito   51

gerar rédito: as condições de operatividade que atribuem à empresa a sua capacidade de remunerar todos os factores implicados na produção [122]. Poder-se-ia, assim, falar de um valor patrimonial (o complexo de elementos que compõem o património da empresa) e de um valor exploracional (traduzindo o grau de susceptibilidade da empresa para gerar rendimentos) [123]. Esta aproximação entre o critério jurídico e o critério técnico-contabilístico [124] é desejável [125], mas tal não será, naturalmente, um argumento decisivo.

Esta doutrina, ao menos tendencialmente, vem considerar que o aviamento constitui, afinal, não um elemento, antes uma qualidade do estabelecimento [126]: tanto quanto nos parece, é a consequência natural de

---

[122] Cfr. ALESSANDRO MUSAIO, *Azienda in Affitto* cit., p. 23. Neste sentido veja-se igualmente OSVALDO PAGANELLI, *Valutazione delle Aziende* cit., p. 26.

[123] ALESSANDRO MUSAIO, *Azienda in Affitto* cit., p. 24. Este mesmo autor acrescenta a propósito da vocação de cada um desses valores: o valor patrimonial é um valor parcial, dado que baseando-se na capacidade de funcionamento, prescinde duma série de factores relevantes, e, de carácter estático, pois baseia-se na observação da posição dos elementos patrimoniais, expressa pelo seu valor corrente, sem considerar a sua plena utilidade; o valor exploracional é um valor unitário, dado que não resulta de uma agregação de valores, mas sim da previsão de resultados futuros imputáveis ao todo do complexo, e de carácter dinâmico, dado que ao fundar-se em resultados fruto do exercício efectivo baseia-se na observação do estabelecimento como sistema dinâmico – *Azienda in Affitto* cit., p. 25. A propósito da avaliação económica do estabelecimento, sobretudo, quando objecto de transferência, notem-se as palavras substancialmente significativas de OSVALDO PAGANELLI, *Valutazione delle Aziende* cit., p. 3:

> *Il sistema aziendale è in continuo divenire nell'ambiente economico, politico e sociale di cui è parte complementare.*
>
> *Fra azienda e ambiente esiste un rapporto di interdipendenza. L'ambiente condiziona notevolmente l'azienda e questa influenza in vario grado l'ambiente, il tutto in senso dinamico ed evolutivo.*
>
> *(...)*
>
> *Per una appropriata valutazione occorre dunque esaminare il sistema aziendale nella sua complessità.*

[124] De resto, o critério que se aponta no texto não é aquele a que, exclusivamente, se recorre na avaliação técnico-contabilística do estabelecimento, como o explica OSVALDO PAGANELLI, *Valutazione delle Aziende* cit., onde dá nota, precisamente, de vários dos métodos utilizados.

[125] Neste sentido se manifesta claramente RAFFAELE NOBILI, *Avviamento d'impresa* cit., p. 1653.

[126] Cfr., entre muitos outros, MARIO CASANOVA, *Azienda* cit., p. 79, COSIMO SASSO, *Avviamento d'impresa* cit., pp. 58-60, FRANCESCO GALGANO, *Sommario di Diritto*

52   *A empresa nos centros comerciais e a pluralidade de estabelecimentos*

o identificar com a capacidade lucrativa que mais não é do que algo sem qualquer substância no presente. Com efeito se, como vimos, é relativamente estável a ideia de que o estabelecimento consiste num conjunto de bens, quem tal assume não pode aí incluir o aviamento considerado como capacidade lucrativa, dado que esta não é um bem, nem se confunde com os bens futuros dos quais é uma mera projecção.

A circunstância do aviamento, desta forma entendido, ser mera qualidade do estabelecimento, não invalida a sua relevância: tanto mais se se concluir que constitui um valor [127].

Contudo, não nos parece que devamos ficar por aqui: o aviamento como mais-valia ou sobre-valor do estabelecimento não é uma qualidade abstracta, nem consiste numa projecção de futuros proveitos como efeito de factores produtivos actuais [128]. Nas palavras de GASTONE COTTINO, muito provavelmente a teoria dos bens não teve, ainda, um desenvolvimento suficiente que lhe permita confrontar-se com esta situação anómala, pelo que respeita às fórmulas tradicionais: certo é que o aviamento e a clientela não podem ser reduzidos a estreitas acepções abstractas e impalpáveis, devendo, antes, ser surpreendidos na sua existência como realidade patrimonial e patrimonialmente perceptível e relevante [129].

Commerciale cit., p. 62, GIUSEPPE FERRI, *Manuale di Diritto Commerciale* cit., p. 220, GIORGIO COLLA, *L'indennità per la perdida dell'avviamento* cit., pp. 1-2, BARBOSA DE MAGALHÃES, *Do Estabelecimento Comercial* cit., p. 64, FERNANDO OLAVO, *A Empresa e o Estabelecimento Comercial* cit., p. 23 e *Direito Comercial* cit., p. 265, FERRER CORREIA, *Lições de Direito Comercial* cit., pp. 206 e *Reivindicação do Estabelecimento* cit., p. 258, PUPO CORREIA, *Direito Comercial* cit., p. 206, BRITO CORREIA, *Direito Comercial, 1983/84* cit., p. 16, JANUÁRIO GOMES, *Arrendamentos Comerciais* cit., p. 164, SANTOS JÚNIOR, *Sobre o trespasse* cit., p. 412, FRAN MARTINS, *Curso de Direito Comercial* cit., p. 527, VARELA PINTO, *Transmissão do Estabelecimento Comercial* cit., p. 541, RUBENS REQUIÃO, *Curso de Direito Comercial* cit., p. 225, GALVÃO TELLES, *Cessão de Exploração Turística* cit., pp. 778-779. Pronunciando-se neste mesmo sentido: RUI ALARCÃO, *Sobre a Transferência da posição do Arrendatário* cit., pp. 30-31; PINTO COELHO, *Lições de Direito Comercial* cit., p. 83, OSVALDO PAGANELLI, *Valutazione delle Aziende* cit., p. 74. Dando nota dessa querela, tal como se desenvolveu em Itália, veja-se SOLÁ CAÑIZARES, *Tratado de Derecho Comercial Comparado* cit., pp. 195-196.

[127] Salienta-o SANTOS JÚNIOR, *Sobre o trespasse* cit., p. 413 nota 38.

[128] Neste sentido se pronuncia PASQUALE D'ALESSANDRO, *L'oggetto dell'avviamento* cit., p. 193.

[129] *Diritto Commerciale* cit., p. 238. Neste mesmo sentido veja-se igualmente ANTONIO IANNARELLI, *La disciplina dei beni* cit., pp. 20 e s..

Capítulo primeiro – A empresa e o estabelecimento no direito   53

A circunstância de o aviamento, entendido como aptidão lucrativa, não ser um bem, compromete aquilo que será a sua virtude como forma de tradução do sobre-valor ou mais-valia do estabelecimento.

Com efeito, a mais-valia ou sobre-valor do estabelecimento, tal como vimos, constitui aquilo que afinal é a razão de ser da ponderação unitária pelo Direito da realidade estabelecimento. O Direito considera relevante aquele conjunto reunido de bens, porque deles se retira algo que lhe acresce o valor. Este algo que se lhes retira deve ser susceptível de reconhecimento, pois apenas na medida da sua existência fará sentido falar em estabelecimento, fará sentido protegê-lo. Dito doutro modo: é precisamente a medida da existência de tal mais-valia que nos fornecerá o critério e estrutura do estabelecimento.

Evidentemente que falar em previsibilidade de ganhos, nada adianta do ponto de vista da real estrutura e caracterização do estabelecimento actual: não sendo um dado real, por si só, mas uma mera caracterização da realidade (uma projecção ou juízo de valor), a capacidade lucrativa não é sindicável (não pertence ao mundo do ser), motivo pelo qual não permite qualquer espécie de recorte do estabelecimento como realidade juridicamente relevante.

Não obstante o exposto, não temos tal capacidade lucrativa por inútil: como característica da realidade, ela sempre funcionará como indício ou forma de confirmação da presença daquilo que efectivamente caracteriza (o que não nos dispensa de apurar o que isso seja).

A verdade é que esta mesma doutrina que coloca a pedra de toque do aviamento na capacidade lucrativa, não esconde aquilo que, existindo na realidade, permite ajuizar da existência de tal aptidão. Na expressão de Cosimo Sasso, haveria que distinguir entre aviamento e factores de aviamento [130].

Fala-se, assim, como *elementos necessários à vitalidade da empresa* [131] de certas *relações de facto com valor económico* [132] que constituem

---

[130] *Avviamento d'impresa* cit., p. 61. Ou, na expressão de Giorgio Colla, *L'indemnità per la perdida dell'avviamento* cit., pp. 1-2, distinguir aviamento das suas causas.

[131] Ferrer Correia, *Lições de Direito Comercial* cit., p. 203.

[132] Ferrer Correia, *Lições de Direito Comercial* cit., p. 203, *Sobre a Reforma da Legislação Comercial* cit., p. 22 e *Reivindicação do Estabelecimento* cit., p. 256. Esclarece este autor que tais relações de facto não se confundem, evidentemente, com as relações jurídicas já travadas com o público – Ferrer Correia, *Lições de Direito Comercial* cit., p. 203.

54 A empresa nos centros comerciais e a pluralidade de estabelecimentos

o seu *núcleo essencial,* como sejam *a posição em face dos consumidores dos seus produtos ou dos utentes dos seus serviços;* a *posição em face dos fornecedores de matérias primas, de mercadorias ou outras coisas e de crédito;* a *posição ante o mundo do trabalho;* posições estas que se potenciam através da *experiência acumulada* e dos *segredos guardados* [133] e que traduzem, afinal, *uma das manifestações mais relevantes da empresa organizada e um dos índices mais salientes da sua capacidade lucrativa, do seu aviamento* [134]. Acrescenta-se que a estruturação ou a *organização em si, é um valor novo pelas virtualidades lucrativas que encerra* [135] ou que o aviamento *resulta da própria agregação e organização dos componentes* [136]. Salienta-se que o aviamento resulta nomeadamente de *certas "situações de facto" que lhe potenciam a lucratividade, como são as relações com os fornecedores de mercadorias e de crédito* (...), *as relações com os clientes, a eficiência da organização, a reputação comercial, a posição mais ou menos forte no mercado,* situações de facto estas que, contrariamente ao que se passa com o aviamento, constituem verdadeiros elementos do estabelecimento [137]. Refere-se que factores de aviamento serão *a habilidade pessoal do empreendedor, a boa reputação do estabelecimento, a notoriedade deste e das suas marcas, a boa qualidade das patentes e dos padrões usados, a seriedade e a prática do pessoal, a experiência dos técnicos, a correcção nas operações, a latitude das relações comerciais, etc.* [138] [139].

A estas referências outras poderíamos acrescentar, igualmente elucidativas, como a referência à possibilidade de efectivamente exercer

---

[133] FERRER CORREIA, *Sobre a Reforma da Legislação Comercial* cit., p. 23. Cfr. MARIO CASANOVA, *Azienda* cit., p. 79.

[134] FERRER CORREIA, *Reivindicação do Estabelecimento* cit., p. 256.

[135] BRITO CORREIA, *Direito Comercial 1983/84* cit., p. 16 e FERRER CORREIA, *Lições de Direito Comercial* cit., p. 231 e *Reivindicação do Estabelecimento* cit., p. 263.

[136] FERNANDO OLAVO, *A Empresa e o Estabelecimento Comercial* cit., p. 23 e *Direito Comercial* cit., p. 265. Cfr. ANGELO DE MARTINI, *Configurazione dell'azienda* cit., pp. 113-115.

[137] PUPO CORREIA, *Direito Comercial* cit., pp. 206-207.

[138] MÁRIO ROTONDI, *O Aviamento* cit., p. 10. De forma semelhante OSVALDO PAGANELLI, *Valutazione delle Aziende* cit., p. 74.

[139] Em sentido coincidente com os que se deixam expressos no texto veja-se ainda BARBOSA DE MAGALHÃES, *Do Estabelecimento Comercial* cit., p. 64.

Capítulo primeiro – A empresa e o estabelecimento no direito 55

uma actividade [140], de realizar a sua função produtiva [141], ou a referência a *valores correspondentes a posições favoráveis,* como sejam as *experiências comerciais*; os *segredos de fabrico*; a *situação da empresa sob o ponto de vista da organização corporativa ou do condicionamento industrial ou das suas relações com as outras empresas para fins de coligação económica*; a *reputação do estabelecimento ou dos respectivos produtos ou mercadorias* [142], ou, ainda, a referência a efectivas relações de valor patrimonial aí se incluindo a oportunidade de colocação dos bens [143]. A referência a *valores do activo* e a *condições e circunstâncias do mercado* que permitem *autorizar a previsão de lucros futuros* [144] ou, ainda, à conjuntura favorável do mercado [145].

Numa enumeração dos principais elementos que têm incidência sobre o aviamento, COSIMO SASSO faz constar: a clientela; as relações com os fornecedores; a capacidade profissional dos trabalhadores e colaboradores; a organização da produção; o sistema de distribuição dos produtos; a localização do estabelecimento; as características do edifício; o conceito e habilidade de quem gere a actividade desenvolvida [146].

Face ao exposto, parece impôr-se uma conclusão: se nos é possível identificar as realidades actuais que subjazem à mais-valia ou sobre-valor do estabelecimento, não necessitamos de nos socorrer de meras projecções de realidades futuras.

A análise jurídica deverá, pois, centrar-se sobre estas realidades que, por o serem já, podem ser consideradas, elas sim, elementos do estabelecimento. A verdade é que tais *intuições do comércio* são de uma extrema rebeldia na conversão jurídica. Apesar tal rebeldia, uma coisa temos por certo nesta fase da nossa exposição: se aqui reside o grande ponto de toque constitutivo do estabelecimento e, muito provavelmente, da empresa; se aqui reside o fulcro da identificação do estabelecimento e da

---

[140] FRANCESCO GALGANO, *Sommario di Diritto Commerciale* cit., p. 62. Em sentido semelhante veja-se ANTONIO CIAFA, *L'azienda* cit., p. 14 na referência que faz à objectiva possibilidade do estabelecimento produzir o bem para que é apto.

[141] ANGELO DE MARTINI, *Configurazione dell'azienda* cit., p. 112-113.

[142] MANUEL DE ANDRADE, *Sobre a validade das cláusulas de liquidação* cit., pp. 273-274.

[143] GIERKE, *Handelsrecht* cit., p. 72.

[144] ALBERTO DOS REIS, *Valor do estabelecimento comercial* cit., p. 327.

[145] RAFFAELE NOBILI, *Avviamento d'impresa* cit., p. 1655.

[146] *Avviamento d'impresa* cit., p. 57.

empresa como fenómenos económico-sociais; se aqui reside aquele que é o seu motivo de protecção jurídica; então, o Direito tem necessariamente de o identificar e atribuir, por muito peculiar ou *sui generis* que lhe pareça lidar com tais coisas que, se bem que existindo com grande anterioridade, a verdade é que apenas há pouco mais do que um século se impuseram como uma das grandes forças vivas da nossa sociedade.

13. A CLIENTELA

Pelo que respeita à *clientela* têm particular relevo a doutrina e jurisprudência francesas, que lhe conferem um papel central na configuração do estabelecimento.

Certamente bastante impressionados pelo facto de que a razão da existência e subsistência das empresas vem a radicar na existência de clientes que lhes adquiram aquilo que colocam no mercado [147], há uma quase unanimidade na jurisprudência e na doutrina sobre a clientela como elemento comum e necessário para que possamos falar em estabelecimento (*fonds de commerce*), havendo divergências quanto aos restantes elementos [148] [149]. Assim, há quem considere que a clientela não pode ser

---

[147] Cfr. JEAN PAILLUSSEAU, *L'Entreprise* cit., pp. 16 e s., que não deixa de impressionar pelo realismo das suas palavras:

> *Pour qui les gens travaillent-ils dans l'entreprise ? Pour eux ? Pour le "patron" (le propriétaire ou les actionnaires) ? C'est vrai, les deux propositions sont exactes, mais elles ne doivent pas cacher un aspect peut-être encore plus essentiel: la rémunération et les salaires des uns et des autres, quels que soient leur rôle et leur position dans l'entreprise, ne proviennent que d'une source: l'argent encaissé des clients qui ont achetés les produits ou les service de l'entreprise. Tous travaillent bien pour ces clients là – L'Entreprise* cit., p. 16.

Acrescentando mais à frente:

> *En conséquence, la première démarche de l'entreprise, essentiel, est de rechercher l'adéquation de ses produits aux besoin et aux désirs de ses clients (...)* – *L'Entreprise* cit., pp. 33.

[148] Cfr. JEAN DERRUPPÉ, *Le Fonds de Commerce* cit., p. 13. Embora doutrina mais recente ponha um pouco em causa tal asserção – cfr. DEKEUWER-DÉFOSSEZ, *Droit commercial* cit., p. 255.

[149] Esta visão algo extremada da doutrina francesa teve bastante eco no Brasil. Exemplo disso mesmo é FRAN MARTINS, *Curso de Direito Comercial* cit., p. 527-528, como o ilustram as seguintes palavras:

Capítulo primeiro – A empresa e o estabelecimento no direito

nunca o elemento único de um estabelecimento dado que não se pode conceber sem um suporte material ou intelectual [150]. Há, também, quem, não divergindo de tal, saliente, no entanto, que a clientela é a essência do estabelecimento [151], o seu elemento proponderante, que condiciona, não só a sua existência mas, igualmente, a sua transmissão [152]. Por outro lado, impressionado pelo facto de ser a clientela o critério que afinal determina o que é ou não elemento do estabelecimento, há quem identifique o estabelecimento com a clientela [153] ou, de forma juridicamente qualificada, afirme que o estabelecimento comercial é uma propriedade incorpórea, consistindo no direito à clientela que está ligada ao fundo pelos elementos que estão adstritos à exploração [154]. De referir, ainda, a opinião de quem, realçando a essencialidade ou preponderância da clientela na caracterização do estabelecimento, vem, no entanto, chamar a atenção para o facto de que ela será, mais do que um elemento suporte do estabelecimento, um fim, uma esperança ou uma conquista do estabelecimento [155].

Por outro lado, vários autores salientam que sob a expressão clientela se incluem diferentes realidades. Haveria, assim, que distinguir a *clientèle* como designando o conjunto de pessoas que recorrem aos serviços da empresa em função do pessoa do empresário e a *achalandage* como os clientes que procuram a empresa em função de um ou alguns dos elementos que constituem o estabelecimento [156]. Diversamente, há

(...) Sendo a freguesia o elemento consumidor para o qual constantemente se voltam as atenções do comerciante, já que o sucesso do negócio está diretamente ligado à clientela, verifica-se que todos os esforços do comerciante, ao aparelhar seu estabelecimento comercial, se dirigem para esse elemento, razão pela qual se pode dizer que o fundo de comércio é um conjunto de elementos constituídos pelo comerciante no sentido de tornar seu estabelecimento capaz de atrair a freguesia. Este será, em resumo, o ponto para que convergem todas as atenções do comerciante. Constitui, desse modo, o elemento preponderante das atividades comerciais, pois é o fator que vai possibilitar a realização do objetivo econômico do comerciante (...).

[150] JEAN DERRUPPÉ, *Le Fonds de Commerce* cit., p. 13.

[151] ALFRED JAUFFRET, *Manuel de Droit Commercial* cit., p. 365 e RENÉ SAVATIER, *Droit des Affaires* cit., pp. 307-308.

[152] DEKEUWER-DÉFOSSEZ, *Droit commercial* cit., p. 255.

[153] JUGLART e IPPOLITO, *Cours de Droit Commercial* cit., p. 352.

[154] RIPERT e ROBLOT, *Traité de Droit Commercial* cit., pp. 427 e 430.

[155] YVES GUYON, *Droit des Affaires* cit., p. 667.

[156] JEAN DERRUPPÉ, *Le Fonds de Commerce* cit., p. 6.

58 *A empresa nos centros comerciais e a pluralidade de estabelecimentos*

quem considere que *clientèle* designa os vários negócios já realizados no exercício da actividade e *achalandage* aqueles que são de esperar atendendo à situação geográfica da exploração [157]. Ou, ainda, quem distinga a clientela de passagem [158] [159].

Evidentemente que, para a maioria destes autores, o valor do estabelecimento, em termos patrimoniais, é dado fundamentalmente pela determinação da sua clientela [160].

Entre nós, a clientela vem referida, habitualmente, como um elemento do estabelecimento [161], identificada como uma *das relações de facto com relevo económico*, com o significado e extensão que vimos atrás a propósito do aviamento, ou como mero índice do aviamento [162].

As distinções que dentro da clientela a doutrina francesa opera, igualmente entre nós são salientadas pela doutrina [163].

---

[157] DEKEUWER-DÉFOSSEZ, *Droit commercial* cit., p. 263.

[158] JUGLART e IPPOLITO, *Cours de Droit Commercial* cit., p. 354. É igualmente o caso de YVES GUYON, *Droit des Affaires* cit., p. 705, para quem haverá que distinguir:

A *clientèle*. Que inclui duas realidades.

A clientela cativa. Pessoas contratualmente ligadas ao empresário.

A clientela de preferência. Pessoas que escolhem aquele empresário por motivos de confiança ou de hábito.

A *achalandage*. Assim se designa o conjunto de clientes de passagem, que surgem apenas por via de uma localização conveniente, apenas fazendo aquisições ocasionais.

[159] Sobre as características que deve revestir a clientela para que se possa considerar elemento constitutivo de um fundo de comércio veja-se ALFRED JAUFFRET, *Manuel de Droit Commercial* cit., p. 362 e YVES GUYON, *Droit des Affaires* cit., p. 706.

[160] Cfr. JEAN DERRUPPÉ, *Le Fonds de Commerce* cit., p. 6; JUGLART e IPPOLITO, *Cours de Droit Commercial* cit., p. 352;

[161] PUPO CORREIA, *Direito Comercial* cit., p. 207.

[162] BRITO CORREIA, *Direito Comercial, 1983/84* cit., p. 18, JANUÁRIO GOMES, *Arrendamentos Comerciais* cit., p. 164, FERNANDO OLAVO, *A Empresa e o Estabelecimento Comercial* cit., p. 24 e *Direito Comercial* cit., p. 266.

[163] Veja-se COUTINHO DE ABREU, *Da Empresarialidade* cit., pp. 49-51, PUPO CORREIA, *Direito Comercial* cit., p. 203, BRITO CORREIA, *Direito Comercial, 1983/84* cit., p. 17, PINTO FURTADO, *Manual do Arrendamento* cit., p. 480, FERNANDO CARDOSO, *Reflexões sobre o estabelecimento comercial* cit., p. 46.

14. O CARÁCTER NÃO AUTÓNOMO DOS VALORES ÍNSITOS NO ESTABELECIMENTO

Numa tentativa de estabelecer um juízo de correspondência entre os dois valores ínsitos no estabelecimento ou na empresa, e que atrás identificámos – o valor de projecção externa e o valor de organização interna – e as realidades a que se reporta a doutrina, quando pondera a inclusão do aviamento e da clientela no estabelecimento, verificamos que: a clientela constitui uma das realidades subjacentes ao aviamento; o aviamento acolhe em si, pelo menos, algumas das realidades que alinhavámos a propósito da descrição do que seja valor de projecção externa e valor de organização interna.

Estabelecida que está a recepção pelo Direito destes valores ou bens que o estabelecimento e a empresa postulam, há que avançar um pouco mais na sua configuração jurídica, antes de concluirmos pela operatividade dos conceitos que nos permitirão a qualificação dos *centros comerciais*.

Foi possível concluir que as realidades que se deixam descritas e que integram o estabelecimento como a sua mais-valia, podem ser concebidas como bens, tendo nessa qualidade – pela utilidade que geram – um valor económico – foi, de resto, este o método usado para as detectar.

Convirá salientar que o bem a que nos referimos sobre a designação de *valor de projecção externa* e que se concretiza, nomeadamente, mas não exclusivamente, na clientela, não respeita aos casos em que existe vínculo jurídico negocial entre a empresa e aquele que consome o seu produto típico. Nestes casos – tal como, eventualmente, acontece com as pessoas que constituem o elemento pessoal da empresa ou do estabelecimento – o bem em perspectiva consiste numa prestação sendo, como tal, facilmente identificável.

Igualmente não se confunde com qualquer conjunto de pessoas reunidas, seja por que critério for, independentemente de qualquer vínculo jurídico [164].

---

[164] Sob pena da critica certeira de FRANCESCO CARNELUTTI, *Proprietá della clientela* cit., pp. 331-332, chamando atenção para o facto de que colocar um complexo de pessoas no património de alguém apenas pode ser considerado como perigosa metáfora motivo pelo qual, acrescenta, que a clientela não é de facto outra coisa que o acreditamento do estabelecimento junto dos clientes – *Proprietá della clientela* cit., p. 333. Salienta-o igualmente MÁRIO ROTONDI, *O Aviamento* cit., p. 16 atentando que a

60 A empresa nos centros comerciais e a pluralidade de estabelecimentos

Vejamos um pouco melhor em que consiste tal *valor de projecção externa*.

Na construção do estabelecimento o empresário socorre-se de elementos vários, como seja um local mais ou menos vasto, a recolha de matéria prima com qualidade, selecção de colaboradores com certa formação, etc. Há, no entanto, que pôr em relevo a circunstância de que na escolha, de todos e de cada um de tais elementos, é importante para o empresário não só a criação e manutenção da operacionalidade do sistema (*valor de organização interna*), como, também, e sobretudo, a sua força atractiva [165], o que passa pela sua divulgação.

O estabelecimento ou a empresa têm uma componente criativa [166]: passam por uma ideia cuja existência e consistência, embora aquela dependa desta, se fica a dever ao empresário. Não perdendo de vista o critério do valor, que sempre se imporá em matéria económica, tal ideia será tanto mais valiosa, quanto veiculada na área de influência da empresa, será tanto mais valiosa, quanto divulgada. Se for uma ideia que, por absurdo, não teve qualquer divulgação, não passou de projecto, por não ter tido qualquer acolhimento, para efeitos de constituição do estabelecimento ou da empresa, não chega a ter existência prática, pois de nenhum valor se reveste.

Dir-se-ia que tais valores económicos, susceptíveis de transmissão no plano dos factos, estão em condições de ser concebidos pelo Direito como objecto de relações jurídicas – teremos aqui uma noção jurídica de bem. Talvez pudéssemos ir até um pouco mais longe e considerar tais realidades objectivas como coisas – entendida esta como modalidade de bem. Comecemos por aqui.

A doutrina tem evidenciado que tudo aquilo que existe para ser considerado coisa exige, entre outras características, individualidade ou autonomia [167], entendida esta como exigência que afasta do conceito de

---

clientela designa os elementos que podem determinar o afluxo de pessoas não se confundido com os próprios clientes que sendo pessoas surgem perante a ordem jurídica como sujeitos e não objectos de direito.

[165] PAUL LE FLOCH, *Le Fonds de Commerce* cit., pp. 120-121.

[166] PAUL LE FLOCH, *Le Fonds de Commerce* cit., pp. 121 e 132-133. Neste mesmo sentido, pondo em relevo o aspecto que apelida de espiritual, embora o reconduza fundamentalmente à ideia organizadora que penetra no mundo das manifestações visíveis, veja-se JOAQUIN GARRIGUES, *Tratado de Derecho Mercantil* cit., pp. 223-225.

[167] OLIVEIRA ASCENSÃO, *Teoria Geral do Direito Civil* cit., I, pp. 331-332, MENEZES CORDEIRO, *Direitos Reais* cit., I, p. 263,

Capítulo primeiro – A empresa e o estabelecimento no direito 61

coisa *realidades que fazem parte de um todo complexo ou mais vasto e só como elementos desse todo sejam consideradas* [168]. Relembremos que tal requisito é-nos dado por um critério social no seu sentido pré-legal [169].

É, precisamente, a não existência dos requisitos da autonomia ou individualidade que compromete a consideração daquelas realidades ou valores como sendo juridicamente coisas.

Tem sido posto em evidência pela doutrina que, quer o valor de organização interna, quer o valor de projecção externa não são autónomos.

No caso do *valor de organização interna* a falta de autonomia é de percepção intuitiva: é verdadeiramente uma utilidade resultante da mera soma de vários factores, utilidade essa de tal modo incíndivel dos bens que caracteriza, sendo, como é, mera aptidão do conjunto [170], que apenas pelo valor económico que assume merece nota de relevância pelo Direito.

Afirma-se que o aviamento e a clientela não podem ser, isoladamente, objecto de alienação, mas apenas enquanto integrados na empresa ou no estabelecimento [171] ou até, de forma mais incisiva, que, em rigor, o objecto de transmissão não é a clientela, mas os seus suportes, os meios aptos a conservá-la [172]. Salienta-se que o aviamento é protegido em função do estabelecimento, não sendo possível a constituição de relações jurídicas autónomas sobre ele, dado que não pode ser concebido como algo de separado do estabelecimento [173], ou, que a clientela não pode ser objecto autónomo de tutela jurídica [174].

Numa perspectiva, não tanto da sua circulação ou atribuição jurídica, mas mais, da forma, pela qual se revela a sua utilidade, põe-se em relevo que a clientela e o aviamento, sendo valores objectivos, pelos quais se dá um preço, estão apensos ou suspensos de um conjunto de bens [175], ou ainda, que os valores *sui generis* do estabelecimento, como as

---

[168] CARVALHO FERNANDES, *Teoria Geral do Direito Civil* cit., p. 546.

[169] OLIVEIRA ASCENSÃO, *Teoria Geral do Direito Civil* cit., I, pp. 328-329.

[170] Neste sentido veja-se OLIVEIRA ASCENSÃO, *Direito Comercial* cit., I, pp. 494-495, autor que deixa bem realçada a natureza meramente derivada ou caracterizadora da aptidão funcional.

[171] RUBENS REQUIÃO, *Curso de Direito Comercial* cit., p. 228.

[172] FERNANDO CARDOSO, *Reflexões sobre o estabelecimento comercial* cit., p. 54.

[173] FERRER CORREIA, *Lições de Direito Comercial* cit., p. 206 e *Reivindicação do Estabelecimento* cit., p. 258.

[174] COUTINHO DE ABREU, *Da Empresarialidade* cit., p. 52. Neste sentido OLIVEIRA ASCENSÃO e MENEZES CORDEIRO, *Cessão de Exploração* cit., p. 884.

[175] ORLANDO DE CARVALHO, *Critério e Estrutura do Estabelecimento* cit., pp. 31-32.

62 A empresa nos centros comerciais e a pluralidade de estabelecimentos

relações de facto de valor económico, quer com os clientes, quer com os fornecedores e financiadores, constituem situações económicas não autónomas, entendendo-se estas como *situações economicamente vantajosas que se ligam incindivelmente a outras situações, por modo que só dominando estas últimas (se estas últimas forem susceptíveis de domínio) é que alguém pode assenhorar-se das primeiras* [176]. Põe-se em relevo que a ideia ou componente criativa da empresa, que constitui a sua força atractiva, não é passível de uso e disposição autónomos desinserida daquilo que a exprime, ainda que de forma variável [177], não se confundindo com estes mesmos bens que mantêm a sua individualidade [178], podendo-se concluir que a sua transmissão será sempre indirecta pois sempre operará por via de tais bens ou meios que a traduzem [179] [180].

Verificada a inviabilidade de considerar tais realidades como coisas, será que podemos continuar a considerar tais realidades como sendo juridicamente bens? Se nos socorrermos do critério da existência, utilidade e valor económico, sem dúvida que sim [181]. Mas, então, anote-se que, mui-

---

[176] ORLANDO DE CARVALHO, *Direito das Coisas* cit., p. 189.

[177] PAUL LE FLOCH, *Le Fonds de Commerce* cit., pp. 136-137.

[178] PAUL LE FLOCH, *Le Fonds de Commerce* cit., p. 141.

[179] PAUL LE FLOCH, *Le Fonds de Commerce* cit., p. 142.

[180] Em sentido coincidente com os que se deixam referidos no texto veja-se v.g. MÁRIO ROTONDI, *O Aviamento* cit., pp. 17-19, salientando que não existe uma faculdade de gozo e disposição autónomos relativamente ao aviamento, não sendo a tutela jurídica concebida tendo em vista um objecto autónomo, mas apenas como reflexo da tutela de um outro objecto; ANTONIO CAIAFA, *L'azienda* cit., p. 18.; RAFFAELE NOBILI, *Avviamento d'impresa* cit., p. 1656; COSIMO SASSO, *Avviamento d'impresa* cit., p. 57 e 59-60, com amplas referências jurisprudenciais neste mesmo sentido; MARTINEZ SANZ, *La Indemnizacion por Clientela en los Contratos de Agencia y Concesion* cit., pp. 97-98, autor que, por referência à clientela (relações de facto) e reconhecendo, embora, o seu inegável valor, considera não ser possível a celebração de negócios jurídicos tendo-a directamente por objecto.

[181] Cfr. MARCELLO PARRINELLO, *Prelazione urbana e attività d'impresa* cit., pp. 427-429; ARLINDO MARQUES CORREIA, *A Empresa e o Estabelecimento* cit., p. 153; MANUEL PITA, *Direito Comercial* cit., p. 192; ANTONIO IANNARELLI, *La disciplina dei beni* cit., pp. 41 e s., autor que, atendendo ao sistema do *Codice* de 1942, refere que mais do que falar em *direitos sobre coisas* haverá que falar em *direitos sobre utilidades*: entendida utilidade como porção da realidade cuja concreta relevância jurídica vem a traduzir-se na adopção pelo ordenamento da noção de bem. Em sentido contrário, isto é, não obstante lhe reconheça valor económico, considera que o aviamento, porque protegido apenas reflexamente pelo Direito, não deve ser considerado autonomamente como bem, veja-se FERNANDO CARDOSO, *Reflexões sobre o estabelecimento comercial* cit., p. 92.

to provavelmente, estamos a violentar a noção jurídica de bem, entendida esta como possível objecto de relações jurídicas.

Nesta fase do enquadramento do problema, quer-nos parecer que a opção essencial é uma opção de fundo em sede de teoria jurídica dos bens – saber se devemos transpôr o critério da individualidade e autonomia, que vimos existir em matéria de coisas, para a noção jurídica de bem, entendendo este como *autónomo* objecto de relações jurídicas.

Para o efeito que aqui nos importa, devemos bastar-nos com a verificação de que tais bens são objecto de relações jurídicas, caso o sejam de forma unitária aquele ou aqueles outros bens que os suportam e em que eles se exprimem. Se se quiser, e dito de outra forma: tais valores relevam juridicamente, na medida em que constituem o elemento de originalidade que permite uma diversa ponderação na qualificação jurídica do todo – o estabelecimento ou, provavelmente, a empresa – não sendo, isoladamente, objecto de tutela jurídica específica.

SECÇÃO III

CONCRETIZAÇÃO: A EMPRESA E O ESTABELECIMENTO COMO REALIDADES JURIDICAMENTE RELEVANTES

15. BALANÇO

Vimos que a noção económica de empresa, ou a realidade que ela alberga em toda a sua riqueza e significado, revela, quando considerada pelo Direito, diversos perfis que se fazem sentir, nomeadamente, nas categorias jurídicas constituídas pelas pessoas, pelos bens e pelas acções.

De um traçado de tais perfis da empresa manteve-se sempre viva, ao que se crê, a chama da necessidade de ponderação unitária: as tensões que resultam da dissecação analítica, não escondem, antes revelam, a extrema necessidade de a propósito de cada aspecto regulativo da empresa se ter sempre presente aquilo que a une.

A fórmula mais adequada de, a propósito da regulamentação jurídica de cada aspecto da empresa, manter a perspectiva unitária – numa lógica de complementaridade integrada – consiste em concebê-la como instituição. O reforço da componente social desta concepção da empresa, permite, ainda, revelar outros perfis, como seja o da comunidade de trabalho que no seu seio se estabelece.

Na aproximação ao conceito de estabelecimento, utilizámos o mesmo método, que havíamos alinhavado para a empresa, de análise da realidade juridicamente relevante, partindo da consideração daquele que foi por nós descrito como um dos seus perfis: a empresa como bem. Fizémo-lo com a consciência de sabermos que este perfil da empresa é, de longe, aquele que mais desenvolvidamente tem sido alvo da consideração doutrinal e legal: sendo, como é, imposição de quem verse sobre o estabelecimento enquanto objecto de negócios.

Advertimos que para nós o essencial consiste em determinar que tipo de bens podem ou devem ser incluídos no estabelecimento (problema da estrutura do estabelecimento), o que obriga a determinar qual seja o ponto de vista unitário que polariza o conjunto de meios em que o estabelecimento se traduz (problema do critério do estabelecimento). Tal pressupõe a sua procura, precisamente, na realidade em que se movimenta: a vida económica ou, se se quiser, do comércio.

Aceitando a busca do estabelecimento como procura de valor de mercado quando tipicamente negociado (numa opção que consideramos realista), partimos de algo que ninguém contesta: o estabelecimento, quando objecto de negócios, tem um sobre-valor ou mais-valia por comparação com a soma dos valores dos seus componentes.

Essa mais-valia ou sobre-valor conduziu-nos à distinção daquilo que classificámos como valor de organização interna e valor de projecção externa, e que confrontámos (para dessa forma melhor concretizar tais valores) com aquilo que tradicionalmente a doutrina vem referindo como aviamento e clientela. Finalmente, ponderámos a colocação de tais elementos no todo que é o estabelecimento, para concluir que não são autónomos.

16. O VALOR DE PROJECÇÃO EXTERNA E O VALOR DE ORGANIZAÇÃO INTERNA COMO CRITÉRIO

Em matéria de estabelecimento algo se nos impõe pelo caminho até agora percorrido: o critério que fornece a estrutura do estabelecimento há-de ser encontrado naquilo que considerámos como sendo o valor de organização interna ou o valor da projecção externa. Vejamos para o que aponta cada um deles.

Se considerarmos que o critério reside na existência de um valor de organização interna tudo está em saber que bens ou meios de produção são necessários para que a empresa dê início à sua actividade típica.

Capítulo primeiro – A empresa e o estabelecimento no direito   65

A perspectiva é aqui a da aptidão do conjunto para a função produtiva. É a opinião de OLIVEIRA ASCENSÃO:

> *Não há uma mera soma de elementos. Os bens em causa têm relação entre si. (...) tudo forma entre si uma ordem.*
> *Essa ordem existe para que seja possível desempenhar uma função produtiva. O conjunto dos bens tem uma aptidão funcional que os bens isolados não possuem.*
> *Portanto, os bens singulares estão funcionalmente integrados de molde a formarem uma nova unidade.*
> *Compreende-se por isso a extrema variabilidade dos elementos componentes do estabelecimento comercial. Não se pode fixar, em abstracto, os elementos que são essenciais para o estabelecimento. Eles variam consoante a função produtiva que são chamados a desempenhar. (...) Mas, variando os elementos, não deixa em cada momento de se exigir que estejam em condições de desempenhar a função produtiva em causa* [182].

Por este prisma apenas poderemos falar de estabelecimento – ou, pelo menos, de *estabelecimento completo* – caso o conjunto de bens permita a efectiva laboração [183].

---

[182] *Direito Comercial* cit., I, pp. 494-495. Neste mesmo sentido se pronunciam MANUEL PITA, *Direito Comercial* cit., pp. 191-192 e 198; RUI DE ALARCÃO, *Sobre a Transferência da Posição do Arrendatário* cit., p. 36; JANUÁRIO GOMES, *Arrendamentos Comerciais* cit., p. 165; SANTOS JÚNIOR, *Sobre o trespasse* cit., pp. 415-416 e 431-432. Igualmente parece ser esta a posição de ANTONIO CIAFA, *L'azienda* cit., autor que afirma serem os elementos estruturais do estabelecimento unidos pelo seu comum destino de prossecução de uma finalidade produtiva (pp. 4 e 8) motivo pelo qual acaba por identificar o aviamento (também para ele aquilo que permite atribuir ao estabelecimento um valor de mercado superior à simples soma dos seus componentes) com a objectiva possibilidade do estabelecimento produzir o bem para que é apto (p. 14). Veja-se ainda v.g. ANGELO DE MARTINI, *Configurazione dell'azienda* cit., pp. 112-113 e 116, que, considerando o aviamento como o elemento verdadeiramente essencial e identificador do estabelecimento, vem a centralizá-lo em torno da ideia de idoneidade do estabelecimento para funcionar, da sua funcionalidade ou susceptibilidade de realizar a finalidade produtiva. Da mesma forma GIUSEPPE FERRI, *Manuale di Diritto Commerciale* cit., pp. 219-220, identifica o aviamento com a função ou escopo produtivo que o estabelecimento realiza, sendo, justamente, a manutenção e subsistência de tal função produtiva que permite ajuizar da manutenção e subsistência do estabelecimento.

[183] OLIVEIRA ASCENSão, *Direito Comercial* cit., pp. 509-510, *Estabelecimento Comercial* cit., p. 46 e *Cessão de Exploração* cit., pp. 882-883 e 890.

66 *A empresa nos centros comerciais e a pluralidade de estabelecimentos*

Posição diversa tem quem reconduz o critério do estabelecimento ao que atrás identificámos como *valor de projecção externa*: valor de índole impressiva e relacional que se configura em torno de uma *ideia de empresa*.

É a posição de ORLANDO DE CARVALHO:

> (...) *o estabelecimento mercantil é "uma organização concreta de factores produtivos como valor de posição de mercado", organização, por conseguinte, que, concreta como é, se exprime e sensibiliza em certo número de bens com suficiente autonomia jurídico--económica para se imporem no tráfego* (...)
>
> *Esses bens, em que a organização se sensibiliza e exprime, variam, como é óbvio, não só com o ramo de comércio e a dimensão e sentido que se atribuem à empresa, como com a possibilidade de, nas circunstâncias específicas, "aprisionarem" alguns deles a imagem do todo e espelharem essa imagem aos olhos do público. O público acredita, em presença desses bens, que ali está e subsiste determinado estabelecimento.*
>
> *Significa isto que qualquer desses bens pode, a priori, excluir--se do âmbito do negócio sem que o negócio deixe de ser um negócio sobre a empresa: basta que os outros sejam aptos a exprimir a organização no seu conjunto* [184].

Noutro local referira este mesmo autor:

> *Trata-se, se quisermos, de um bem imaterial encarnado, radicado num lastro material ou corpóreo, que o concretiza e, concretizando-o, o sensibiliza* [185].

Elucidativas desta posição são, ainda, as palavras de COUTINHO DE ABREU:

> (...) *Apesar de desfalcado, ainda que impossibilitado de reentrar em funcionamento logo após o negócio, o conjunto dos bens transmitidos pode ser suficiente para inculcar continuar-se em presença da organização produtiva publicamente identificada como*

---

[184] *Alguns Aspectos da Negociação do Estabelecimento* cit., Ano 115.º, p. 167.

[185] *Direito das Coisas* cit., p. 196. Antes, ainda, ORLANDO DE CARVALHo havia apelado a conceitos como *espécie ou arremedo de espírito, ser espiritual* ou *valores do espírito*, sem negar a necessária presença de *um lastro de matéria que o radica no solo – Génese e Evolução da Noção de Estabelecimento* cit., p. 155.

Capítulo primeiro – A empresa e o estabelecimento no direito 67

sendo a empresa x. Mais: porque já funcionou, porque possui já valores de exploração, a empresa depende agora menos dos seus elementos, dos"valores ostensivos" [186].

Nesta perspectiva, para que possamos falar de estabelecimento, haverá que verificar se os bens que, efectivamente incluímos no conjunto são o necessário e suficiente para que o público identifique a empresa no seu conjunto [187].

Convirá, desde já atentar no facto de que, optando por qualquer uma destas duas vias, refutamos a opinião daqueles que, em última análise, consideram que aquilo que seja estabelecimento, que os elementos ou meios que no mesmo devemos considerar incluídos, dependerá da vontade das partes [188]. Quem assim opina, reporta-se normalmente ao momento da negociação do estabelecimento, quando, na verdade, não vemos qualquer razão para restringir a análise a tal momento, havendo que tomar posição unitária que nos sirva de instrumento de análise, não apenas nesse momento, mas, igualmente, quando pretendemos detectar a presença de um estabelecimento no património de alguém.

Evidentemente, que coisa distinta será o papel da vontade na formação do estabelecimento, o que é inegável sendo o estabelecimento, como

---

[186] *Da Empresarialidade* cit., p. 55. Em igual sentido se pronunciaram MENDES DE ALMEIDA, *Negociação e reivindicação do estabelecimento comercial* cit., pp. 31-32, de alguma forma FERRER CORREIA, *Sobre a Reforma da Legislação Comercial* cit., p. 22 e AMÂNDIO CANHA, *Negociação e Reivindicação do Estabelecimento* cit., pp. 55-56.

[187] *Alguns Aspectos da Negociação do Estabelecimento* cit., Ano 114.º, p. 363 e Ano 115.º, p. 167 e *Direito das Coisas* cit., p. 203. Próximo desta ideia andam v.g. G. RIPERT e R. ROBLOT, *Traité de Droit Commercial* cit., pp. 435-436, quando a propósito da determinação dos elementos essenciais do estabelecimento comercial para que o mesmo se possa considerar como tendo sido objecto de negócio jurídico, concluem que tudo estará em saber ou descobrir qual é o elemento determinante para a conservação da clientela. De forma, substancialmente, semelhante se manifestam M. JUGLART e B. IPPOLITO, *Cours de Droit Commercial* cit., pp. 360 e 364 e YVES GUYON, *Droit des Affaires* cit., p. 707, este último salientando que sendo a clientela o fim prosseguido pelo titular do estabelecimento, todos os outros elementos são simples meios de obtenção de tal fim. Cfr. ALFRED JAUFFRET, *Manuel de Droit Commercial* cit., p. 365. Ainda neste sentido se pronunciam M. VERCRUYSSE e E. LAUWERS, *Le Fonds de Commerce* cit., p. 52: para que haja transmissão do estabelecimento é necessário e suficiente que haja cessão de clientela, o elemento essencial do estabelecimento, ainda que tal transmissão não inclua os outros elementos tidos por componentes do estabelecimento.

[188] Cfr. PINTO COELHO, *O Trespasse do Estabelecimento* cit., p. 4 e *Lições de Direito Comercial* cit., pp. 88-89, BRITO CORREIA, *Direito Comercial, 1983/84* cit., p. 13.

é, produto do fazer humano e não da natureza. Esta evidência não obriga a transpor tal vontade para o momento da relevância jurídica, quando se apura da sua existência.

Da mesma forma que, no momento da negociação, a vontade das partes é relevante, tal relevância não difere aqui daquilo que se exige na negociação de qualquer outra coisa: dizer-se que se exige uma vontade dirigida à transferência do aviamento [189], nada trás de novo à específica problemática do estabelecimento, pois tudo se resume em saber se aquilo que as partes configuraram e desejaram negociar é ou não é um estabelecimento; ou, dito de outra forma, há que saber que bens as partes quiseram negociar, a fim de saber se tais bens, objectivamente considerados, constituem um estabelecimento [190].

Poderíamos ir um pouco mais longe na nossa orientação de busca do estabelecimento como valor de mercado, optando por aquele valor, dos dois enunciados, que surge como o mais elevado?

Pensamos que não: não usámos o valor como critério em si, mas unicamente como forma ou método de procura daquilo que, pertencendo ao mundo das realidades objectivas, dificilmente se pode captar sem a análise económica ou de mercado. Se assim não fosse, sempre que estivéssemos perante um estabelecimento como realidade objectiva – por qualquer dos dois critérios atrás enunciados – mas, efectivamente, objecto de transacção por valor exactamente igual ou até inferior ao da pura soma dos elementos que reúne (imagine-se uma empresa deficitária ou com menos valia [191]) teríamos de concluir não estarmos perante um estabelecimento [192] – algo que temos por inaceitável.

---

[189] FRANCESCO FERRARA JR., *La Teoria Giuridica dell'Azienda* cit., p. 340.

[190] FRANCESCO GALGANO, *Sommario di Diritto Commerciale* cit., p. 52, salienta que a possibilidade de se excluírem certos bens do objecto do negócio tem limites para que possamos, ainda, dizer que tal negócio versou sobre um estabelecimento: o complexo efectivamente objecto de transferência deve, por si só, ser idóneo ao exercício da empresa. De forma desenvolvida sobre este ponto, veja-se GIOVANNI COLOMBO, *La Cessione d'Azienda* cit., pp. 24-26. CALVÃO DA SILVA, *A Empresa como objecto de Tráfico Jurídico* cit., p. 178, evidencia que para que se possa falar em negócio jurídico tendo por objecto a empresa deve esta ser, nessa mesma qualidade, configurada pelas partes.

[191] Com *aviamento negativo* (*badwill*) na expressão de OSVALDO PAGANELLI, *Valutazione delle Aziende* cit., pp. 57 e 75. Cfr. COSIMO SASSO, *Avviamento d'impresa* cit., p. 58.

[192] É o resultado, não ponderado expressamente, a que chega o critério enunciado por PAOLO FORCHIELLi, *Il Minimum del Concetto di Azienda* cit., pp. 515 e s., autor que,

Capítulo primeiro – A empresa e o estabelecimento no direito   69

Acresce que um resultado unívoco seria sempre impossível: o valor individual de cada componente dos estabelecimentos é duma extrema variabilidade no tempo e no espaço [193].

17. OPÇÃO QUALIFICADORA

Não nos parece que devamos optar entre o valor da organização interna e o valor de projecção externa como critérios que nos permitem concluir pela estrutura do estabelecimento ou da empresa.

Se bem se notar, são critérios respeitantes a realidades distintas. Com efeito, se ambos os valores existem e são importantes na formação da empresa, a opção nunca será em negar um deles a favor do outro, sob pena de inexacta abordagem da realidade. De novo, há que apelar para o carácter multifacetado da instituição empresa: temos aqui dois indícios diferentes ou, se se quiser, dois diferentes perfis da empresa.

Assim sendo teremos de estabelecer uma ligação, ainda que tendencial, entre tais valores e aquilo que atrás descrevemos como perfis da empresa.

Temos de nos questionar sobre se na indagação da empresa como bem, isto é, na indagação do estabelecimento, ainda que inadvertidamente, não nos vimos compelidos a ter de socorrer-nos da noção de empresa, sob pena de incompletude. Nesta perspectiva, dir-se-á que, tendo partido da empresa como bem (o estabelecimento), nos vimos forçados a socorrer da empresa-instituição, sob pena de errada representação da realidade: nada de novo estamos a dizer por reporte ao que atrás afirmámos, quando descrevemos a empresa como sistema.

ORLANDO DE CARVALHO referindo-se, expressamente, ao valor da clientela ou *achalandage* como critério, salienta que, não obstante ser

---

preocupado com a determinação de um autêntico valor de aviamento como critério, vem a concluir, como forma de apurar a existência do mínimo necessário para que possamos considerar estar perante um estabelecimento, saber se o valor daquilo que não aparece é ou não acessório pelo que respeita ao valor do complexo existente.

[193] Salientam-no autores como JEAN PAILUSSEAU, *Le Fonds de Commerce* cit., pp. 16-17, BARBOSA DE MAGALHÃES, *Do Estabelecimento Comercial* cit., p. 40, JANUÁRIO GOMES, *Arrendamentos Comerciais* cit., pp. 165-166 e FERNANDO CARDOSO, *Reflexões sobre o estabelecimento comercial* cit., p. 97-98.

70 *A empresa nos centros comerciais e a pluralidade de estabelecimentos*

uma referência importante, não elimina o problema [194], mais salientando, no que é acompanhado por COUTINHO DE ABREU [195], que o estabelecimento não é *resolúvel num puro plano organizatório (apesar de consistir em uma organização) ou em meros valores de acreditamento ou fama – tais como a clientela, a freguesia, etc* [196].

Há que compreender que a dimensão ou perfil a que estes autores apelam, tal como atrás referimos, e que nós, de alguma forma, traduzimos pela expressão *valor de projecção externa*, não se basta com aquilo que vem referido pela doutrina a propósito do aviamento como relações de facto com valor económico.

Mais do que isso, pretende-se uma referência à projecção da empresa como um todo, à sua posição no meio em que se insere e que, por com ela contactar, a reconhece, reconhecimento esse que é profundamente significativo, na medida em que se faz sentir em diversos níveis de relevância social e cultural.

Ora, uma das formas pela qual uma empresa adquire essa posição de reconhecimento é, sem dúvida nenhuma, como subjectividade autónoma, entidade autónoma no diálogo da vida social – note-se a inelutável presença do perfil da empresa como pessoa.

A empresa é igualmente reconhecida, acreditada e requisitada enquanto pólo de desenvolvimento social, enquanto centro polarizador de emprego, reconhecimento este que não deixa de ter reflexos na forma, inclusivamente, como a empresa é vista pelo público na sua capacidade produtiva. Mais do que isso, a empresa pode até ser vista como instrumento de criação de riqueza, de cultura ou de desenvolvimento técnico – de novo tal contribui para o seu acreditamento no mercado. Aqui a consideração do perfil institucional é incontornável.

Aliás, neste lógica de abandono das fronteiras da empresa como bem, em direcção a um outro seu perfil, são os próprios autores que preconizam esta visão da empresa que chamam a atenção para o desfazamento que se pode estabelecer entre aquilo que é exigido por tal perfil e a organização dos meios de produção: conforme vimos, o substracto de bens necessário, para que possa falar-se em negociação da

---

[194] *Critério e Estrutura do Estabelecimento* cit., pp. 729-730. Sobre os motivos que levam ORLANDO DE CARVALHO a dessa forma concluir, veja-se sobretudo *Critério e Estrutura do Estabelecimento* cit., pp. 726-729.

[195] *Da Empresarialidade* cit., pp. 68-69.

[196] *Direito das Coisas* cit., p. 196, nota 2.

Capítulo primeiro – A empresa e o estabelecimento no direito 71

empresa, é constituído por tudo aquilo, ou, mais rigorosamente, por apenas aquilo que é necessário ao reconhecimento público da empresa (mediante a presença de tais bens imediatamente se reconhece a empresa).

Tanto assim é que, se admite até a possibilidade de tal reconhecimento funcionar em torno de apenas um dos seus elementos: tal elemento, como por exemplo a marca ou a firma, pode funcionar, por si só, como colector da imagem da empresa [197] – com a sua negociação negociar-se-ia, também, a empresa.

Dado o que acabamos de expor, se é certo que não há que negar a realização de negócios jurídicos que têm em vista a disponibilização do valor de projecção externa, envolvendo poucos bens susceptíveis de tutela jurídica autónoma (apenas os que creditem tal valor), é verdade, por outro lado, que não podemos dizer que aí se está a negociar a empresa como bem constituído pelo conjunto ou complexo de meios organizado. Dito de outra forma, não vemos que aí se esteja a negociar o estabelecimento, assumido como sinónimo de empresa no perfil que lhe traçamos como bem: será artificial e pouco significativo fazê-lo, dado que podemos, no limite, estar a designar apenas a negociação de uma marca [198].

O que nessa negociação se pretende é disponibilizar a empresa em todo o seu significado: pretende-se envolver nessa disponibilização a empresa com todo o significado que esta assume no meio social em que se insere. Dito de outro modo: pretende-se negociar a empresa com a sua dimensão institucional (sendo esta última particularmente vocacionada para o exterior).

Inversamente, ao designarmos uma realidade de conjunto como *estabelecimento*, com a exigência prévia de que contenha em si a aptidão produtiva mínima, temos por certo que aí se conterá, efectivamente, o conjunto de meios necessários ao desenvolvimento da actividade empresarial – então sim, surge-nos o perfil da empresa como bem produtivo.

Salientamos – de novo – que tudo se reconduz a uma opção terminológica, a partir do momento em que não negamos a existência e validade de ambos estes valores que a empresa credita em si. No entanto,

---

[197] Reconhecem-no ORLANDO DE CARVALHO, *Critério e Estrutura do Estabelecimento* cit., p. 115 nota 59 e 301-306 e COUTINHO DE ABREU, *Da Empresarialidade* cit., pp. 56-58 e salienta-o OLIVEIRA ASCENSÃO, *Direito Comercial* cit., I, p. 498. Cfr. COSIMO SASSO, *Avviamento d'impresa* cit., p. 60.

[198] É em grande medida por esta razão, ao que pensamos, que a doutrina por vezes se coloca a questão de saber se o aviamento diz respeito ao estabelecimento ou à empresa.

se isso é verdade, não é menos verdadeira a circunstância de cada expressão linguística conter em si um valor semântico que permite uma riqueza de significado. Assim, far-se-á a opção com vista a possibilitar o avanço na análise dos centros comerciais com a certeza de, dessa forma, utilizarmos conceitos dotados de alguma precisão.

Face a tudo o que dissemos, a opção é clara: falaremos de estabelecimento para designar o conjunto de meios organizados com aptidão produtiva e a sua negociação; falaremos de empresa com o significado que lhe recortámos na perspectiva institucional, sendo certo que, ao pormos em causa a sua negociação, teremos em vista a disponibilização daquele que designámos como valor de projecção externa (com tudo o que tal valor envolve sendo, como é, não autónomo).

CAPÍTULO SEGUNDO

CARACTERIZAÇÃO ECONÓMICO-SOCIAL DOS CENTROS COMERCIAIS

SECÇÃO I

IDENTIFICAÇÃO

18. ORIGEM E EXPANSÃO DOS CENTROS COMERCIAIS

Fruto de variadíssimos factores, como a facilidade em encontrar grandes espaços para a sua implantação e a possibilidade de investimento privado sem interferências relevantes do poder público, os centros comerciais surgiram nos Estados Unidos da América na década de 50 do presente século.

Subscrevendo uma lógica de concentração do comércio de retalho com associação a uma componente de lazer como resultado das concentrações populacionais e da evolução dos níveis acrescidos de qualidade exigidos pelo público consumidor, os centros comerciais surgiram na América do Sul e na Europa na década de 60.

A variabilidade dos centros comerciais não permite generalizações precisas na sua caracterização, havendo, no entanto, tendências que, de forma evolutiva, se vão manifestando, o que nos permite alguma aproximação no vastíssimo espaço dos fenómenos de concentração comercial a nível do retalhista, no qual sem dúvida, se inscrevem os centros comerciais.

Inicialmente procurando uma localização estratégica em torno das grandes vias de comunicação entre os grandes centros populacionais, manifestou-se, posteriormente, uma tendência no sentido de instalação em locais estratégicos no centro dos aglomerados urbanos – surgem, assim, as galerias comerciais.

74 _A empresa nos centros comerciais e a pluralidade de estabelecimentos_

Nos Estados Unidos da América, os centros comerciais aparecem, essencialmente, como investimentos de grande rentabilidade, promovidos por agentes económicos com elevada capacidade de intervenção, como sejam as entidades bancárias e as companhias de seguros [199]. Na Europa faz-se sentir um novo tipo de promotor institucional, as grandes cadeias de distribuição alimentar, ao mesmo tempo que se torna visível uma forma inteiramente distinta de promoção dos centros comerciais: o associativismo entre pequenos empresários ou comerciantes.

Do ponto de vista arquitectónico e estético, o evolutivo grau de exigência do consumidor tem conduzido a um evidente apuramento por parte dos promotores: a noção de lazer associada aos centros comerciais impõe graus de satisfação estética do consumidor que vão muito além da mera funcionalidade dos espaços comerciais. A par da arquitectura e do sentido de estética apurado, surge uma componente que se traduz numa actividade não directamente comercial desenvolvida em torno de iniciativas de índole meramente cultural ou recreativa, componente esta que, no entanto, sempre se mantém acessória daquela que é a essência do centro comercial: a concentração do comércio [200].

Sob o prisma do tipo de actividade comercial desenvolvida, os centros comerciais – ou, pelo menos, assim apelidados – são de uma variabilidade extrema. Desde as grandes superfícies de venda alimentar, com discretas e quase imperceptíveis lojas satélites a elas acopladas, passando por centros com maior ou menor dimensão que concentram uma pluralidade mais ou menos vasta de actividades comerciais, sem que nenhuma delas surja como núcleo polarizador, até aos pequenos e médios centros ou galerias especializados num certo tipo de actividade comercial, há de tudo um pouco, sendo certo que o termo _centro comercial,_ de alguma sorte, parece ter-se generalizado para as designar a todas e a cada uma.

Entre nós estes fenómenos de concentração comercial surgiram nos finais da década de 60, início da década de 70. As primeiras manifestações fizeram-se sentir por via da criação de pequenas galerias situadas

---

[199] ARCÁDIO GIL, _Conferência_ cit., pp. 9-10.

[200] Não obstante tal vínculo de acessoriedade, a circunstância – salientada por COUTINHO DE ABREU, _Da Empresarialidade_ cit., p. 321 nota 836 ou por PESTANA DE AGUIAR, _Mundo jurídico dos shopping center_ cit., pp. 191-192 – de nos centros comerciais se instalarem organizações de índole não comercial, levar-nos-á aqui, como nos levou no capítulo precedente, a não qualificar a comercialidade das empresas – ou sequer dos estabelecimentos.

Capítulo segundo – Caracterização económico-social dos centros comerciais 75

em zonas estratégicas das grandes cidades, tendo, numa fase posterior, surgido centros de maiores dimensões na confluência das áreas urbanas de forte densidade populacional – estes últimos, desde a construção do imóvel até às opções de exploração comercial, obedecem a uma lógica de captação do consumo bastante apurada [201].

19. OS CENTROS COMERCIAIS NO SEIO DAS ORGANIZAÇÕES COMERCIAIS: ALGUMAS DISTINÇÕES.

Como salientámos, a concentração de espaços comerciais destinados ao comércio de retalho, como fórmula de acréscimo de eficácia, é susceptível de múltiplas e variadas formas.

Encontramos tal lógica em fenómenos seculares, como sejam as feiras ou o aglomerado de lojas em certas áreas ou ruas das povoações ou, ainda, os mercados municipais.

Constituem fórmulas de concentração do comércio de retalho igualmente as galerias comerciais – nome tendencialmente usado para designar os conjuntos agregados de lojas da mesma especialidade ou de especialidade semelhante – e os grandes armazéns [202] – numa única loja existem vários departamentos ou divisões cada uma com a sua especialidade.

Os supermercados ou os hipermercados – superfícies de venda alimentar – surgem frequentemente integrados num espaço mais ou menos vasto composto por várias lojas com ramos de comércio relativamente distintos, lojas estas comercialmente dependentes desses supermercados ou hipermercados.

Finalmente, temos, ainda, a concentração de lojas num espaço unitário, concentração que não se confunde com as anteriores, na medida em que não existe uma única loja com claro domínio comercial sobre as restantes (o que permite a distinção da categoria anterior), além de que, se é certo que existe autonomia na exploração de cada unidade (permite a distinção dos grandes armazéns), a verdade é que tal gestão está subordi-

---

[201] Sobre uma perspectiva de instalação e evolução em Portugal dos Centros Comerciais, embora algo centrada na cidade de Lisboa, veja-se MARGARIDA PEREIRA, JOSÉ AFONSO TEIXEIRA e LOUIS MARROU, *Os Centros Comerciais de Lisboa* cit., pp. 12 e s..

[202] *Department stores* na expressão inglesa.

76 *A empresa nos centros comerciais e a pluralidade de estabelecimentos*

nada a uma lógica de ponderação unitária (permite a distinção das restantes categorias).

A expressão *centro comercial* é habitualmente usada para designar apenas esta última realidade [203] ou igualmente a anterior [204]. De resto, na ponderação dos centros comerciais como fenómeno jurídico unitário é explicita, por parte da doutrina, a distinção e exclusão dos referidos grandes armazéns [205], das identificadas galerias comerciais [206] ou, ainda, dos supermercados [207].

Esta breve e apenas tendencial classificação [208] de algumas das formas de que pode revestir-se a concentração de locais de exercício de comércio, pôs em evidência aquilo que eles têm em comum e aquilo que, provavelmente, será um dos factores mais importantes de distinção entre eles: em comum têm a concentração no espaço de ocupação (uma perspectiva imobiliária); divergem na fórmula de integração comercial (uma perspectiva exploracional) [209].

20. RAZÃO DE ORDEM

Recordando aquele que é o nosso objectivo imediato – a qualificação dos centros comerciais sob o prisma da empresa e do estabelecimento como fórmulas de recorte da realidade juridicamente relevante – cumpre, nesta primeira abordagem do que sejam os centros comerciais, delimitar,

---

[203] Assim o faz GERARDO SANTINI, *Commercio e servizi* cit., pp. 81 e s..

[204] Assim o faz ALMEIDA E SILVA, *Intervenção no Seminário* cit., p. 39.

[205] Fá-lo explicitamente OLIVEIRA ASCENSÃO, *Integração Empresarial* cit., p. 30; SILVA MAQUIEIRA, *Shopping Centers* cit., pp. 137-138; MARIA ELISA VERRI, *Shopping Centers – Aspectos jurídicos e suas origens* cit., p. 22; WASHINGTON DE BARROS MONTEIRO, *Shopping Centers* cit., p. 161 ou CAIO SILVA PEREIRA, *Shopping-Centers. Organização económica de disciplina jurídica* cit., p. 2.

[206] Fá-lo explicitamente SILVA MAQUIEIRA, *Shopping Centers* cit., pp. 137-138; MARIA ELISA VERRI, *Shopping Centers – Aspectos jurídicos e suas origens* cit., p. 22; WASHINGTON DE BARROS MONTEIRO, *Shopping Centers* cit., p. 161 ou ALFREDO BUZAID, *Estudo sobre shopping center* cit., p. 8.

[207] Fá-lo explicitamente ANTUNES VARELA, *Os Centros Comerciais* cit., p. 43 e OLIVEIRA ASCENSÃO, *Integração Empresarial* cit., p. 30.

[208] De forma mais desenvolvida, veja-se a classificação avançada por GERARDO SANTINI, *Commercio e servizi* cit., pp. 81 e s..

[209] Neste sentido se pronunciam MARGARIDA PEREIRA, JOSÉ AFONSO TEIXEIRA e LOUIS MARROU, *Os Centros Comerciais de Lisboa* cit., pp. 12 e s. assumindo como critério delimitador dos centros comerciais a unidade de gestão, depois de fazerem referência a outros possíveis critérios que consideram demasiado amplos.

na generalidade, aquela que será a realidade objecto da nossa análise: iremos referir-nos à realidade que recortámos em último lugar [210], sem prejuízo de uma consideração das anteriores, sempre que a comparação com estas nos pareça enriquecer o entendimento daquela.

Veremos que, por essa forma, seremos conduzidos a estabelecer distinções não menos relevantes do que aquelas que acabamos de expor, atendendo, nomeadamente, a uma das finalidades que, com o presente trabalho, visamos: a qualificação jurídica dos contratos de utilização de loja em centro comercial (o nosso objectivo é, naturalmente, o de contribuir para a determinação de um regime jurídico adequado à realidade com que lidamos e não o de clarificar a noção de *centro comercial*).

Recordando que a análise do estabelecimento e da empresa é uma análise que parte da delimitação dos dados pré-legais, haverá que compreender ou captar os centros comerciais sob o prisma dos perfis da empresa que deixámos expostos. Tal supõe, precisamente, a compreensão daquilo que vimos ser o que os distingue: a fórmula de integração comercial que acolhem.

Tal faremos em seguida.

Determinada que esteja a essência dos centros comerciais naquilo que de novo trazem ou podem trazer ao mundo das realidades juridicamente relevantes sob o prisma da empresa e do estabelecimento, analisaremos aquela que é a super-estrutura jurídica que lhe corresponde: aí encontraremos o contrato de utilização.

SECÇÃO II

FÓRMULA DE INTEGRAÇÃO COMERCIAL QUE ACOLHEM

21. DESCRIÇÃO

Apelidado como uma das mais belas e espectaculares revoluções mercadológicas do nosso século, como inovação tecnológica no sector comercial [211] ou, ainda, como uma das mais significativas revoluções

---

[210] Precisamente aquela habitualmente designada pela expressão *centro comercial*, com exclusão das superfícies de venda alimentar.

[211] ORLANDO GOMES, *Traços do perfil jurídico de um shopping center* cit., p. 89.

78 A empresa nos centros comerciais e a pluralidade de estabelecimentos

tecnológicas de carácter nitidamente organizacional [212], o centro comercial surge como uma realidade imobiliária e comercial dotada de características identificadoras imediatamente perceptíveis.

Na sua aparência externa é identificável como um edifício, parte de um edifício, ou até conjunto de edifícios, com características homogéneas. Tal edifício, com maiores ou menores dimensões, e decorado externa e internamente com um preciso sentido de estética, é composto por várias divisões relativamente autónomas e por amplos espaços ou zonas comuns, organizados, por vezes (isso é evidente nos de maiores dimensões), em obediência a uma lógica de equilíbrio urbano como se de uma pequena cidade se tratasse.

A localização desse conjunto imobiliário é, naturalmente, intencional e estratégica: é precedida de um estudo de mercado, por via do qual se determina o tipo de consumidor a que se acede em determinado espaço, atendendo, nomeadamente, à densidade populacional da área e às facilidades viárias de acesso. De resto, sempre que as características da área em que se insere o centro comercial o justifiquem ou possibilitem, é habitual dotá-lo de um parque de estacionamento: esta possibilidade facultada aos frequentadores dos centros comerciais é salientada muitas vezes como uma das mais importantes fórmulas de sucesso do centro comercial numa sociedade relativamente desenvolvida.

Um dos elementos notoriamente distintivos do centro comercial constitui aquilo a que se chama *tenant mix*: a fórmula técnica de escolha e localização das lojas que vão instalar-se nas unidades relativamente autónomas de que é dotado o imóvel. A distribuição das lojas no seio do centro comercial obedece a planos por vezes extremamente minuciosos: pretende reunir-se um número elevado de diferentes tipos ou ramos de actividade económica; para alguns desses ramos de actividade é habitual existir mais de uma loja; misturam-se lojas pertencentes a empresas com forte posição de mercado (as chamadas lojas âncora), com lojas de empresas que se pretendem implantar no mercado (as chamadas lojas magnéticas); atende-se à criação de fluxos na circulação dos consumidores, procurando-se que a ocupação do espaço seja equilibrada, dessa forma se garantindo a todas a lojas uma relativa igualdade de posicionamento; pretende-se alguma homogeneidade em termos de qualidade dos bens e dos serviços prestados pelas lojas.

---

[212] CARLOS GERARDO LANGONI, *Shopping Centers* cit., p. 56.

As divisões (áreas individualizadas) dentro do imóvel são ocupadas, na sua maioria, por lojas. Todavia, tal ocupação não é exclusiva: existem áreas de puro recreio e lazer localizadas, quer em divisões expressamente concebidas para o efeito, quer em áreas não individualizadas (áreas comuns). De resto, pretende-se que a complementaridade de ramos de actividade seja mais abrangente possível: inclui a presença de entidades bancárias, seguradoras, estações de correio, etc..

A ideia de espaço relativamente fechado, no sentido de claramente separado do exterior, não só pela individualização do imóvel (ou dos imóveis), mas, também, pela uniformização da sua arquitectura e estética face àquilo que o rodeia, permite proporcionar aos frequentadores do centro comercial acrescidas e decisivas vantagens: segurança de pessoas e bens e conforto.

Existe, assim, uma organização de conjunto cuja harmonia, funcionalidade e sucesso fica na dependência não apenas de um bom planeamento e de uma boa execução, mas, inclusivamente, de um bom funcionamento: alguém terá de assegurar a manutenção dos factores que permitem sustentar a identidade do todo, o que se reflecte na necessidade de uma gestão global, que permita, simultaneamente, velar pela permanente verificação e conservação das características que acabámos de descrever, e, garantir variados serviços comuns, como o transporte e fornecimento das mercadorias, a limpeza, a segurança, o fornecimento de energia, a publicidade conjunta, etc..

22. ANÁLISE

Com a sua típica fórmula de concentração de consumo os centros comercias vão ao encontro daquilo que, nas sociedades modernas, cada vez mais, são as exigências do consumidor.

Cada vez mais, o acto de consumo de bens ou serviços deixa de ter uma componente meramente funcional ou de subsistência, passando a revestir-se de uma componente lúdica: não são apenas as características daquilo que se adquire que pontificam na decisão do consumidor, é, também, o prazer que ele retira do acto de aquisição em si (pela beleza da loja e da zona em que se insere; pela simpatia de quem atende; etc.). A inserção nos centros comerciais de zonas de mero recreio ou lazer vem, precisamente, potenciar tal factor, podendo até conferir ao acto de consumo uma componente cultural [213], tornando-o num acontecimento familiar ou social.

O desenvolvimento económico se, por um lado, tem como consequência o acréscimo da capacidade aquisitiva, por outro, tem fortes consequências sob o ponto de vista do custo de oportunidade do tempo: nos centros comerciais, dada a concentração dos mais variados ramos de actividade económica de retalho, sem o congestionamento típico das áreas de comércio tradicional, o consumidor tem a oportunidade de rentabilizar o tempo (cada vez mais reduzido) que tem disponível para adquirir o que necessita [214].

Em crescendo se faz sentir, igualmente, o nível de exigência qualitativa do consumidor: ele é cada vez mais selectivo na relação qualidade / / preço no momento de aquisição. A escolha implica o acesso à variabilidade, o que é garantido no centro comercial, local onde é possível encontrar mais do que uma loja no mesmo sector de actividade [215]. De resto, esta circunstância, fomentando a competitividade no seio do próprio centro comercial, sempre resultará em benefício do consumidor.

Salientando-se a circunstância de os centros comerciais, naquilo que têm de individual, próprio ou, se se quiser, inovador, constituírem fundamentalmente uma fórmula organizativa [216] que permite a obtenção, na expressão de CARLOS LANGONI, de *ganhos de eficiência associados a uma aparentemente simples realocação de fatores de produção* [217], a literatura jurídica da especialidade tem evidenciado como ponto de análise a

---

[213] Conforme o salienta ALBINO OLIVEIRA, *Fundo de comércio em shopping centers* cit., p. 65, o consumidor age em grande medida motivado por factores de natureza psico-social que, de forma consciente ou inconsciente, o motivam a adquirir um certo produto num certo local.

[214] Cfr. CLARA SANTOS e FERNANDA CRUZEIRO, *O Comércio nos Centros Comerciais* cit., p. 59 e CARLOS GERARDO LANGONI, *Shopping Centers* cit., p. 65.

[215] Salientando o nível de informação do consumidor como factor de atracção nos centros comerciais veja-se RUBENS REQUIÃO, *Considerações jurídicas sobre os centros comerciais* cit., p. 123 e LUÍS ANTÓNIO DE ANDRADE, *Considerações sobre o aluguel* cit., p. 169.

[216] Assim o fazem explicitamente WASHINGTON DE BARROS MONTEIRO, *Shopping Centers* cit., pp. 161-162; RUBENS REQUIÃO, *Considerações jurídicas sobre os centros comerciais* cit., pp. 132-133. ALFREDO BUZAID fala em *cidade em miniatura* (*Estudo sobre shopping center* cit., p. 8) e DINAH PINTO em *organicidade do shopping center* (*Shopping Center* cit., p. 29).

[217] *Shopping Centers* cit., p. 56.

verdadeira comunidade de interesses que no âmbito dos centros comerciais inevitavelmente se forma.

Nada de inovador nos aparece com o erigir de uma imponente e dispendiosa estrutura imobiliária. Nada de inovador nos surge com a concentração de locais de consumo. A novidade está na forma como os interesses daqueles que participam na estrutura do centro comercial se integram: é montado um sistema comercial que a todos envolve, pois todos nele se encaixam como peças da organização. Tudo estará, então, na análise das relações jurídico-económicas que se estabelecem entre os intervenientes e que permitem compreender o papel de cada um no resultado final [218].

Tal comunidade de interesses envolve, por um lado, aqueles que são os titulares das lojas que vão ocupar cada espaço individualizado do centro (os lojistas) e, por outro, aquele que será o titular do centro comercial, aqui entendido como o responsável pela concepção do centro, admissão dos lojistas e administração do conjunto (a que chamaremos promotor).

Vejamos as palavras por via das quais CARLOS LANGONI põe em evidência a forma como se estabelece a integração dos interesses que envolve estes intervenientes:

> (...) *Ao invés de um esquema convencional de remuneração do investimento com base na venda dos imóveis ou no aluguel puro e simples – o que transformaria o empreendimento em mais um negócio imobiliário – o shopping center, ao estabelecer uma relação direta entre sua rentabilidade e a rentabilidade das atividades que ali irão se desenvolver, criou as pré-condições para a otimização do marketing a um nível nunca antes imaginado pelo sistema de comércio convencional.*
>
> (...) *o que há, de fato, de inovador nos shopping centers é a relação contratual que assegura a participação dos investidores no faturamento (e, portanto, nos lucros) das atividades que ali se desenvolvem. Estabelece-se uma permanente integração entre os*

---

[218] Cfr. RUBENS REQUIÃO, *Considerações jurídicas sobre os centros comerciais* cit., pp. 132-133 e CARLOS LANGONI, *Shopping Centers* cit., p. 56. PESTANA DE AGUIAR, salientando as dependências recíprocas para a obtenção do resultado final, compara o centro comercial a uma orquestra em que o papel dos músicos é representado pelos lojistas e o do maestro pelo administrador do centro – *Mundo jurídico dos shopping center* cit., p. 180.

82 A empresa nos centros comerciais e a pluralidade de estabelecimentos

interesses dos empreendedores do shopping center e os dos comerciantes, que constitui a base para a realização posterior de ganhos de produtividade, onde parcela significativa é, inclusive, transferida para os consumidores.

(...)

A íntima relação existente entre o empreendedor do shopping center e os comerciantes permite o estabelecimento de um planejamento estratégico de modo a explorar com a maior eficiência possível todo o mercado potencial previamente analisado em seu conjunto. É exactamente a avaliação deste mercado, suas preferências e tendências que constitui um elemento chave para definir o mix das atividades que deverão fazer parte do shopping center. A existência de um mecanismo de planejamento central dessas atividades, cujo carácter permanente é consequência do interesse direto do empreendedor no sucesso de cada uma das atividades isoladas, assegura ao longo do tempo a manutenção de um mix de produtos e serviços, assim como sua eventual adaptação, em face de alterações detetadas pela avaliação contínua do mercado [219] .

Mais à frente acrescenta este mesmo autor a propósito do critério de selecção dos lojistas:

(...) o critério não pode ser exclusivamente o de garantias colaterais com base no patrimônio acumulado. O que está em jogo é muito mais do que uma simples transação imobiliária. Deve-se levar em consideração a capacidade empresarial no sentido qualitativo. Isto ocorre não por uma visão altruísta, mas, simplesmente, porque a rentabilidade do shopping center é função do comportamento futuro das vendas de cada unidade [220].

Sob o prisma do lojista algumas das vantagens da inclusão no centro comercial ficam à vista: ela possibilita-lhe o acesso ao mercado, nomeadamente, em termos de informação, de publicidade ou de desenvolvimento de técnicas de gestão, de uma forma que lhe estaria vedada caso explorasse a sua loja de forma isolada e não integrada.

---

[219] *Shopping Centers* cit., pp. 56-57. Salientando a vertente de partilha do lucro na consideração daquilo que une os participantes nos centros comerciais veja-se GUALBERTO GONÇALVES MIRANDA, *Natureza jurídica das ocupações de lojas nos shopping centers* cit., p. 271.

[220] *Shopping Centers* cit., p. 58.

Capítulo segundo – Caracterização económico-social dos centros comerciais   83

Tais vantagens dos lojistas, na medida em que se traduzam num bom desempenho comercial das respectivas explorações, irão traduzir-se em vantagem para o promotor do centro, o que é imediatamente evidente na circunstância de o promotor se fazer remunerar junto do lojista por via de uma percentagem da facturação mensal deste; não deixando de se fazer sentir, de forma mediata, na boa imagem de que o centro globalmente gozará face ao mercado.

De alguma forma, com justiça se dirá que o sucesso do centro comercial, precisamente porque consiste num sistema de interdependências, fica a dever-se, quer ao promotor, quer aos lojistas: com o seu bom desempenho os lojistas contribuem para a valorização do centro comercial no seu todo; com a concepção do centro e o permanente cuidado de gestão do conjunto (que envolve a manutenção e evolução, tanto quanto o exige o mercado, daquilo que são as características comuns do centro, que lhe fornecem identidade comercial) o promotor contribui, decisivamente, para níveis acrescidos de rentabilidade de cada uma das lojas. Algo que não esconde o evidente: fundamental é, também, o contributo do lojista para o sucesso do negócio por si dirigido [221].

Dito doutra forma: cada um dos participantes contribui decisivamente para a clientela do centro comercial.

Ante tal panorama de integração de interesses, os nexos de dependência não escondem os perigos inerentes: a necessária sintonia entre todos e cada um dos elementos integrantes deste sistema comercial põe em evidência que o mau desempenho de um deles automaticamente se reflecte em desprestígio para o centro comercial com o consequente prejuízo de todos [222].

Adoptando como momento ideal de análise aquele em que o promotor tem o centro comercial em fase de conclusão, faltando, para a sua plena funcionalidade, pouco mais do que ceder os espaços individuais aos lojistas, poderá, de algum modo, dizer-se que nessa altura o centro já tem uma autónoma posição no mercado, sobretudo, se a imagem do centro comercial já tiver sido objecto de campanhas publicitárias (como

---

[221] Salienta-o GALVÃO TELLES, *Utilização de espaços nos shopping centers* cit., p. 31.

[222] Evidenciam-no autores como ORTEGA LLORCA, *El arrendamiento de locales de negocio. Problemática de los Grandes Centros Comerciales* cit., pp. 147-148; DARCY BESSONE, *Problemas jurídicos do shopping center* cit., p. 21 e PESTANA DE AGUIAR, *O fundo de comércio* cit., pp. 103-104.

muitas vezes acontece) realçando todo o seu dinamismo e potencialidade como local de comércio e de lazer, ou, ainda que o não tenha sido, quando pela sua dimensão e localização gera, desde logo, fortes expectativas.

Note-se que tal posição de mercado tem um duplo significado: manifesta-se perante os comerciantes potencialmente interessados em ingressar no centro comercial, mas faz-se sentir, também, junto dos consumidores, os potenciais clientes de tais lojistas.

Com as adesões dos lojistas ao centro comercial este vai completando o mosaico de diversidade comercial que o seu próprio nome deixa perceber e que constitui aquilo que o diferencia de outros locais de consumo: unicamente mantendo uma imagem de unidade face ao exterior, não obstante a assimilação de tão distintas actividades comerciais e não comerciais, poderá o centro comercial proporcionar aos consumidores precisamente as vantagens que atrás apontámos e que estão na origem do seu sucesso como fórmula de organização.

É precisamente esta a razão que tem levado a jurisprudência e a doutrina francesas, em data mais recente, a considerar, ainda que não de forma absoluta, mas, apenas, tendencial, que nos centros comerciais [223] os lojistas não têm clientela própria, devendo esta ser imputada ao centro comercial no seu conjunto, situação que, de resto, encontra paralelo nos franchisados e nos concessionários [224]. Note-se que, não obstante o signi-

---

[223] Advirta-se que a consideração jurídica dos centros comerciais em França apresenta fortes peculiaridades por relação ao que se verifica em Portugal, o que fica a dever-se fundamentalmente, a dois motivos: a sua origem e forma de estruturação é substancialmente diversa daquela a que assistimos entre nós; existe um regime jurídico próprio concebido para alguns centros comerciais (os *magasins collectifs de commerçants independants*) mas aplicável aos restantes (os *centres commerciaux*). À frente concretizaremos melhor o significado de tais diferenças, anotando-se, no entanto, que, para o efeito que se deixa dito no texto, tais diferenças são irrelevantes.

[224] Entre muitos outros vejam-se FRANÇOISE AUQUE, *Les baux commerciaux* cit., pp. 222-224 e a jurisprudência que cita; M. JUGLART e B. IPPOLITO, *Cours de droit commercial* cit., pp. 357 e 502 e a jurisprudência que aí referem; JEAN DERRUPPÉ, *Fonds de commerce* cit., p. 3 e *Le Fonds de Commerce* cit., pp. 16-17; JEAN PAILLUSSEAU e PAUL LE FLOCH, *Centres commerciaux* cit., pp. 12-13; PAUL LE FLOCH, *Le Fonds de Commerce* cit., pp. 218-222; YVES GUYON que, começando por admitir que a soma dos clientes que frequentam o conjunto será superior à soma daqueles que teriam comprado em cada um dos estabelecimentos explorados separadamente (*Les groupements d'intérêt économique* cit., p. 94), vem a admitir, muito mais recentemente, que pelo menos nalguns casos em que o comerciante explora o seu negócio no seio de um conjunto mais vasto

Capítulo segundo – Caracterização económico-social dos centros comerciais 85

ficado que tal tem tradicionalmente em França sob o prisma da titularidade do estabelecimento [225], há até quem, com consciência disso mesmo, afirme convictamente que exigir de cada comerciante (de cada membro do *magasin collectif de commerçants indépendants*) uma clientela própria seria mesmo contrário à vontade de integração desses comerciantes, resultado de todo em todo indesejável [226].

Tal perspectiva, de resto, teve bastante influência no Brasil [227], onde obteve até algumas expressas manifestações de apoio [228]. Assim, neste sentido, afirma-se: o centro comercial em si mesmo é uma força de produção de riqueza, já que o que atrai a clientela não é uma loja em particular, mas o centro comercial como um todo, não sendo demasiado afirmar que o centro comercial tem o seu próprio aviamento em razão do conjunto de elementos que o compõem, como o capital investido e o pessoal que nele trabalha [229]; quem vai a um centro comercial, na maior parte dos casos, vai em função do que oferece esse complexo comercial com variada escolha, raramente se dirigindo a um específico estabelecimento, sobretudo, porque mantém a consciência de que tais autênticas cidades possuem mais do que um estabelecimento para cada género de produtos, o que permite a escolha do melhor preço [230]; o empreendedor fornece ao lojista uma estrutura através da qual se vislumbra a existência de um verdadeiro estabelecimento comercial, donde resulta a necessária conclusão de que a clientela é em grande parte atraída por essa macro-

---

possa não ter clientela autónoma (*Droit des Affaires* cit., pp. 677-678), o que faz na sequência de um nítido movimento jurisprudencial nesse sentido – movimento que se compreende, se se tiver presente a importância que a clientela tem na concepção que em França domina sobre o critério e estrutura do estabelecimento comercial e que atrás pusemos em evidência.

[225] Recorde-se o que atrás dissemos sobre a importância da clientela para a jurisprudência e doutrina francesas a propósito da noção de estabelecimento comercial – o *Fonds de Commerce*.

[226] JEAN PAILLUSSEAU, *Magasins Collectifs de Commerçants Indépendants* cit., pp. 2-3.

[227] País onde a realidade se aproxima da nossa (contrariamente ao que se passa em França), à excepção do facto de já existir referência legal expressa aos contratos celebrados nos centros comerciais. Retomaremos à frente este ponto.

[228] Caso de NASCIMENTO FRANCO, *A Lei de Luvas e os Shopping Center* cit., p. 128 e de PENALVA SANTOS, *Regulamentação jurídica do "shopping Center"* cit., pp. 107-108.

[229] ALFREDO BUZAID, *Estudo sobre shopping center* cit., p. 13.

[230] IVES SILVA MARTINS, *Locações Comerciais dos shopping centers* cit., p. 82.

estrutura, decorrendo o aviamento, em grande medida, da actuação decisiva do empresário na introdução dos elementos formadores do fluxo de público que acorre ao conjunto, por força do aparelhamento posto à disposição do lojista, aparelhamento esse susceptível de avaliação económica [231]; a clientela, sendo atribuída, simultaneamente, às lojas e ao centro comercial, surge como elemento incindível do conjunto [232]; quem se dirige a um centro comercial, ainda que sob a perspectiva de simples passeio, leva na mente a admissibilidade de gastar qualquer coisa ora, pesquisando os frequentadores dos grandes centros comerciais, veremos que a grande maioria motiva-se a ir lá com o propósito de olhar tudo e, possivelmente, comprar algo numa loja à partida indeterminada, em nítida minoria estão os que os procuram por razões mercadológicas específicas, tais como lojas de especial destino, devendo atentar-se que muitos dos que vão lá o fazem no convencimento de que ali encontram as melhores lojas da cidade [233]; finalmente, anotem-se as palavras de RENAULT PINTO:

> (...) o empreendedor, ao inaugurar o shopping center por ele concebido, coloca à disposição dos lojistas uma clientela potencial, produto dos estudos preliminares, que lhe serviram de base para o seu desenvolvimento.
>
> O shopping center já nasce, ao ser inaugurado, com uma clientela própria, que usufruirá de suas lojas, de suas áreas de lazer e de seus espaços comuns.
>
> (...) cabe salientar que a atuação do empreendedor do shopping center nessa organização não se exaure com a inauguração do empreendimento.
>
> Pelo contrário, a partir daí, começa o persistente trabalho de solidificação da imagem do shopping center perante o público a que se destina e o aprimoramento do tenant mix, na medida em que o sistema locativo montado é dinâmico, acompanha a realidade e as novidades da moda, dos costumes, da decoração e assim por diante, razão pela qual pode asseverar-se que os resultados do shopping center serão tanto maiores quanto for a eficiência do empreendedor não só na fase pré-operacional, como após a sua inauguração.

---

[231] PENALVA SANTOS, Regulamentação jurídica do "shopping center" cit., p. 111.

[232] ALBINO OLIVEIRA, Fundo de comércio em shopping centers cit., pp. 66-67.

[233] JOSÉ DA SILVA MAQUIEIRA, Shopping centers cit., pp. 150-151.

Capítulo segundo – Caracterização económico-social dos centros comerciais 87

> *(...) o empreendedor do shopping center realiza, periodicamente, pesquisas sobre a preferência dos clientes em relação a lojas que não estejam nele estabelecidas, visando, se possível, trazê-las para o shopping center, na busca incessante de um tenant mix ideal.*
>
> *(...)*
>
> *Portanto, a participação do empreendedor no incremento da clientela do shopping center é decisiva, desde a sua concepção e a cada momento do seu dia-a-dia. Ele não exerce papel passivo de um locador de loja de rua ou de galeria comercial, que objetiva apenas o recebimento de um aluguel fixo ao final do mês.*
>
> *O empreendedor desempenha um papel importante na atração da clientela ao shopping center, e, mais do que isso, procura maximizá-la, na medida em que o administra como negócio global, que orienta as lojas que não apresentam um desempenho de vendas no nível das demais, ou, se isso não for suficiente, procura substituí--las por outras mais competentes, para não prejudicar o próprio empreendedor e os demais lojistas do shopping center* [234].

Entre nós esta mesma tendência foi manifestada por ANTUNES VARELA, referindo que *os elementos ou coeficientes de valorização do estabelecimento e o poder de atracção da clientela deslocam-se (...) do lojista para o fundador ou administrador do centro, responsável pela localização deste, pela beleza do conjunto, pela distribuição das lojas, pela selecção dos lojistas, pela instalação e funcionamento das áreas e dos serviços de utilidade comum* [235] e pondo em evidência o papel fortíssimo que desempenham na atracção de clientela os equipamentos de lazer e as utilidades várias, como os parques de estacionamento ou os serviços sofisticados de telecomunicações [236].

Face ao exposto, não vemos como negar aquilo que, tendo sido, inicialmente, posto em relevo em França, embora de forma sempre algo tímida pelos motivos que enunciámos e que à frente desenvolveremos, e

---

[234] ROBERTO RENAULT PINTO, *O fundo de comércio dos shopping centers* cit., pp. 225-227.

[235] *Centros Comerciais: natureza jurídica dos contratos de instalação dos lojistas – Anotação* cit., pp. 371-372, Ano 128.

[236] *Centros Comerciais: natureza jurídica dos contratos de instalação dos lojistas – Anotação* cit., pp. 369-370, Ano 128 e *Centros Comerciais: natureza jurídica dos contratos de instalação dos lojistas* cit., pp. 53-54. Para uma exaustiva análise dos fluxos de clientela nos centros comerciais veja-se BERND R. FALK, *Einkaufszentren* cit..

88 *A empresa nos centros comerciais e a pluralidade de estabelecimentos*

salientado no Brasil, se impõe reconhecer entre nós, dada a perfeita semelhança entre a realidade que analisamos, tal como se nos apresenta em Portugal e aquela que nos chega do Brasil, onde há muitos anos se vem discutindo o enquadramento jurídico dos centros comerciais: a originalidade que têm, e que constitui a fórmula do seu especial sucesso, resulta da sua força total como unidade económica.

23. SIGNIFICADO

Vimos e concluímos que o centro comercial é, afinal, o resultado do esforço conjugado de todos os que participam na sua erecção, sendo o insucesso de alguns o insucesso de todos. Aprofundemos um pouco mais a extensão de tais nexos de dependência antes de nos aproximarmos daquilo que poderá ser o critério que permite a identificação dos centros comerciais.

Olhemos um pouco para a origem e configuração dos centros comerciais em França, como termo de comparação com o que se passou e passa em Portugal, o que nos parece esclarecedor sobre uma distinta vocação de princípio.

Desde o final do século passado os comerciantes retalhistas sentiram necessidade de se agrupar com o objectivo de melhor conseguirem enfrentar a concorrência que lhes começou a ser movida por outras formas de organização comercial, como os grandes armazéns ou as cooperativas de consumo: havia que obter preços tão baixos como aqueles conseguidos por essas formas de distribuição [237]. Inicialmente, tais agrupamentos de comerciantes permitiam a obtenção de preços de favor junto dos fornecedores; todavia, tal veio a revelar-se cada vez mais insuficiente, face à proliferação das grandes superfícies comerciais. Mais do que a mera cooperação, em vista do consumo, os comerciantes deram origem a fórmulas de cooperação em vista da prestação de serviços: estudos de mercado; financiamento; manutenção; formação; etc [238].

---

[237] JEAN-CHRISTIAN SERNA, *Sociétés coopératives de commerçants détaillants et magasins collectifs de commerçants indépendants* cit., p. 444.

[238] Cfr. ALFRED JAUFFRET, *Explotation d'un fonds de commerce dans un magasin collectif* cit., p. 66; G. RIPERT e R. ROBLOT, *Traité de Droit Commercial* cit., pp. 102-103 e 446; M. JUGLART e B. IPPOLITO, *Cours de Droit Commercial* cit., p. 368; YVES GUYON, *Les groupements d'intérêt économique* cit., p. 91 e PAUL LE FLOCH, *Le Fonds de Commerce* cit., pp. 211-214.

Capítulo segundo – *Caracterização económico-social dos centros comerciais*   **89**

Face ao desafio proposto pelas grandes superfícies comerciais, cedo se verificou a insuficiência da cooperação, evoluindo-se para fórmulas crescentes de associativismo: mais do que cooperação, pretendia-se uma instalação em comum, de forma sustentada. Pretendia-se um efectivo agrupamento sob o mesmo tecto e sob uma mesma designação, dando-se, dessa forma, à clientela a impressão de que se encontra num grande armazém, o que permite a criação de um foco de atracção tradicionalmente reconhecido às grandes superfícies comerciais [239].

Note-se que este agrupamento supõe uma relativa independência de quem a ele adere [240].

As dificuldades inerentes à manutenção de tal independência face às exigências de coordenação consequência de uma exploração comum, abrindo espaço a um particular e equilibrado regime de regulamentação jurídica, deram origem à lei n.º 72-651 de 11 de Julho de 1972 que criou os *magasins collectifs de commerçants indépendants* [241], cuja definição se retira do seu artigo 1.º § 1 ao delimitar o seu campo de aplicação:

> *Les dispositions de la présente loi s'appliquent aux personnes physiques ou morales réunies dans une même enceinte, sous une même dénomination, pour exploiter, selon des règles communes, leur fonds de commerce ou leur entreprise immatriculée au repertoire des métiers sans en aliéner la proprieté, créant ainsi un magasin collectif de commerçants indépendants.*

Aquilo que começou por ser uma força de apoio no desempenho, fundamentalmente individual e isolado, de cada pequeno comerciante ou empresário, acabou por se transformar em algo que, graças a crescentes níveis de integração e dependência, acaba por se revelar verdadeiramente essencial à sobrevivência daqueles.

---

[239] Cfr. LAVABRE, *Centres commerciaux* cit., p. 102; PAUL LE FLOCH, *Le Fonds de Commerce* cit., p. 215; M. JUGLART e B. IPPOLITO, *Cours de Droit Commercial* cit., p. 368 e JEAN GUYÉNOT, *Cours de Droit Commercial* cit, p. 341.

[240] ALFRED JAUFFRET, *Exploitation d'un fonds de commerce dans un magasin collectif* cit., p. 66.

[241] Que surgiu juntamente com a lei n.º 72-652 da mesma data, esta destinada a actualizar, substituindo-o, o regime jurídico então em vigor aplicável às cooperativas de comerciantes, ambas no quadro de uma lógica de intervenção governamental no sentido de ajudar os pequenos comerciantes – cfr. JEAN-CHRISTIAN SERNA, *Sociétés coopératives de commerçants détaillants et magasins collectifs de commerçants indépendants* cit., p. 443.

90   *A empresa nos centros comerciais e a pluralidade de estabelecimentos*

Naturalmente que este fenómeno, associativista na origem, de criação e desenvolvimento de fórmulas organizacionais de concentração de comércio, não encontra paralelo na realidade portuguesa. Aqui, tais concentrações ficam-se a dever a volumosos investimentos apoiados por entidades com poderosos meios financeiros: se se quiser, é uma manifestação de base capitalista e não de base associativista.

Claro que esta outra origem igualmente se fez sentir em França: relembremos que foi, precisamente, devido ao seu aparecimento que os pequenos e médios comerciantes sentiram necessidade de se agrupar. Surgem, assim, os chamados *centres commerciaux,* realidade distinta dos já identificados *magasins collectifs de commerçants indépendants.*

Os *centres commerciaux* distinguem-se das restantes modalidades de concentração comercial edificadas por um promotor ou por uma pole financeira, na medida em que acolhem no seu seio ou, se se quiser, igualmente eles organizam num mesmo conjunto imobiliário, comerciantes retalhistas, que actuam por sua conta e risco [242]. Já a forma pela qual se distinguem dos *magasins collectifs de commerçants indépendants* [243] gera maiores dificuldades, quando os vemos em funcionamento e nos esquecemos da sua génese [244].

Diga-se, de resto, que o enquadramento legal ou o significado que um diferente regime jurídico possa ter no diferente desenvolvimento das relações económicas no seio de um *centre commercial* ou diversamente de um *magasin collectif de commerçants indépendants,* pouco nos ajuda na distinção: não só porque as modalidades de estruturação jurídica em ambos os casos podem variar [245] mas, e sobretudo, porque a identificada

---

[242] Cfr. ROGER HOUIN e MICHEL PEDAMON, *Droit Commercial* cit., p. 268 e JEAN PAILLUSSEAU e PAUL LE FLOCH, *Centres commerciaux* cit., p. 11.

[243] Note-se que a doutrina apenas colocou a si própria a necessidade de distinguir ambas as realidades após a publicação da lei dos *magasins collectifs de commerçants indépendants* – cfr. LAVABRE, *Centres commerciaux* cit., p. 102.

[244] Fórmulas de distinção pouco significativas, dado que constituem meras projecções da diferente génese de ambos os empreendimentos, são aquelas que nos fornece PAUL LE FLOCH, *Le Fonds de Comerce* cit., pp. 215-216: nos *centres commerciaux* a iniciativa promocional é logo na origem desenvolvida em torno da ideia de construção, o que não acontece nos *magasins collectifs de commerçants indépendants; os centres commerciaux* correspondem a um objectivo de ordenação do território, enquanto que os *magasins collectifs de commerçants indépendants* correspondem a uma reacção dos pequenos comerciantes que pretendem adoptar novos processos de distribuição.

[245] Veja-se em pormenor JEAN PAILLUSSEAU e PAUL LE FLOCH, *Centres commerciaux* cit., pp. 11-14.

Capítulo segundo – Caracterização económico-social dos centros comerciais   91

lei dos *magasins collectifs de commerçants indépendants,* tendencialmente, é aplicável à maior parte dos *centres commerciaux* [246].

Ciente de que a fórmula de distinção é apenas tendencial, a doutrina
francesa, impressionada pelo facto de nos *centres commerciaux* ser notória, em maior ou menor grau, a dependência económica da entidade de
conjunto dos comerciantes, que assim têm um papel relativamente acessório [247], vem a considerar que a diferença reside no nível de integração
ou na vontade de integração: o pequeno comerciante, tendo menos limitações à sua actividade nos *centres commerciaux,* do que nos *magasins
collectifs de commerçants indépendants* [248], atinge neste último um nível
de integração mais elevado ou, pelo menos, a sua vontade de que assim
seja é aqui mais nítida, o que se reflecte numa menor individualização
das lojas [249].

Desta análise da experiência francesa, algumas conclusões podemos
retirar, para além de uma clarificação da circunstância de que a génese da
criação de um centro comercial não tem de residir, necessariamente, na
iniciativa de um promotor, por oposição aos lojistas que se limitam a
aderir a um projecto, em cuja estruturação não são chamados a participar.

Pelo modo especial como nos surge a experiência francesa, pensamos que ela é especialmente elucidativa daquilo que é uma das questões
que se nos coloca no presente trabalho: mais do que compreender o
contributo de cada lojista para a erecção do centro comercial, compreender o enriquecimento que para o lojista significa a inserção num centro
comercial.

As vantagens que resultam para o comerciante lojista que se insere
no centro comercial, fazem-se sentir de tal modo no bom ou mau sucesso
do seu negócio que podem constituir o elemento que permite, nada mais
nada menos, que a sua sobrevivência ou viabilidade económica.

Tais vantagens não se resumem de forma alguma a meras prestações
de serviços comuns: para tanto os comerciantes franceses bastar-se-íam
com as tradicionais cooperativas.

---

[246] JEAN PAILLUSSEAU e PAUL LE FLOCH, *Centres commerciaux* cit., p. 11 e
Magasins Collectifs de Commerçants Indépendants cit., p. 2.

[247] Nas palavras de YVES GUYON, *Les groupements d'intérêt économique* cit., p. 92.

[248] ROGER HOUIN e MICHEL PEDAMON, *Droit Commercial* cit., p. 269.

[249] JEAN PAILLUSSEAU e PAUL LE FLOCH, M*agasins Collectifs de Commerçants
Indépendants* cit., pp. 1-2 e *Centres commerciaux* cit., p. 11.

92 A empresa nos centros comerciais e a pluralidade de estabelecimentos

As vantagens resultam de uma integração participativa: só são possíveis pela inserção num espaço mais vasto, do qual o comerciante passa a fazer parte integrante.

A integração participativa implica alguma perda de individualidade comercial, com a inerente alienação parcial de autonomia exploracional.

Convirá pôr em relevo que aquilo que é posto à disposição de cada lojista como fortíssimo elemento de atracção do seu próprio negócio, constitui os negócios dos outros, ainda que seus concorrentes. Com efeito, o promotor do centro comercial não se limita a contribuir com as vantagens comuns – aquelas sobre as quais tem controlo directo – de que todos os lojistas beneficiam: estes beneficiam da presença, num mesmo espaço físico, de outros estabelecimentos, numa lógica de complementaridade que, se é evidente na relação que se estabelece entre as lojas âncora e as lojas satélite, não deixa de se fazer sentir, também, entre estas últimas, entre aquelas primeiras, ou mesmo como benefício para as lojas âncora o facto da presença das lojas satélite. Relembramos: o cliente que entra num centro comercial com as características que temos vindo a alinhar, sabe estar a penetrar num espaço diversificado mas, por isso mesmo, complementar e, ainda que se dirija a uma loja em especial o sentido de complementaridade que o centro comercial infunde a quem nele circula, torna-o em cliente potencial de qualquer outra loja – concorrente ou não daquela a que se dirigia inicialmente. Com efeito, o centro comercial, com as vantagens que apenas do seu todo se retiram para os frequentadores, vive uma lógica global, não apenas de satisfação das necessidades do consumidor mas, inclusivamente, de fomento ou criação de tais necessidades – típico da sociedade de consumo.

A doutrina põe bem em evidência o benefício duma clientela acrescida que, para o lojista, resulta da justaposição de vários comércios diferentes [250].

---

[250] Fazem-no v.g. ANTUNES VARELA, *Centros Comerciais: natureza jurídica dos contratos de instalação dos lojistas – Anotação* cit., p. 55 e M. JUGLART e B. IPPOLITO, *Cours de Droit Comercial* cit., p. 368. Sobre os benefícios da complementaridade do *tenant mix* no seio do centro comercial, veja-se a explicação dada por IVES SILVA MARTINS, *Locações comerciais dos shopping center* cit., p. 89 nota 18, ao citar a *teoria da atracção cumulativa* tal como referida por ROBERT VLADIMIR HIRSCHFELDT, *Shopping center – O templo do consumo*, edição da Associação Brasileira de Shopping Centers, Rio de Janeiro, 1986, pp. 56-57, nos seguintes termos:

> "(...)Diz a teoria que dado número de lojas, atuando em um mesmo campo de negócios, atrairá mais vendas se as lojas se localizarem perto umas das outras,

Face a todas as vantagens que para o comércio de cada lojista resultam da sua inclusão num centro comercial a doutrina tem reconhecido: a forma como o conjunto potencia enormemente o valor de cada loja [251]; a circunstância de, ainda antes de a loja abrir ao público, pelo simples facto de estar inserida no centro lhe ser, desde logo, atribuído um valor comercial que deriva da sua inevitável aptidão para atrair clientela e gerar lucros [252]; a colocação à disposição do comerciante de todo um universo de vantagens que abrem expectativas e perspectivas de rentabilidade e de lucro [253]; a actividade do centro comercial que inclui elementos dinâmicos susceptíveis de fornecer ao lojista toda a gama de benefícios provenientes dessa estrutura que, na sua complexidade, acrescenta ao negócio do lojista um conjunto de factores materiais e imateriais que conferem ao respectivo estabelecimento, em concreto, a aptidão para produzir lucros [254]; não há como negar que os instrumentos que o promotor coloca à disposição do lojista constituem uma "excelente organização" que permite a este um maior lucro na sua actividade [255]; ou, ainda, a afirmação

---

do que se estiverem separadas. Compreende-se então a presença de várias lojas do mesmo ramo atuando dentro de um S.C., além da presença – em vários casos – de mais de uma loja de departamentos. Esta proximidade, ao invés de prejudicar, contribui para que haja uma compatibilidade em termos de política de preços, imagem do S.C., atividades promocionais, etc.

O princípio da compatibilidade estabelece que duas lojas de comércio competíveis, localizadas próximas, terão um incremento de seus negócios diretamente proporcional à incidência de consumidores que elas atraem e inversamente à taxa de volume de negócios de uma grande loja, com relação a uma pequena, e diretamente proporcional à quantidade de dinheiro das taxas de intenção de compra para o total de compra em cada uma dessas duas lojas. Isto quer dizer que, em duas lojas situadas uma ao lado da outra, um cliente em cada cem, comprando em ambas, proporcionaria 1% a mais de negócios a elas do que se se localizassem separadas por uma distância que restringisse esse intercâmbio; e se um cliente em cada dez comprar em ambas as lojas, o volume total de seus negócios irá crescer 10%.

Esse intercâmbio favorece a proximidade de localização de grandes e pequenas lojas, o que é uma caraterística do conjunto de lojas dentro de um S.C".

[251] OLIVEIRA ASCENSÃO, *Integração Empresarial* cit., p. 35. Reconhece-o igualmente GALVÃO TELLES, *Utilização de espaços nos shopping centers* cit., p. 31.

[252] MANUEL PITA, *Direito Comercial* cit., p. 195.

[253] DARCY BESSONE, *Problemas jurídicos do shopping center* cit., p. 23.

[254] PENALVA SANTOS, *Regulamentação jurídica do "shopping center"* cit., p. 111.

[255] GUALBERTO GONÇALVES DE MIRANDA, *Natureza jurídica das ocupações de lojas nos shopping centers* cit., pp. 271-272.

de que ao distribuir os lojistas pelas áreas pré-determinadas, são oferecidas condições que no comércio tradicional custam esforço e tempo ao comerciante [256]; os centros comerciais trazem consigo, logo à nascença, um valor económico que propicia ao futuro lojista uma concreta esperança de lucros, dado que, ao instalar-se, já tem como eventuais clientes os frequentadores do shopping [257]; indo-se até ao ponto de referir que é do centro comercial que o lojista retira a razão de ser e o principal factor de força mercantil do seu negócio [258].

A este propósito, notem-se as palavras particularmente vigorosas de ANTUNES VARELA quanto à impossibilidade do Direito ignorar, na regulamentação das relações que se estabelecem no centro comercial, as referidas vantagens de que beneficia o lojista, o que aconteceria se as mesmas fossem encaradas como meras prestações de serviços, atendendo ao sobre-valor que tais vantagens significam:

> *A primeira delas é a vizinhança das empresas qualificadas que constituem um pólo de atracção da clientela, mais ou menos valioso, para as lojas menos conhecidas que operam a seu lado, destacando-se nesse aspecto o chamamento de público constituído pelos grandes e prestigiados estabelecimentos chamados lojas-âncoras, colocados em pólos estratégicos do conjunto imobiliário, e que desse modo exercem uma influência notória sobre as lojas magnéticas implantadas à sua volta.*
>
> *Este factor extraordinário de valorização comercial, tanto mais sensível quanto maior for o talento e a capacidade negocial do organizador do centro na formação do tenant mix do shopping, não constitui de modo nenhum objecto de uma prestação contratual de serviço realizada a favor do titular das lojas beneficiárias, porque não há aí nenhum comportamento positivo (serviço) a que o organizador se tenha previamente vinculado e a que corresponda um verdadeiro direito subjectivo (de crédito), como é próprio do contrato de prestação de serviços descrito no artigo 1154.º do Código Civil.*

---

[256] CAIO SILVA PEREIRA, *Shopping-Centers. Organização económica e disciplina jurídica* cit., p. 8.

[257] ALVARO VILLAÇA AZEVEDO, *Atipicidade mista* cit., p. p. 29.

[258] IVES SILVA MARTINS, *Locações comerciais dos shopping center* cit., p. 81.

Capítulo segundo – Caracterização económico-social dos centros comerciais 95

E, apesar disso, trata-se inquestionavelmente de uma das atribuições patrimoniais mais valiosas realizadas pelo organizador à generalidade dos lojistas [259].

Igual raciocínio – novas atribuições patrimoniais de extremo valor para o lojista – desenvolve este mesmo autor a propósito de vantagens como as zonas de lazer e diversão, ou os parques de estacionamento [260].

Podemos, pois, concluir que as relações comerciais que se estabelecem no seio de um centro comercial são de profunda dependência ou reciprocidade.

O centro comercial – tal como o temos vindo a caracterizar – não pode ser concebido sem que no seu seio sejam assimiladas parcelas diferentes dos vários ramos de actividade económica ou comercial; ele vive da diversidade interna. Tanto mais atractivo se tornará quanto consiga granjear não apenas lojistas com posição de mercado já firmada mas, igualmente, lojistas que dêem garantias de um desempenho qualitativo, todos eles, no conjunto, tão abrangentes quanto possível dos vários sectores de actividade comercial de retalho. Não existe centro comercial sem os lojistas: cada um deles torna-se peça de uma engrenagem [261].

Não será menos verdade que a ideia de centro comercial implica a existência de um projecto equilibrado que introduza uma tónica de harmonia entre lojistas que, note-se, são e querem-se diversos (sob pena de destruição da complementaridade). Essa harmonização é essencial, para que o centro comercial surja com alguma individualidade: uma certa ideia de originalidade que o torne relativamente irrepetível. De resto, a tal harmonização e individualidade, é essencial, não apenas o plano de selecção e distribuição das lojas, mas a dotação de um certo nível de equipamentos e serviços comuns que permitam o reconhecimento do centro comercial como zona comercial privilegiada e, para além disso, como zona de diversão e quiçá de cultura.

Isto mesmo permite que o centro comercial surja como entidade una, como unidade de exploração mercantil: as mais-valias que cada lojista retira da inserção no centro comercial, e que foram postas em

---

[259] *Centros Comerciais: natureza jurídica dos contratos de instalação dos lojistas* cit., p. 53.

[260] *Centros Comerciais: natureza jurídica dos contratos de instalação dos lojistas* cit., p. 54.

[261] Numa expressão de ALVARO VILLAÇA AZEVEDO, *Atipicidade mista* cit., p. 35.

relevo, apenas existem caso o centro comercial surja como entidade de conjunto [262].

É evidente e inelutável a perda de autonomia de cada um dos elementos integrantes do centro comercial [263]: a harmonização que permite a criação de uma entidade de conjunto que a todos abranja, implica alguma perda de identidade de quem se deixa harmonizar. Quem adere ao centro comercial tem de adoptar os elementos de identificação comum – pensemos no sinal distintivo comum, nas fórmulas de apresentação das montras, etc..

A harmonia e individualidade do centro implica uma permanente actuação e actualização, fazendo-se sentir de forma dinâmica, enquanto o centro subsistir. A perda relativa de individualidade de cada loja tem como significado a transferência de uma parcela da gestão de cada pequena unidade, para a gestão do conjunto: é esta última que garante a unidade do centro. O promotor, tal como se salientou, surge, por excelência, como a entidade responsável pela gestão do conjunto.

Temos a evidência das dependências recíprocas: a actividade de conjunto do promotor do centro, estando este em pleno funcionamento, não é concebível sem o conjunto dos lojistas; cada lojista não pode prescindir da actividade de conjunto, em toda a sua riqueza e significado, se pretende prevalecer-se de todas as vantagens que o centro lhe pode oferecer; o mau desempenho de qualquer deles prejudica todos os outros. De novo podemos fazer aqui apelo à ideia de sistema para compreender a forma de funcionamento do centro.

Esta essência do centro comercial, de unidade na diversidade, põe em relevo, precisamente, aquela que é a tradução jurídica do seu grande ponto de tensão: o contrato por via do qual o lojista adere ao centro comercial. Será tal contrato – com todos os instrumentos que o integram – que servirá de ponto de equilíbrio entre as exigências de individualização de cada loja (o que na lógica do centro comercial é desejável) e as exigências de individualização do centro comercial (*idem*). Este contrato, em toda a sua riqueza e significado, exprime o sentido de confluência de interesses e valores que o centro comercial concentra e move.

Daqui decorre que o acto de adesão do lojista ao centro comercial é um acto de integração: ele adere, para fazer parte, a uma realidade de

---

[262] Como *organização unitária* na expressão de ANTUNES VARELA, *Centros Comerciais: natureza jurídica dos contratos de instalação dos lojistas* cit., p. 51.

[263] Salienta-o OLIVEIRA ASCENSÃO, *Integração Empresarial* cit., pp. 54-55.

Capítulo segundo – Caracterização económico-social dos centros comerciais 97

conjunto. Este acto, muito mais do que exprimir a integração num projecto imobiliário, tem o profundo significado de integração num projecto de exploração mercantil – há que qualificar juridicamente este projecto que, para já, designamos como de exploração mercantil.

Podemos, neste ponto, retomar o confronto preliminar que atrás fizemos entre centros comerciais, grandes armazéns e galerias comerciais.

Os centros comerciais distinguem-se destes últimos pela unidade exploracional que implicam: nas galerias comerciais existe apenas uma integração de índole imobiliária com os inerentes serviços associados, que visam unicamente permitir a utilização do imóvel por diferentes entidades. Aqui, as lojas mantêm a sua plena autonomia exploracional, já que em nada perdem a sua individualidade. Naturalmente que a tais lojas não estão reservados os benefícios que até agora descrevemos e que supõe a existência de uma entidade de conjunto. Em suma: falha a unidade.

Nos grandes armazéns sucede exactamente o inverso: falha aqui a pluralidade que faz a riqueza dos centros comerciais. Nos grandes armazéns existe uma entidade apenas que não é sequer de conjunto dado que nada reúne susceptível de identificação com autonomia (ainda que relativa). Existem departamentos especializados que são ramos de uma única loja na qual se vende mais do que um produto. Aqui não faz sentido sequer falar em integração. Em suma: falha a pluralidade.

SECÇÃO III

DEFINIÇÃO DE CENTRO COMERCIAL

24. ALGUMAS NOÇÕES DE CENTRO COMERCIAL

Vejamos de forma mais concretizada o modo como têm sido ensaiadas algumas definições do que seja um centro comercial.

Vimos atrás a definição que a lei francesa dos *magasins collectifs de commerçants indépendants* de algum modo pressupõe: conjunto de pessoas reunidas sob uma mesma designação para explorarem, segundo regras comuns, os seus estabelecimentos [264].

---

[264] Veja-se atrás ponto 23.

98   *A empresa nos centros comerciais e a pluralidade de estabelecimentos*

Esta definição se, naturalmente, realça a origem associativa (a união de pessoas) deste, por isso mesmo, peculiar centro comercial que é o *magasin collectif de commerçants indépendants,* a verdade é que não deixa de conter elementos susceptíveis de generalização. Relembremos que a *versão associativa* dos centros comerciais que é revelada por esta subespécie francesa, não esconde a sua comunhão com aquilo que caracteriza a espécie em que se insere: daí a dificuldade de os distinguir dos apelidados, restritamente, *centres commerciaux.* Tal como vimos, precisamente porque partilham da mesma natureza apenas podem ser distinguidos pelo maior ou menor grau em que o fazem e, ainda assim, de forma meramente tendencial: o nível de maior ou menor integração [265].

Nesta definição são de anotar precisamente aqueles que o legislador francês considerou como pontos essenciais de integração dos aderentes, para que possamos falar em centro comercial (na versão do *magasin collectif de commerçant indépendant*): o sinal distintivo comum e a adopção de regras de exploração comum.

Entre nós existia uma definição legal de centro comercial, constante da Portaria n.º 424/85 de 5 de Julho, nos seguintes termos:

Entende-se por centro comercial o empreendimento comercial que reúna cumulativamente os seguintes requisitos:

1) *Possua uma área bruta mínima de 500 m2 e um número mínimo de 12 lojas, de venda a retalho e de prestação de serviços, devendo estas, na sua maior parte, prosseguir actividades diversificadas e especializadas;*

2) *Todas as lojas deverão ser instaladas com continuidade num único edifício ou em edifícios ou pisos contíguos e interligados, de molde a que todas usufruam de zonas comuns privativas do centro pelas quais prioritariamente o público tenha acesso às lojas implantadas;*

3) *O conjunto do empreendimento terá de possuir unidade de gestão, entendendo-se por esta a implementação, direcção e coordenação dos serviços comuns, bem como a fiscalização do cumprimento de toda a regulamentação interna;*

4) *O período de funcionamento (abertura e encerramento) das diversas lojas deverá ser comum, com excepção das que pela especificidade da sua actividade se afastem do funcionamento usual das outras actividades instaladas.*

Esta definição, nos termos da própria Portaria, tinha um carácter limitado e transitório: teve-se em vista, unicamente, a regulamentação

Capítulo segundo – Caracterização económico-social dos centros comerciais 99

dos horários de funcionamento dos estabelecimentos [266]. Não obstante, foi-lhe apontado algum mérito [267], colocando-se, sobretudo, em relevo a referência à unidade de gestão do conjunto [268].

A citada definição legal de centro comercial teve, com efeito, o mérito de pôr em realce algumas das características que temos vindo a considerar como típicas e, mais do que isso, essenciais aos centros comerciais.

A referência ao mínimo de área e de lojas é um aspecto acessório de algo que é fundamental, como o temos vindo a referir, e que a definição legal não esconde: a necessidade de diversificação e especialização das actividades efectivamente desenvolvidas no centro comercial exige estes, ou outros [269] mínimos. Este é um dos elementos da imagem comercial dos centros comerciais.

---

[265] Ibidem.

[266] Tal Portaria teve o seu termo de vigência com a revogação do Decreto-Lei n.º 417/83 de 25 de Novembro operada pelo Decreto-Lei n.º 48/96 de 15 de Maio. A nova legislação em vigor ignorou aquelas que eram as características dos centros comerciais tal como constavam da citada Portaria, não fornecendo, agora, qualquer critério que permita a sua identificação. Com efeito, nos termos dos dispositivos legais agora em vigor, a expressão *centro comercial* designa quaisquer *conjuntos de estabelecimentos de comércio a retalho*, independentemente de qualquer outro requisito. Apenas sucede que, tendo tais centros comerciais uma área de venda superior a determinada dimensão, passarão a ser considerados como uma modalidade de *grande superfície comercial* – cfr. artigo 2.º n.º 1 alínea a) do Decreto-Lei n.º 258/92 de 20 de Novembro, com a redacção que lhe foi dada pelo Decreto-Lei n.º 83/95 de 26 de Abril, artigo 1.º números 1, 6 e 7 do Decreto-Lei n.º 48/96 de 15 de Maio e Portaria n.º 153/96 da mesma data.

[267] JOSÉ ANTÓNIO ROUSSEAU manifestou-se no sentido da sua razoabilidade e equilíbrio – *Intervenção no Seminário* cit..

[268] Cfr. GALVÃO TELLES, *Contrato de utilização de espaços nos centros comerciais* cit., p. 523; ANTUNES VARELA, *Os Centros Comerciais* cit., pp. 52-53; MARGARIDA PEREIRA, JOSÉ AFONSO TEIXEIRA e LOUIS MARROU, *Os Centros Comerciais de Lisboa* cit., p. 13. ANTUNES VARELA chama, não obstante, a atenção para a incompletude da definição, quando, ao esclarecer o que se deve entender por unidade de gestão, esquece aspectos tão importantes como o da competência para a elaboração do regulamento interno da actividade do centro, como o da fixação dos termos em que pode ser modificado o ramo de negócio exercido em cada loja ou, ainda, como o das condições de admissibilidade de transmissão da titularidade dos estabelecimentos comerciais instalados nas diversas lojas – *Os Centros Comerciais* cit., pp. 52-54.

[269] Por exemplo MARGARIDA PEREIRA, JOSÉ AFONSO TEIXEIRA e LOUIS MARROU, *Os Centros Comerciais de Lisboa* cit., p. 13, consideram deverem ser revistos os critérios de dimensão e número de lojas previstos na Portaria 424/85, dado que conjuntos comerciais que se situem pouco acima desses mínimos dificilmente conseguem apresentar as características e a dinâmica de um verdadeiro centro comercial.

100 *A empresa nos centros comerciais e a pluralidade de estabelecimentos*

A necessidade de uniformidade imobiliária, salientada pela referência às características dos edifícios (a ideia de integração imobiliária que atrás deixámos), e a necessidade de unidade de gestão, vêm, precisamente, salientar o aspecto unitário, de uniformização, que permite a criação de uma imagem comum – a integração exploracional ou, se se quiser, comercial. A referência a alguns dos aspectos da necessária gestão comum põe em relevo a perda relativa de autonomia de gestão de cada unidade. Da mesma forma, a referência à uniformização do período de funcionamento é apenas mais um dos exemplos (mais importantes) que traduz tal perda de autonomia.

Num ante-projecto de diploma que visa estabelecer o regime jurídico aplicável ao contrato por via do qual o lojista adere ao centro comercial, feito com base num estudo para o efeito efectuado por ANTUNES VARELA, consta como noção de centro comercial:

(...) conjunto de estabelecimentos comerciais e de instalações complementares que, integrados num plano de organização concertada e com unidade de gestão, disponham de elementos comuns para a sua exploração e obedeçam a regras comuns de funcionamento.

Sendo ainda acrescentados como elementos integrantes da noção:

(...) necessita de possuir uma área bruta mínima de 500 m2 e de ter um número mínimo de 12 lojas de venda a retalho ou de prestação de serviços.

Os estabelecimentos comerciais incorporados no centro podem ter a suas instalações no mesmo edifício, ou em edifícios distintos, mas devidamente interligados entre si.

De comum com a noção anteriormente citada – constante da Portaria n.º 424/85 – note-se a referência à integração imobiliária e à unidade de gestão, com igual estipulação dos limites mínimos de área bruta e número de lojas.

Mais do que salientar em que consiste a unidade de gestão – como o faz a Portaria – aponta-se para aquilo que a justifica: a unidade exploracional é o que permite, precisamente, a criação de uma organização concertada, una.

Neste ante-projecto, avança-se com um elemento qualificativo muito importante: as lojas são designadas como estabelecimentos. Para além de muitos outros significados devemos aqui reter um: a qualificação de

Capítulo segundo – Caracterização económico-social dos centros comerciais   101

cada loja como um autónomo estabelecimento comercial implica diversidade comercial.

Distinguem-se, ainda, os estabelecimentos comerciais das restantes instalações, dessa forma se estabelecendo a vocação essencialmente comercial do conjunto, ao mesmo tempo que se salienta o facto de as restantes instalações, que, por si só, não possam ser qualificadas como estabelecimentos comerciais, terem um fim acessório relativamente àquele que caracteriza estes.

O *International Council of Shopping Centers* [270], na definição que avança de centro comercial, salienta como elementos identificadores [271]: o conjunto de estabelecimentos comerciais; a unificação arquitectónica; a administração comum como unidade operacional; a dimensão e número de lojas adequados ou relacionados com a área de influência comercial que se tem em vista e, ainda, estacionamento compatível com todas as lojas existentes.

Nova saliência de pontos já tocados, de algum modo, pelas definições anteriores: a integração e harmonia imobiliária; a unidade operacional que implica a gestão comum; a diversidade comercial assegurada pelos diferentes estabelecimentos.

Novidade temo-la na referência àquilo que é um bem de equipamento comum, entre outros, e que é constituído pelo estacionamento de veículos.

Uma outra noção de centro comercial é aquela que consta dos estatutos da *Associação Brasileira de Shopping Centers* [272]:

> (...) *define-se shopping center como um centro comercial planejado, sob administração única e centralizada, e que:*
>
> I – *seja composto de lojas destinadas à exploração de ramos diversificados ou especializados de comércio e prestação de serviços, e que permaneçam, em sua maior parte, objeto de locação;*

---

[270] Entidade que unifica as associações nacionais que, por sua vez, congregam os proprietários, promotores e gestores de centros comerciais – em Portugal, a *Associação Portuguesa de Centros Comerciais*.

[271] Cfr. DINAH RENAULT PINTO, *Shopping Center* cit., p. 1 e MARGARIDA PEREIRA, JOSÉ AFONSO TEIXEIRA e LOUIS MARROU, *Os Centros Comerciais em Lisboa* cit., p. 13.

[272] Homóloga brasileira da *Associação Portuguesa de Centros Comerciais*.

II – *estejam os locatários sujeitos às normas contratuais padronizadas, visando à manutenção do equilíbrio de oferta e da funcionalidade, para assegurar, como objetivo básico, a convivência integrada;*
III – *varie o preço da locação, ao menos em parte, de acordo com o faturamento dos locatários;*
IV – *ofereça aos seus usuários estacionamento permanente e tecnicamente bastante.*

Esta noção, não ignorando a referência à unidade organizacional – embora o faça algo mitigadamente, pois põe em relevo, apenas, a convivência integrada – e à diversidade comercial, tem como aspecto saliente a introdução de novos elementos – por comparação com o que até agora considerámos – o que, obviamente, a torna mais exigente.

Assim, exige-se que a maior parte das lojas permaneçam locadas. O significado desta exigência não é o de qualificar o contrato que se celebra entre o lojista e o promotor do centro. Diversamente, pretende-se tomar posição quanto às possíveis modalidades de estruturação jurídica global do centro, sendo certo que a definição destas se coloca antes da qualificação daqueles contratos – face a certas modalidades de estruturação jurídica, como veremos, não faz sentido colocar a questão, já clássica, da qualificação de tais contratos. Precisando um pouco melhor: afastam-se as modalidades de estruturação dos centros comerciais que impliquem uma alienação a título definitivo da maioria das unidades autónomas (locação tem, aqui, o significado de mera cessão do uso), por se considerar que tal contraria a lógica do centro comercial.

Note-se, igualmente, a exigência de alguma variabilidade no valor pago por quem se vê investido na titularidade do direito que lhe permite a instalação nas unidades autónomas, em conformidade com o desempenho que o mesmo aí venha a ter: de novo se vê, aqui, uma opção pela estrutura jurídica do centro comercial, de resto, dependente da anterior opção, sendo certo que agora se pretende reforçar o carácter parciário, por via do reforço de uma lógica de participação nos lucros por parte dos vários agentes económicos que operam no centro comercial.

Finalmente anote-se, ainda, novo toque na tecla da exigência do parque de estacionamento. Esta exigência tem, ou pode ter, o importante significado de constituir uma tomada de posição quanto às dimensões mínimas do centro comercial.

Citamos ainda, para terminar, não tanto a definição, mas mais a descrição do que deva considerar-se centro comercial, constante de um

Capítulo segundo – Caracterização económico-social dos centros comerciais 103

ante-projecto de lei apresentado no Brasil [273], em vista da regulamentação jurídica dos centros comerciais, da autoria de DARCY BESSONE [274]:

> *São os seguintes elementos que se devem reunir, para a configuração do Shopping Center:*
>
> *a) ser instalado fisicamente em terreno de mais de 5 mil m2, no qual se assente um edifício, ou um grupo de edifícios conexos, com cinco ou mais lojas;*
> *b) constituir um complexo empresarial integrado, de um lado, pela empresa empreendedora e, do outro, pelas empresas lojistas;*
> *c) consistir em um todo planejado, organizado, unitário e incindível;*
> *d) ser coordenado e administrado pela empresa empreendedora;*
> *e) serem as empresas lojistas dotadas de autonomia, para a venda de suas mercadorias ou a prestação de serviços, sempre consoante o caráter unitário e incindível do complexo;*
> *f) orientar-se para o dinamismo e a eficiência da atividade exercida no Shopping Center;*
> *g) ter por objetivos, no plano externo, a atração da freguesia e, no plano interno, a economia de escala e a lucratividade.*

Estamos perante uma definição que, como nenhuma das anteriores, põe em relevo o aspecto integrativo dos centros comerciais (de tal forma que nem se faz referência a algo a que a definição da *Associação Brasileira de Centros Comerciais* dá bastante relevo: a diversificação ou especialização dos ramos de comércio). Com efeito, exige-se a constituição de um *complexo empresarial integrado*, expressão que contém um nível de exigência muito acima da mera convivência integrada e com um conteúdo bastante mais significativo do que o de *organização* ou *unidade*.

Nesse mesmo sentido aponta a referência ao dinamismo e eficiência da actividade a desenvolver no centro comercial e a permanente presença dos objectivos da unidade e incindibilidade, o que implica um planeamento e uma administração comum – eis alguns dos motivos que justificam a expressão *complexo empresarial integrado*.

---

[273] Neste país não existe um diploma legal que vise, expressamente, estabelecer o regime jurídico aplicável aos centros comerciais ou, mais rigorosamente, a algum ou alguns dos seus vários aspectos dignos de consideração jurídica – o que não significa que não existam já, como veremos à frente, normas específicas dos centros comerciais, muito embora, não organizadas em diploma próprio.

[274] Para o efeito incumbido pelo Ministro da Justiça do Brasil.

O único elemento que parece contrabalançar tal tónica geral de integração, mas é, refira-se, um elemento ponderoso, é o da necessária autonomia das lojas: a diversidade é projectada apenas para este plano de relevância.

Note-se, ainda, a tendência para situar os centros comerciais em torno dos grandes projectos imobiliários de raiz: mais do que uma referência às características do imóvel, transporta-se o nível de relevância para a fase da instalação do mesmo.

Finalmente, há um elemento nesta definição, ou nesta descrição das características de que deve revestir-se um centro comercial, para ser como tal considerado, que é para nós de extrema importância atendendo ao fim que aqui nos propomos: faz-se uma clara distinção de análise caracterizadora entre o plano externo e o plano interno dos centros comerciais [275].

25. SÍNTESE ORIENTADORA

Numa apreciação global, pensamos poder estabelecer uma clara correspondência entre os elementos que ressaltam destas definições e descrições e, aquela que tem sido a caracterização tendencial dos centros comerciais, tal como tem vindo a ser feita nas páginas precedentes.

A componente diversidade; muito embora nem para todos tal diversidade implique, necessariamente, a presença complementar de vários ramos de comércio.

A integração com vertente imobiliária e vertente comercial, implicando, esta última, uma imagem unitária do centro comercial.

---

[275] Várias outras definições são-nos dadas por BERND R. FAlk, autor que privilegia, como forma de identificação dos centros comerciais o seu confronto com outras formas de concentração de empresas – *Einkaufszentren* cit. p. 30. Vejamos duas das noções de centro comercial que cita.

Centro de compras planeado com um maior número de lojas de retalho e de empresas de prestação de serviços, coordenadas umas com as outras, sendo procurada uma abrangência, tanto quanto possível, não lacunar, das necessidades de consumo normal, com parqueamento de veículos suficiente – *Einkaufszentren* cit. p. 32.

Conjunto de empresas de diferentes sectores e ordens de grandeza, planeadas como um todo e harmonizadas como um todo na sua estratégia de mercado, funcionando de acordo com o princípio empresarial de rendimento / lucro de tal forma que tanto para o empresário global, como, também, para o empresário individual são prosseguidos lucros optimizados – *Einkaufszentren* cit. p. 33.

Capítulo segundo – Caracterização económico-social dos centros comerciais 105

Ambas as anteriores componentes, para serem compatíveis, implicam: uma gestão unitária com a inerente perda, em alguma medida, mas não na totalidade, de autonomia na gestão individual das várias unidades; uma dimensão mínima e um número mínimo de lojas, sendo certo que estas variáveis tendem a variar muito no espaço [276].

Todas essas componentes e implicações, por sua vez, exigem um regime jurídico apurado, no sentido de que, compreendendo-as em toda a sua significatividade e originalidade, mais do que compatível com elas, ele permita a sua tutela e dê garantias da sua existência e manutenção (a menos que se entenda que tal choca ou colide com os valores essenciais que o Direito prossegue).

Poderíamos, nesta fase, ensaiar a nossa definição (mesmo que, essencialmente, descritiva) de centro comercial; não obstante, não o fazemos.

Desde logo, porque tal não é o nosso objectivo imediato – se bem que, do que dissermos, algum contributo, ainda que mediato, resultará.

Depois porque, ainda que o fosse, nunca o faríamos, sem previamente tirar conclusões, sobre aquele que é, esse sim, o nosso objectivo imediato: descortinar as noções de empresa e estabelecimento no centro comercial.

Acresce que, tal como o demonstram algumas das noções que vimos, a noção de centro comercial não deverá ser assumida sem, pelo menos, ponderar a admissibilidade de algumas das suas possíveis formas de estruturação jurídica.

Finalmente, porque temos consciência de que a noção de centro comercial tal como usada actualmente na prática é juridicamente inoperativa: engloba realidades que, porque distintas, devem, na nossa perspectiva, merecer tratamento jurídico distinto.

Este último motivo revela exactamente a nossa perspectiva sobre o interesse que possamos ter em torno da noção de centro comercial: apurar aquilo que juridicamente deve merecer tal qualificativo, dado que juridicamente merece ponderação unitária diferenciada. O ponto de vista unitário que, na nossa opinião, vai permitir esta distinção é constituído pelas noções de empresa e estabelecimento tal como as recortámos atrás.

Avancemos então nesse sentido.

---

[276] A exigência que se faz sentir nos países da América é, certamente, de grau superior àquela a que se tende nos países da Europa, onde a noção de aproveitamento de espaço tem outros níveis de compatibilização.

CAPÍTULO TERCEIRO

O CENTRO COMERCIAL, A EMPRESA
E OS ESTABELECIMENTOS

SECÇÃO I
ALGUMAS POSIÇÕES DOUTRINAIS

26. ESTABELECIMENTO ÚNICO

Partamos de uma referência aos *magasin collectif de commerçants indépendants* [277], ainda que a problemática que de seguida referiremos, tal como se tem desenvolvido em França, seja configurada da mesma forma para todos os centros comerciais [278].

Nos *magasins collectifs de commerçants indépendants*, como em qualquer outro centro comercial, existe uma entidade de conjunto – o promotor, na expressão que temos vindo a empregar – e a pluralidade de comerciantes ou lojistas. Estes são titulares de um direito que lhes permite ocupar um certo espaço dentro do conjunto comercial. A configuração jurídica desse direito varia em conformidade com a estrutura jurídica que for escolhida para suporte da entidade de conjunto, sendo certo que esta última, em qualquer caso, é dotada de personalidade jurídica [279]: tal direito decorre da titularidade das acções ou participações nesta pessoa colectiva.

---

[277] Sobre o que sejam os *magasins collectifs de commerçants indépendants* veja-se *supra* ponto 23.

[278] Sobre a distinção entre os *magasins collectifs de commerçants indépendants* e os *centres commerciaux* e a forma como ambos podem ser encarados subespécies do género *centro comercial* veja-se em particular *supra* ponto 23.

108 *A empresa nos centros comerciais e a pluralidade de estabelecimentos*

O direito – real ou de crédito – que permite ao *magasin collectif de commerçants indépendants* instalar-se no imóvel é da titularidade da entidade de conjunto. Surgiu em França o problema de saber se este direito, tendo origem num contrato de arrendamento, pode ser colocado ao abrigo do chamado estatuto dos *baux commerciaux* [280]. Para que assim aconteça, deverá descortinar-se a existência na titularidade da entidade de conjunto de um estabelecimento comercial que seja explorado no local arrendado. Há, assim, que enfrentar o problema de saber quem é o titular do ou dos estabelecimentos localizados no âmbito dos *magasins collectifs de commerçants indépendants*, sendo certo que, se se concluir que tais estabelecimentos são da titularidade dos comerciantes terá de negar-se a possibilidade da entidade de conjunto se prevalecer junto do locador do estatuto dos *baux commerciaux*, dado que nenhum vínculo jurídico liga tais comerciantes ao locador.

A Lei n.º 72-651 parece deixar implícito, em vários passos, o entendimento de que os comerciantes são, efectivamente, os titulares dos estabelecimentos instalados em cada loja [281]. Durante algum tempo foi um

---

[279] A entidade de conjunto pode assumir uma de três formas, tal como o estipula a Lei n.º 72-651 de 11 de Julho de 1972 (lei dos *magasins collectifs de commerçants indépendants*): grupo de interesse económico, sociedade anónima ou sociedade cooperativa.

[280] Por *baux commerciaux* designam-se em França os contratos de arrendamento para fim comercial (ou industrial) que ficam ao abrigo do regime constante do Decreto n.º 53-960 de Setembro de 1953. Este diploma teve por objectivo a protecção dos titulares dos estabelecimentos comerciais (*fonds de commerce*) face aos proprietários dos imóveis: tal protecção, que se projecta, nomeadamente, no direito à renovação do contrato, inscreve-se numa lógica de compromisso entre os interesses do proprietário do imóvel, que com a renovação do contrato apenas se vê privado do uso da coisa, mantendo incólumes as restantes prerrogativas do direito de propriedade, e os interesses do comerciante que é titular de um estabelecimento comercial que, na eventualidade de não renovação do contrato de arrendamento, pode desagregar-se, sendo certo que, dessa forma, se extingue um instrumento que, sendo fonte de criação de riqueza, é indispensável à actividade comercial – cfr. v.g. JEAN DERRUPPÉ, *Les baux commerciaux* cit., pp. 2 e s. e FRANÇOISE AUQUE, *Les baux commerciaux* cit., pp. 4 e s.. Nos termos deste diploma e em obediência à sua *ratio,* que acabamos de descrever, para que beneficie do estatuto dos *baux commerciaux* deve o comerciante arrendatário, entre outros requisitos, ser titular do *fonds de commerce* explorado no local arrendado.

[281] Relembramos o artigo 1.º § 1 que reproduzimos supra ponto 23. Mas, neste sentido, pontuam vários outros preceitos legais. Assim, e sem a preocupação de enumerá--los exaustivamente, é o caso do artigo 5.º:

Capítulo terceiro – O centro comercial, a empresa e os estabelecimentos   109

dado relativamente indiscutível a circunstância de os estabelecimentos comerciais serem da titularidade dos comerciantes que se instalavam nos *magasins collectifs de commerçants indépendants* [282], não sendo a entidade de conjunto titular de qualquer estabelecimento comercial – neste sentido apontava a própria origem histórica dos *magasins collectifs de commerçants indépendants* que atrás deixámos descrita [283], isto é, o seu papel é, fundamentalmente, o de acessorar ou servir de suporte à actividade desenvolvida pelos comerciantes que se agrupam, motivo pelo qual não pode a actividade desenvolvida pela entidade de conjunto deixar de poder ser classificada como meramente complementar [284].

> *Lorsqu'un fonds de commerce ou une entreprise immatriculée au répertoire des métiers sont transférés ou créés dans le magasin collectif, il n'en est pas fait apport au groupement ou à la societé en représentation des parts attribuées à leur propriétaire. Les parts du groupement ou de la societé ne représentent pas la valeur du fonds ou de l'entreprise. Sont également prohibés tous apports autres qu'en espèces.*

É, ainda, o caso do artigo 6.º:

> *En cas de location-gérance du fonds de commerce ou de l'entreprise immatriculée au répertoire des métiers, le bailleur est seul membre du groupement ou de la societé.*

Do artigo 13.º § 1:

> *Le contrat constitutif ou les status, selon le cas, peuvent subordonner la mise en location-gérance d'un fonds de commerce ou d'une entreprise artisanale du magasin collectif à l'agrément du locataire-gérant par l'assemblée.*

Ou, ainda, do artigo 14.º § 1:

> *L'organe d'administration du magasin collectif peut adresser un avertissement à tout membre qui, par sont fait ou celui des personnes à qui il a confié l'exploitation de son fonds ou de son entreprise, commet une infraction au réglement intérieur.*

[282] Assim, entre muitos outros, LOUIS VOGUEL, *Fonds de Commerce* cit., 1973, p. 19 e *Location-Gérance des Fonds de Commerce* cit., 1973, p. 7; RENÉ RODIÈRE e BRUNO OPPETIT, *Droit Commercial* cit., p. 366; ALFRED JAUFFRET, *Exploitation d'un fonds de commerce dans un magasin collectif* cit., p. 66; JEAN GUYÉNOT, *Cours de Droit Commercial* cit., p. 341; JEAN PAILLUSSEAU e PAUL LE FLOCH, *Magasins Collectifs de Commerçants Indépendants* cit., p. 4 e YVES GUYON, *Les groupements d'intérêt économique* cit., p. 92.

[283] *Supra* ponto 23.

[284] Para isto contribuiu, ainda, a circunstância da esmagadora maioria dos *magasins collectifs de commerçants indépendants* optar por estruturar a entidade de conjunto como *Groupement d'Intérêt Économique* e não como sociedade – sobre o

Esta convicção era reforçada por aquilo que era tido como uma das razões subjacentes ao específico regime jurídico criado com a Lei 72--651: pretendia-se que a ligação jurídica do comerciante ao *magasin collectif de commerçants indépendants* operasse por via da titularidade da participação na pessoa colectiva que estrutura a entidade de conjunto, dessa forma se evitando que o próprio comerciante, sendo, como é, titular do estabelecimento explorado no centro, se prevalecesse, individualmente, do estatuto dos *baux commerciaux* [285] contra a entidade de conjunto. Com efeito, pela existência do regime constante da Lei 72-651 o regime dos *baux commerciaux* é afastado [286]. Este efeito é tido por desejável, dado que assim se consegue mais facilmente a evicção do comerciante que infringiu as regras de funcionamento do centro, o que põe em causa, não apenas o centro, mas os outros comerciantes [287].

Nesta concepção, o direito que o comerciante tem sobre a participação na pessoa colectiva que dá corpo jurídico à entidade de conjunto é parte do seu estabelecimento: em caso de transmissão deste, aquele acompanha-o [288].

Os perigos desta concepção não tardaram a fazer-se sentir: não podendo a entidade de conjunto prevalecer-se da protecção dos *baux commerciaux* na eventualidade do imóvel ocupado pelo m*agasin collectif de commerçants indépendants* ser objecto de contrato de locação, não poderia invocar-se o benefício da renovação deste contrato, com o efeito, perverso, de se terem por desmantelados os estabelecimentos localizados dentro do centro.

Alertada por esta situação, a doutrina começou a pôr em causa a atribuição da titularidade dos estabelecimentos localizados dentro do

---

Groupement d'Intérêt Économique tal como surgiu em França, o regime que aí lhe é votado e a comparação com os nossos *Agrupamentos Complementares de Empresas* (regidos pelo Decreto-Lei n.º 430/73 de 25 de Agosto) veja-se, em especial, PINTO RIBEIRO e PINTO DUARTE, *Dos Agrupamentos Complementares de Empresas* cit., pp. 47 e s.

[285] JEAN PAILLUSSEAU e PAUL LE FLOCH, *Magasins Collectifs de Commerçants Indépendants* cit., p. 2.

[286] YVES GUYON, *Droit des Affaires* cit., pp. 680-681.

[287] Cfr. JEAN-CHRISTIAN SERNA, *Sociétés coopératives de commerçants détaillants et magasins collectifs de commerçants indépendants* cit., p. 447. Note-se a preocupação e a consciência de que a lógica de integração comercial que reveste os *magasins collectifs de commerçants indépendants* impõe um especial regime – totalmente diferente daquele que resulta da possibilidade que, no quadro de um mero arrendamento comercial, é dada ao locador de pôr termo ao contrato de arrendamento.

[288] Cfr. JEAN PAILLUSSEAU e PAUL LE FLOCH, *Centres commerciaux* cit., pp. 13-14.

Capítulo terceiro – O centro comercial, a empresa e os estabelecimentos   111

magasin collectif de commerçants indépendants aos respectivos comerciantes.

Atendendo àquela que é a concepção dominante em França em torno do critério e estrutura do estabelecimento [289], que passa, fundamentalmente, pela determinação dos fluxos de clientela, não foi difícil, antes era decorrência natural, começar a pôr em causa tal entendimento. Efectivamente, relembrando aqui o que atrás dissemos, com a evolução da vida comercial, foi-se, gradualmente, concluindo que os lojistas não têm clientela própria, devendo esta ser imputada ao centro comercial: as consequências que isso pode ter sobre a titularidade dos estabelecimentos são, verdadeiramente, devastadoras.

Esta movimentação doutrinal tornou-se algo irresistível, na medida em que apenas traduzia mais uma manifestação da mesma realidade que a jurisprudência vinha reconhecendo e aceitando a propósito de situações muito semelhantes às vividas no seio dos *magasins collectifs de commerçants indépendants*.

É, desde logo, o caso dos *centres commerciaux*, relativamente aos quais, sem embargo de se reconhecer que, tendencialmente, são regulados pelo regime jurídico dos *magasins collectifs de commerçants indépendants* [290] – precisamente porque a aplicação desse regime é meramente analógica – não se impediu a *fuga* para o regime dos *baux commerciaux* (nalguns dos casos em que se considerou existir um vínculo arrendatício entre o lojista e o promotor), para o efeito que agora importa: face a um comerciante instalado num *centre commercial* que se pretende prevalecer do regime da renovação do contrato invocando o estatuto dos *baux commerciaux,* há que saber se ele, efectivamente, se pode arrogar da prevalência de uma clientela própria ou autónoma (naquilo que é, evidentemente, uma questão de facto). A verdade é que muitas vezes tal foi expressamente negado pelos tribunais franceses e dado por justificado pela doutrina [291].

---

[289] Veja-se, mais em pormenor, *supra* ponto 13.

[290] Conforme vimos *supra*.

[291] Cfr. JEAN DERRUPPÉ, *Fonds de Commerce* cit., p. 3; YVES GUYON, *Droit des Affaires* cit., pp. 677-678; M. JUGLART E B. IPPOLITO, *Cours de Droit Commercial* cit., p. 502; JEAN PAILLUSSEAU e PAUL LE FLOCH, *Centres commerciaux* cit., pp. 11-13. Situação idêntica (pelo resultado de lhe ser negada aplicação do estatuto dos *baux commerciaux*), tal como salienta esta mesma doutrina, é a do comerciante duma superfície dita flutuante: o espaço que ocupa com o seu comércio é susceptível de variar no seio

112 A empresa nos centros comerciais e a pluralidade de estabelecimentos

Esta orientação faz-se sentir, de resto, em todos os casos de explorações comerciais instaladas em grandes conjuntos, dos quais manifestamente dependem: pequeno comércio localizado em grandes hotéis, em salas de espectáculos, em estações de caminhos de ferro, gares marítimas ou aeroportos ou, ainda, em grandes supermercados [292].

Outro campo que revela esta mesma tendência de ausência de clientela autónoma ou própria é o dos casos que vêm sendo apelidados de distribuição integrada, postos em relevo pela celebração de contratos como a *concessão comercial* ou a *franquia* [293].

Finalmente são, ainda, postos em relevo os casos de qualificação, objecto de específica consideração pela *Cour de Cassation*, dos contratos que incidem sobre a transferência temporária do uso de locais que, atendendo às suas características, têm destino económico específico. Analisando o caso particular das estações de serviço exploradas por comerciantes autónomos, mas que se socorrem de produtos petrolíferos de uma marca conhecida, e em que o imóvel em que a actividade é desenvolvida é propriedade da própria empresa petrolífera, a *Cour de Cassation*, por considerar que a clientela faz, fundamentalmente, confiança à marca, existindo, assim, pela certa, e não apenas virtual ou potencialmente (só se concretizando após a abertura da estação de serviço), veio negar, em tais casos, a aplicação do estatuto de protecção dos *baux commerciaux* [294]. Note-se que, neste caso, para além da relevância que se dê a uma clientela pré-existente e ligada ao local (ponto de contacto com os casos anteriores), há aqui uma outra problemática que, se bem que aparentada com aqueloutra, tem especificidades: a de saber como qualificar um contrato em que é cedido temporariamente um imóvel previamente equipado, independentemente de lhe estar, ou não, associada clientela.

Face a tudo isto, torna-se admissível a conclusão de que nos centros comerciais (aí incluindo os *magasins collectifs de commerçants indépen-*

---

do centro comercial, motivo pelo qual a jurisprudência se vem manifestando no sentido de que inexiste um direito sobre um local específico – numa apreciação crítica a tal jurisprudência, veja-se FRANÇOISE AUQUE, *Les baux commerciaux* cit. pp. 51-52.

[292] JEAN DERRUPPÉ, *Les baux commerciaux* cit., p. 16 e *Le Fonds de Commerce* cit., pp. 3 e 16-17; FRANÇOISE AUQUE, *Les baux commerciaux* cit., pp. 222-223 e Ives Guyon, *Droit des Affaires* cit., pp. 677-678.

[293] FRANÇOISE AUQUE, *Les baux commerciaux* cit., pp. 222-223; PAUL LE FLOCH, *Le Fonds de Commerce* cit., p. 218 e IVES GUYON, *Droit des Affaires* cit., p. 677.

[294] IVES GUYON, *Droit des Affaires* cit., p. 677 e JEAN DERRUPPÉ, *Le Fonds de Commerce* cit., pp. 16-17 e *Les baux commerciaux* cit., p. 16.

Capítulo terceiro – O centro comercial, a empresa e os estabelecimentos   113

dants e os *centres commerciaux*) existe apenas um estabelecimento comercial, sendo o seu titular a entidade de conjunto [295].

Neste sentido, refere-se até que a dificuldade colocada pelo regime constante da Lei 72-651, que atrás citámos, naquilo em que parece impor a conclusão de que os comerciantes são, efectivamente, os titulares dos estabelecimentos instalados em cada loja, é apenas aparente. Tal como se salientou pouco depois da própria Lei 72-651 ter entrado em vigor [296], fica agora patente que esse regime apenas teve por objectivo clarificar que nos *magasins collectifs de commerçants indépendants* não existe uma total integração, ao contrário do que sucede numa sociedade que os comerciantes constituam entre si e para a qual entram com os seus estabelecimentos comerciais que, dessa forma, passam a ser titularidade dessa sociedade. Esse objectivo não se confunde, evidentemente, com o de querer expressamente pronunciar-se sobre se os comerciantes são ou não os titulares dos estabelecimentos comerciais [297].

Não haveria, assim, qualquer dificuldade em admitir a possibilidade de a entidade de conjunto – normalmente um *groupement d'intérêt économique* – celebrar um *bail commercial* [298]. Não obstante, a verdade é que a doutrina não deixa de chamar a atenção para a circunstância de que a falta de uma inequívoca jurisprudência nesse sentido (ou, noutra expressão, o *actual estado do direito positivo*) não permite ainda tal afirmação de forma perfeitamente segura [299].

A ideia de um único estabelecimento comercial de conjunto, que vimos alinhavada pela doutrina francesa como resultado lógico da importância que dá à clientela na identificação do estabelecimento, teve influência na doutrina brasileira, tal como já a tivera a precedente verificação [300] de que em muitos centros comerciais os lojistas não têm clientela própria, devendo esta ser imputada ao centro comercial na sua globalidade [301].

---

[295] Paul Le Floch, *Le Fonds de Commerce* cit., p. 220.

[296] Assim: Jean Guyénot, *Cours de Droit Commercial* cit., p. 341.

[297] Neste exacto sentido se pronunciam Jean Paillusseau e Paul Le Floch, *Magasins Collectifs de Commerçants Indépendants* cit., p. 3.

[298] Afirmava-o já Yves Guyon, *Les groupements d'intérêt économique* cit., p. 94.

[299] Paul Le Floch, *Le Fonds de Commerce* cit., p. 220; Jean Paillusseau e Paul Le Floch, *Magasins Collectifs de Commerçants Indépendants* cit., p. 4 e *Centres commerciaux* cit., pp. 13-14.

[300] Recorde-se que, tal como o salienta a doutrina e jurisprudência francesas, trata-se de uma questão de facto.

[301] Já o havíamos referido *supra*.

114   *A empresa nos centros comerciais e a pluralidade de estabelecimentos*

Assim, há quem, aceitando, expressamente, que a essência do estabelecimento comercial reside na clientela e que esta deve, prevalentemente, ser atribuída ao conjunto, defenda a existência de apenas um estabelecimento comercial, argumentando, ainda, com a circunstância de que a clientela nada compra aos centros comerciais propriamente ditos, o que, aliado à unicidade de objectivos de todos os componentes – a rentabilidade do centro –, impõe a conclusão da inexistência de qualquer estabelecimento comercial na titularidade dos lojistas – não se nega que tenham um importante contributo na formação do estabelecimento comercial, mas este é uno [302].

Na mesma linha de raciocínio se inscreve quem, equiparando o centro comercial aos imóveis previamente equipados para o desenvolvimento de determinado ramo de negócio, considera que o promotor ao contratar com o lojista a inclusão deste no centro já o dotou, entretanto, ao erigi-lo, de um estabelecimento, estabelecimento este representado por todos os bens materiais e imateriais que irão auxiliar o lojista à obtenção de lucros. Não se ignora que o lojista individualmente também participa e contribui para o incremento do estabelecimento, seja por via daquilo que constitui, precisamente, o motivo da sua escolha ou admissão, seja por via do seu comportamento com o estabelecimento já em pleno funcionamento. Não obstante tal contributo, o estabelecimento permanece apenas um, apenas sucedendo que tem dupla titularidade: foi parcialmente formado pelo empreendedor e parcialmente formado pelo lojista. É exactamente esta titularidade conjunta que distingue e outorga peculiaridade ao estabelecimento comercial instalado no centro comercial, exigindo um tratamento jurídico especifico [303].

Subscritor desta qualificação do centro comercial, como constituindo um único estabelecimento comercial, é ALFREDO BUZAID, para quem assume especial e decisiva relevância a estrutura, o funcionamento e a organização do centro comercial como unidade orgânica. Para este autor,

---

[302] JOSÉ DA SILVA MAQUIEIRA, *Shopping centers* cit., pp. 150-152. Igualmente entusiasta da doutrina e jurisprudência francesas, não apenas pelo que respeita à qualificação dos centros comerciais como estabelecimento mas, também, pelo que respeita à noção deste último é ROBERTO RENAULT PINTO, autor que, depois de enunciar com algum detalhe várias posições possíveis sobre o tema que agora nos ocupa, acaba por não tomar posição unitária – *O fundo de comércio dos shopping centers* cit., pp. 223 e s..

[303] MODESTO CARVALHOSA, *Relações jurídicas em "shopping centers"* cit., pp. 171-173.

Capítulo terceiro – *O centro comercial, a empresa e os estabelecimentos*   115

o estabelecimento comercial subjacente ao centro comercial é, essencialmente, da autoria do promotor [304]:

> (...) *O shopping center não é um simples edifício, dividido em numerosas lojas, com cinemas, butiques, armazéns, restaurantes e áreas de lazer, cedidas a comerciantes de atividades diversificadas. E tampouco é uma variedade de estabelecimentos comerciais, que expõem à venda tudo ou quase tudo quanto uma pessoa possa necessitar a fim de satisfazer às suas necessidades, comprando e levando em seu automóvel, que estaciona em local próprio, todas as mercadorias adquiridas. Isto, que se apresenta em seu aspecto exterior, é apenas uma visão superficial de um fenômeno muito mais profundo, que alterou substancialmente conceitos clássicos. Surge aí um elemento novo, que é o empresário, o investidor do shopping center, que não assume apenas as vestes de um locador de imóvel, mas de um criador de um novo fundo de comércio, cujas caraterísticas ainda não foram definidas* [305].

Acrescenta, ainda, este mesmo autor, pondo em evidência, não apenas o contributo do promotor mas, sobretudo, aquela que é, na sua opinião, a estrutura do estabelecimento comercial ínsito no centro comercial:

> *O empresário, que projeta a implantação de um shopping center, não se cinge a definir as linhas arquitetônicas do edifício, a demarcar as áreas onde se estabelecerão os comerciantes, a determinar a largura dos corredores, a funcionalidade da circulação, a distribuição racional das lojas, a contratar funcionários, a manter a ordem, o asseio e a segurança dentro e fora do edifício. A organização de um shopping center é uma atividade muito complexa, porque requer uma clara visão do empresário na escolha e seleção de unidades, no equilíbrio da competição, no esmero, na decoração e no estilo. O estabelecimento comercial, que nele se instala, há de estar em harmonia e correspondência com a alta clientela que frequenta o shopping center* [306].

Entre nós MANUEL PITA parece ser defensor desta ideia de conceber o centro comercial como um único estabelecimento: considerando que a unidade constituída pelas diversas lojas é um estabelecimento comercial,

---

[304] *Estudo sobre shopping center* cit., p. 13.
[305] *Estudo sobre shopping center* cit., p. 7.
[306] *Estudo sobre shopping center* cit., pp. 7-8.

116   *A empresa nos centros comerciais e a pluralidade de estabelecimentos*

acrescenta que a especial aptidão para atrair clientela e gerar lucros que resulta para cada espaço da sua mera inserção no centro, faz de cada um desses simples espaços comerciais parte de um estabelecimento comercial [307].

27. O SOBRE-ESTABELECIMENTO E OS VÁRIOS ESTABELECIMENTOS.

Diferente é a perspectiva de quem, não negando que o lojista forme um estabelecimento comercial de sua titularidade, reconhece a existência de um estabelecimento comercial complexo na titularidade do promotor do centro. Este estabelecimento global não se confunde com o de cada estabelecimento, sendo mais do que a mera soma das unidades que o compõem. O lojista ao aceder ao centro comercial, ocupando uma das lojas, está a explorar parte do estabelecimento comercial global criado pelo promotor, sendo essa exploração que, essencialmente por via dos elementos localização e organização que fornece, contribui, em larga medida, para a formação do estabelecimento comercial próprio do lojista [308].

De forma muito próxima, há quem comece por concluir, como dado relativamente estável, que a mera instalação de uma qualquer actividade comercial em espaços ou lojas de centros comerciais dá origem a um estabelecimento comercial. Não se nega que tal estabelecimento gravita em torno de outra actividade empresarial de maior dimensão, que decorre do conjunto comercial, configurado este também como estabelecimento. Salienta-se, todavia, que a influência que este sobre-estabelecimento tem na valorização daqueles é apenas subsidiária, já que o bom ou mau sucesso de cada loja fica a dever-se fundamentalmente ao pequeno comerciante, responsável exclusivo e directo pelo preço das mercadorias, pelo número e nível dos seus empregados, etc.. É, pois, o lojista que, com a sua

---

[307] *Direito Comercial* cit., p. 195.

[308] É a opinião de NASCIMENTO FRANCO, *A Lei das Luvas e os Shopping Center* cit., pp. 130-133. De notar que este autor, não obstante manifestar expresso acordo com a doutrina e jurisprudência francesas quanto aos argumentos que avançam – e que vimos – para negar aos lojista instalados em centros comercias a titularidade de estabelecimento próprio, a verdade é que não conclui da mesma forma que o fazem os franceses (precisamente essa impossibilidade dos lojistas serem titulares de estabelecimento próprio) – *A Lei das Luvas e os Shopping Center* cit., p. 128.

Capítulo terceiro – O centro comercial, a empresa e os estabelecimentos 117

actuação pessoal, gerando boa ou má actividade empresarial, contribui, decisivamente, para a valorização do seu estabelecimento comercial – o contributo do promotor constitui um serviço devidamente remunerado [309]. De notar que esta segunda posição, se bem que próxima da anterior, é bastante mais desconfiada das virtudes do sobre-estabelecimento na constituição, valorização e até subsistência, dos vários estabelecimentos que integram as unidades relativamente autónomas do centro comercial.

Inscreve-se, ainda, nesta posição quem, constatando que a clientela que aflui ao centro comercial é atribuível tanto ao promotor, quanto ao pequeno comerciante [310], conclui existir um estabelecimento de comércio do promotor consubstanciado na própria concepção do empreendimento, na distribuição dos vários ramos de negócio, na estrutura organizacional, na administração e nas campanhas promocionais. O que não esconde a coexistência de um estabelecimento de comércio titularidade do lojista, consubstanciado na boa imagem do seu nome, na marca e sinal distintivo, no saber promover e vender os seus produtos, o que lhe proporciona uma margem de rentabilidade acrescida [311].

Posição semelhante é aquela que admite a existência de dois estabelecimentos distintos – aquele que se identifica com o próprio centro comercial e aquele titularidade de quem nele se instala – salientando-se, no entanto, que os estabelecimentos que são instalados no centro comercial se unem ao sobre-estabelecimento: este último apenas pode existir na

---

[309] PESTANA DE AGUIAR, *Mundo jurídico dos shopping center* cit., pp. 192-194. Este autor põe em evidência que, não obstante o estabelecimento instalado num centro comercial ter uma aparente menor extensão, em confronto com o estabelecimento instalado em loja autónoma, tal não significa que se deva falar em qualquer diferença de natureza e valor – *O fundo de comércio* cit., p. 108 e *Mundo jurídico dos shopping center* cit., p. 193.

[310] ALBINO OLIVEIRA, *Fundo de comércio em shopping centers* cit., pp. 66-67. Este autor, também ele muito próximo da doutrina e jurisprudência francesas, divide a clientela em três tipos (*Fundo de comércio em shopping centers* cit., p. 64).

O *pas de porte*. Trata-se de uma clientela de natureza passageira, constituída pelos transeuntes que frequentam o estabelecimento por passarem em frente dele.

O *achalandage*. Constituído pelo conjunto de compradores que procuram o estabelecimento pela originalidade dos seus produtos, características das instalações, etc..

A *clientéle*, constituída pelos compradores que são atraídos pelas qualidades e características pessoais do comerciante.

Aplicando esta divisão aos centros comerciais, este mesmo autor conclui que o *pas de porte* é atribuível ao centro e não ao comerciante; a *achalandage* pode ser dividida entre o centro e o comerciante; a *clientéle*, esta sim, seria exclusiva do comerciante – *Fundo de comércio em shopping centers* cit., p. 67.

[311] ALBINO OLIVEIRA, *Fundo de comércio em shopping centers* cit., p. 67.

118   *A empresa nos centros comerciais e a pluralidade de estabelecimentos*

medida em que hospede outros estabelecimentos, sendo certo que os pequenos estabelecimentos, sem ele, ou não existiriam ou teriam dimensão menor [312] [313].

Entre nós, assume particular evidência a posição muito claramente assumida por OLIVEIRA ASCENSÃO, autor que começando por caracterizar o centro comercial como um conjunto de estabelecimentos, vai mais longe reconhecendo-lhe *uma aptidão funcional que ultrapassa a das lojas atomisticamente consideradas*, nos seguintes termos:

> *Toda a sua complexa estrutura, desde a localização à publicidade, desde as possibilidades de estacionamento à complementaridade do comércio, desde a publicidade aos serviços que oferece, faz surgir uma entidade nova, para além dos estabelecimentos componentes.*
>
> *Assim, o centro em si, combinando as lojas com espaços comuns atractivos, surge ele próprio como um estabelecimento comercial complexo. Engloba as lojas e outros elementos para o desempenho de uma nova função produtiva, que é o comércio integrado horizontalmente* [314].

Seguidamente, e atendendo não apenas àquele que é o critério adoptado por este autor na determinação do estabelecimento, mas, também, à concepção que tem da empresa, esclarece:

> *(...) Se o estabelecimento comercial tem na essência um conjunto de bens com uma específica aptidão produtiva, que suporta o*

---

[312] IVES SILVA MARTINS, *Locações Comerciais dos shopping centers* cit., pp. 83 e 85-86.

[313] Opiniões semelhantes são, ainda, emitidas por autores como MARIA ELISA VERRI, *Shopping Centers – Aspectos jurídicos e suas origens* cit., pp.78.79 – esta autora salienta que a quantia paga pelo lojista aquando da celebração do contrato de inserção no centro comercial (quando isso acontece), e que lhe permite garantir a ocupação de um espaço no centro numa fase em que este ainda não se encontra perfeitamente operacional, põe em evidência precisamente as vantagens de que o lojista beneficia pela inclusão num sobre-estabelecimento – ou como CAIO MÁRIO DA SILVA PEREIRA, *Intervenção no Simpósio* cit., p. 17 – este autor considera que se forma uma clientela específica do centro comercial, atraída pela propaganda e pelos equipamentos de conjunto, e uma clientela específica de cada loja atraída pela eficiência, pela qualidade da mercadoria e pelo arranjo das montras, dando origem a dois distintos estabelecimentos comerciais (veja-se, ainda, deste mesmo autor e nesse mesmo sentido, *Shopping-Centers. Organização económica e disciplina jurídica* cit., p. 8).

[314] *Integração Empresarial* cit., p. 35.

Capítulo terceiro – O centro comercial, a empresa e os estabelecimentos   119

exercício duma empresa, o centro comercial é necessariamente um estabelecimento, que traz esse tipo de empresa tão significativo nos dias de hoje [315].

Pondo em relevo a forma como o estabelecimento complexo se relaciona com os estabelecimentos dos lojistas, e tendo em vista a qualificação do contrato que une o promotor ao lojista, OLIVEIRA ASCENSÃO acrescenta que os estabelecimentos dos lojistas constituem um trecho do estabelecimento comercial mais vasto, que é representado pelo próprio centro comercial:

> *Temos aqui a integração do estabelecimento, já de si coisa complexa, na coisa supercomplexa representada pelo centro comercial. O estabelecimento da concessionária é, por outro lado, parte do estabelecimento de conjunto da concedente* [316].

Advertindo:

> *Esta forçosa integração dos estabelecimentos num estabelecimento mais vasto não pode deixar de ter consequências no plano jurídico* [317].

Esta concepção do centro comercial como estabelecimento de sobreposição que, assimilando-os, todavia, não faz desaparecer a individualidade de cada estabelecimento comercial instalado nas lojas parece ter sido aceite por outros autores como ANTUNES VARELA [318] e PEDRO PAIS DE VASCONCELOS [319].

28. MERA PLURALIDADE DE ESTABELECIMENTOS INDIVIDUAIS.

Posição diversa daquelas que temos vindo a referir é, ainda, a de quem considera que o centro comercial, globalmente considerado, não pode ser tido como estabelecimento uma vez que o seu titular, o promotor,

---

[315] *Integração Empresarial* cit., p. 35.

[316] Sem com isso perder a sua autonomia: pode haver negócios sobre os estabelecimentos individuais, tal como os pode haver sobre o estabelecimento de conjunto – *Integração Empresarial* cit., p. 36.

[317] *Integração Empresarial* cit., p. 36.

[318] *Centros Comerciais: natureza jurídica dos contratos de instalação dos lojistas – Anotação* cit., pp. 368 e 372.

[319] *Contratos de utilização de lojas em centros comerciais* cit., p. 535.

não pode ser considerado como comerciante: a sua actividade limita-se à administração – ou incumbe dela – do imóvel de que é proprietário [320].

É um pouco este o sentido das palavras de RUBENS REQUIÃO, quando recusa qualificar juridicamente o centro comercial como estabelecimento, pondo em evidência que o centro comercial visto unitariamente não tem corpo físico. Isto é: ele é montado com base na propriedade do imóvel titularidade do promotor que arrenda ou vende as pequenas unidades, sendo certo que não é ele – o promotor – a comerciar no centro comercial. Sem dúvida que fornece uma complexa estrutura organizacional, mas a tal se limita, tudo o mais é contributo dos lojistas [321].

O resultado económico da actividade do promotor, sublinha este autor, decorre do preço da venda das unidades ou da renda da sua locação [322].

Tal constatação, se pode impedir o qualificativo de *estabelecimento*, poderá, numa outra visão, não impedir o qualificativo de *empresa*, se bem que tudo esteja em saber o que se entende por esta última [323].

Entre nós COUTINHO DE ABREU parece aderir a esta ideia de negar a qualificação como empresa ou estabelecimento [324] à realidade global constituída pelo centro comercial [325].

Com efeito, na opinião deste autor, o centro comercial não se deixa reconhecer como super-empresa, dado que os seus elementos *não são factores constituintes de uma organização destinada ao desenvolvimento de um específico processo produtivo criador de utilidades que satisfaçam uma clientela "própria"*. Embora reconheça que o comércio integrado pode constituir um *novo bem-produto,* a verdade é que o exercício integrado do comércio, como processo produtivo, não pode ser imputado ao centro como empresa una, mas sim aos diversos lojistas que exploram cada particular espaço do centro [326].

---

[320] Assim se pronunciou DARCY BESSONE, *Problemas jurídicos do shopping center* cit., pp. 25-26.

[321] *Considerações jurídicas sobre os centros comerciais* cit., pp. 127-128.

[322] *Considerações jurídicas sobre os centros comerciais* cit., p. 132.

[323] Assim, LADISLAU KARPAT, *Shopping Centers* cit., p. 137, autor que, fazendo-o, se limita a identificar *empresa* com *organização.*

[324] Para este autor estas duas realidades são sinónimos – *Da Empresarialidade* cit., pp. 4 e s..

[325] À excepção dos casos, muito pouco frequentes, em que o centro comercial esteja juridicamente estruturado de forma una, isto é, todo ele seja titularidade de apenas uma pessoa, singular ou colectiva – *Da Empresarialidade* cit., p. 324 nota 844.

[326] *Da Empresarialidade* cit., p. 324, nota 844.

SECÇÃO II
POSIÇÃO ADOPTADA

29. SEQUÊNCIA ORDENADORA

No primeiro capítulo destas nossas reflexões foi nossa preocupação apurar uma noção operativa de *empresa* e de *estabelecimento,* de forma a podermos qualificar juridicamente a realidade relevante e, assim, podermos contribuir para encontrar o regime jurídico adequado às situações ou vicissitudes que envolvam tais realidades.

Fizemo-lo em vista da qualificação dessa realidade que constitui o centro comercial, certos de que para a determinação do regime jurídico aplicável à multiplicidade de situações e relações que no seu seio acontecem, mais do que qualquer outra coisa importa apurar e individualizar os valores, bens ou entidades com que lidamos: a perspectiva da empresa ou do estabelecimento possibilita-nos essa análise.

Como forma de aproximação ao estabelecimento identificámos aquilo que qualificámos como *valor de organização interna*: a real aptidão de um conjunto de bens ou meios de produção para a função a que se destina.

Como forma de aproximação à empresa identificámos aquilo que apelidámos de *valor de projecção externa*: há que atender à forma como no meio em que, pela sua própria apetência, o centro comercial se insere, de modo a verificar como é que ele é, aí, reconhecido; a ideia que o centro comercial fornece de si próprio enquanto, dessa forma, cria uma posição específica de mercado, que o torna reconhecível.

Note-se que, no caso do centro comercial, o problema não é apenas o de saber, face a cada caso concreto, se estamos perante uma só empresa ou várias, ou se estamos perante um único estabelecimento ou vários. Mais do que isso, o problema consiste até em saber se faz sentido falar em centro comercial de forma una admitindo que, nalguma das suas várias manifestações, possa globalmente ser qualificado como empresa ou estabelecimento. Com efeito, bem poderíamos concluir, como o ilustram algumas das posições que deixámos descritas, que o centro comercial visto unitariamente não é nem estabelecimento, nem empresa – talvez pudesse ser qualquer outra coisa, mas, então, a relevância jurídica desse outro qualificativo seria, ou poderia ser, bem distinta.

SUBSECÇÃO I

OS ESTABELECIMENTOS NO CENTRO COMERCIAL

30. OS ESTABELECIMENTOS DOS LOJISTAS

Tendo presente a linha de orientação adoptada, há que procurar nos centros comerciais, tal como os temos vindo a caracterizar até ao momento, a existência de apenas uma função produtiva ou, diversamente, de várias, pondo em evidência, neste último caso, o tipo de variedade com que lidamos.

Sabemos que o centro comercial é constituído por um conjunto imobiliário identificável, composto por várias unidades relativamente autónomas e por espaços comuns. Em cada uma dessas unidades vai instalar-se uma loja.

Pensamos que é relativamente pacífica a ideia de que cada uma dessas lojas cumpre uma função produtiva própria, o que permite a classificação de cada uma como estabelecimento comercial autónomo.

Relembre-se que a maioria daqueles que consideram que o centro comercial é um estabelecimento comercial uno adoptaram um critério que, na nossa perspectiva, e pelo que respeita à noção de estabelecimento comercial, não releva: o de verificarem que a clientela deve ser imputada ao centro e não a cada loja. Não será por aqui, pois, que encontraremos obstáculo à nossa convicção.

Não se pense, todavia, que a resposta seja sempre, e necessariamente, tão inequívoca tal como a apresentámos. Apenas o fizemos dadas as considerações precedentes que, em si, já permitiram afastar várias realidades *aparentadas* com os centros comerciais: uma das características típicas dos centros comerciais constitui, precisamente, a diversidade que permite a complementaridade.

Essa diversidade implica uma margem de autonomia de gestão (pelo menos naquilo que tem de essencial). A falta de autonomia na decisão implica uma padronização e lógica de funcionamento concertado, de tal ordem que, essa sim, conduz inabalavelmente à uniformização de todos os aspectos de identificação comercial, o que, conduz à sua caracterização como prosseguindo apenas uma função produtiva.

Não se ignora que, dessa forma, se está a classificar a função produtiva não apenas por si mas, igualmente, pelos anseios e expectativas do consumidor, isto é, pela circunstância de, para este, se tratar da satisfação de diferente necessidade. Socorrendo-nos, por uma questão de clareza na exposição, de novo da distinção face aos grandes armazéns ou lojas de departamentos – nestes há apenas um estabelecimento [327] – diremos que, ainda que se afirme que objectivamente vendem exactamente o mesmo tipo de bens que encontramos num centro comercial (admitindo que assim é), dessa forma satisfazendo o mesmo tipo de necessidades dos consumidores, a verdade é que estes assim o não encaram: como igualmente vimos os consumidores querem ter acesso à escolha antes da compra, com possibilidade de aceder à variabilidade dessa forma beneficiando da competitividade [328]. A satisfação das necessidades do consumidor tem uma componente subjectiva, componente esta que apenas se faz sentir nos centros comerciais, tal como os temos vindo a caracterizar: com a diversidade de autonomia na gestão das unidades.

Relembramos que em várias das definições ou noções de centro comercial que atrás demos, esta diversidade, com a inerente autonomia (e suposta competitividade), é posta em evidência, ora exigindo-se um número mínimo de lojas, ora fazendo-se expressa referência ao conjunto de estabelecimentos, ora, ainda, exigindo-se a exploração de ramos especializados e diversificados ou, para não se deixar margem para dúvidas, referindo-se que as empresas lojistas devem ser dotadas de autonomia [329].

31. O ESTABELECIMENTO DO PROMOTOR

Na detecção dos estabelecimentos dos lojistas pudemos partir de um dado relativamente seguro, que constitui, precisamente, nada mais nada menos, que a própria caracterização daquele que é o critério que nos permite identificá-lo: as funções produtivas prosseguidas.

Aqui defrontamos, desde logo, o problema de caracterizar o papel do promotor do centro, pois até mesmo quanto a isso subsistem dúvidas relevantes.

---

[327] Cfr. RUBENS REQUIÃO, *Considerações jurídicas sobre os centros comerciais* cit., p. 121.

[328] Mais um traço das tensões / inter-influências, que se estabelecem entre os vários perfis da empresa.

[329] Referimo-nos, neste último caso, ao ante-projecto de DARCY BESSONE – *supra* ponto 24.

124 *A empresa nos centros comerciais e a pluralidade de estabelecimentos*

Tal como vimos, há quem defenda, com argumentos de peso, que a actividade do promotor, desenvolvida nessa qualidade, não pode ser caracterizada como produtiva, donde inexistiria um estabelecimento na sua titularidade para prossecução da mesma: o promotor limita-se a locar ou vender o imóvel, fornecendo, quando for o caso, serviços complementares.

Sabemos que não podemos replicar tal asserção da forma como tem sido feito em França, isto é, considerando que a entidade de conjunto cumpre uma função produtiva executada por intermédio dos lojistas, mas que a ela, entidade de conjunto, deve ser atribuída.

Não o podemos fazer, não tanto, para o que agora importa, porque tenhamos recusado o critério que nos chega de França, mas porque dessa forma estaríamos a negar exactamente aquilo que, convictamente, acabámos de afirmar: cada lojista, porque autónomo, cumpre uma função produtiva própria que, assim, não se confunde, não apenas com as dos restantes lojistas, mas, também, com a do promotor do centro comercial.

Uma outra via de reconhecer a existência de um estabelecimento comercial na titularidade do promotor do centro comercial seria a de adoptar a visão de quem defende a existência de um sobre-estabelecimento comercial que engloba os vários estabelecimentos dos lojistas, atribuindo a titularidade de tal estabelecimento ao promotor do centro mas sem ignorar a individualidade dos estabelecimentos dos lojistas.

Contudo, como sabemos, a grande dificuldade será, então, não tanto a de reconhecer ou não a existência desse sobre-estabelecimento, mas a de detectar e caracterizar a função produtiva que cumpre – o critério por nós adoptado.

De novo esbarramos com o problema de há pouco: a actividade do promotor será de mera fruição quando ceda temporariamente as unidades; quando as venda, muito provavelmente nem fará sentido falar em promotor – quanto mais em actividade por ele desenvolvida – dado que as únicas entidades que reconhecidamente desenvolvem uma actividade económica, susceptível de consideração autónoma, são apenas os lojistas.

Vejamos, então, se alguma função produtiva autónoma podemos encontrar que seja imputável ao promotor do centro comercial, de forma a podermos descortinar-lhe a titularidade (e necessidade) de um estabelecimento comercial.

Socorremo-nos, naturalmente, daquilo que temos vindo a dizer, pelo que respeita à caracterização da actividade do promotor do centro.

Recorde-se que a concepção do centro comercial como fórmula de concentração imobiliária, estrategicamente localizada, na qual se encontra uma variedade assinalável de ramos de negócio, áreas de lazer e zonas comuns, tecnicamente escolhidas e localizadas, que geram utilidades de conjunto, é da lavra do promotor do centro comercial.

Estas utilidades de conjunto – constituídas pela segurança, pelo conforto, pelo prazer e pela dimensão social e cultural que assume o acto de consumo, pelo acesso à diversidade com rentabilização do tempo gasto, sem perda dos benefícios da competitividade [330] – configuram por si só, ao que cremos, uma nova função produtiva, que se inscreve como modalidade de comércio integrado ao nível do retalhista [331] (que deixámos descrita no capítulo antecedente).

Que essas utilidades de conjunto constituem uma nova e autónoma função produtiva – geram um novo bem-produto como tal reconhecido pelos consumidores – não teremos relevantes dúvidas se constatarmos o seguinte: de uma análise unitária dos vários agentes económicos que desenvolvem exactamente as actividades que encontramos nos centros comerciais (ou as mais significativas delas) embora em locais dispersos (porque fora do enquadramento de um centro comercial) não conseguimos encontrar as utilidades que acabamos de descrever.

Convirá relembrar que a actividade económica que permite a manutenção do centro comercial não é menos importante do que aquela que permitiu a sua erecção, incluída nesta o efectivo preenchimento de cada unidade com um estabelecimento – o efectivo recrutamento dos lojistas. Alguém tem de assegurar, precisamente, a manutenção dos factores que permitem sustentar tais utilidades comuns, sob pena de dispersão, até mesmo por desactualização [332]. Dir-se-á que a complexidade e o grau de perfeição técnica que se exige para tanto – certamente muito superiores, no mínimo, aos de algumas das actividades dos lojistas – não deixará grande margem de manobra aos detractores da qualificação de tal actividade como produtiva.

Sob este prisma, é de notar que o centro comercial apenas gera tais utilidades como um todo completo e integrado. Relembramos, aqui, o

---

[330] Sobre a importância crescente desta última utilidade veja-se JEAN PAILLUSSEAU, *L'Entreprise* cit., p. 21.

[331] Cfr. SANTINI, *Commercio e servizi* cit., pp. 81 e s. e 228 e s..

[332] Relembramos as palavras de RENAULT PINTO que atrás citámos, ponto 22.

126   *A empresa nos centros comerciais e a pluralidade de estabelecimentos*

sistema de dependências recíprocas: se o centro comercial não existe como tal, sem uma entidade que vele pela criação, manutenção e actualização das utilidades comuns, a verdade é que estas apenas surgem e se manifestam na prática por via da efectiva instalação e funcionamento das várias lojas do centro.

Dir-se-á, de novo, embora por caminho diferente, que estamos, inapelavelmente, perante um único estabelecimento, dado que tal função produtiva nova é o resultado da actividade concertada de lojistas e de promotor?

Pensamos que não.

Há que compreender qual o real papel e contributo de cada um desses dois intervenientes, tendo sempre presente que o benefício que retiram um do outro e que permite encontrar o espaço de partilha que nos dá a imagem global do centro comercial é dado justamente pela necessária diversidade e autonomia das funções produtivas que desenvolvem.

Podemos dizer, inclusivamente, que o centro comercial, na sua típica fórmula de integração comercial, impõe que a actividade do promotor não se confunda com a actividade dos lojistas – a excessiva aproximação compromete o fim tido em vista.

A actividade do promotor que deixámos descrita nas páginas antecedentes tem como objectivo principal – porque isso corresponde aos anseios específicos do consumidor – a criação de fórmulas de atracção de clientela. A verdade é que, por parodoxal que tal possa parecer numa primeira análise, a clientela não é do promotor do centro comercial, mas sim (por definição) dos lojistas – estes é que fornecem os bens de consumo.

Este é um argumento utilizado por quem não reconhece ao promotor do centro comercial a titularidade de qualquer estabelecimento comercial.

É certo que contra isto de nada vale invocar o facto de que há sempre bens que o promotor coloca directamente à disposição do público (como sejam os equipamentos de lazer): não tanto pelo motivo de que tal actividade não gera rendimentos de forma directa, mas, sobretudo, porque é acessória da que se desenvolve nas lojas.

A verdade é que o promotor não presta qualquer serviço aos clientes do centro comercial (aos consumidores), mas aos lojistas – estes são os verdadeiros clientes do promotor, são aqueles que acedem ao seu estabelecimento.

Se isso é evidente nos casos em que os serviços prestados pelo promotor beneficiam directamente os lojistas – como assegurar as vias de

Capítulo terceiro – O centro comercial, a empresa e os estabelecimentos   127

fornecimento de mercadorias a vender nas lojas ou a manutenção da energia nas mesmas – não deixa de estar presente nos casos de benefícios, digamos, indirectos. Pensamos tê-lo demonstrado agora mesmo com a referência aos bens fornecidos directamente pelo promotor aos consumidores (como os equipamentos de lazer ou o estacionamento de veículos) que estão ao serviço, são acessórios das actividades desenvolvidas nas lojas: o promotor não retira rendimentos de tais equipamentos – eles são normalmente gratuitos – exactamente porque esse rendimento deve ser retirado pelos lojistas – porque gratuitos atrairão mais consumidores, sendo certo que destes apenas os lojistas, por definição, beneficiam.

A rentabilidade do centro comercial é retirada pelo promotor da forma como comercializa junto dos lojistas os espaços ou unidades relativamente autónomas de que dispõe no centro.

Eis, em grande medida, a actividade económica do promotor de um centro comercial, naquilo que tem de mais característico e, por isso mesmo, identificador: assegurar permanentemente perante os lojistas a manutenção das utilidades comuns postas à disposição dos consumidores.

Contra isto nem se argumente que há uma sobreposição entre o estabelecimento do promotor e os estabelecimentos dos lojistas, o que sempre justificaria a classificação como sobre-estabelecimento. Dito doutra forma, defender que um dos meios de que se serve o promotor para a sua actividade produtiva específica traduz-se no todo constituído pelo estabelecimento do lojista.

Não concordamos com tal, pela simples mas, ao que pensamos, decisiva razão de que o lojista tem autonomia de gestão da sua loja.

O estabelecimento, como se sabe, não se reduz ao local onde o comércio é exercido; para além disso existe uma extrema variedade de elementos. É certo que, o lojista, em prol da imagem (comum) do centro comercial, aliena parte da sua autonomia de gestão, o que confere ao promotor a possibilidade de englobar nos meios que tem ao dispor para exercer a sua actividade alguns dos meios de que se serve o próprio lojista – pense-se, por exemplo, no arranjo cuidado das montras. Isso é particularmente nítido, ainda, na possibilidade que o promotor se reserva de aceder ao local ocupado pelo lojista. Mas uma mera coincidência de instrumentos ou de elementos que, por se verificar tal coincidência, são comuns ao estabelecimento do lojista e ao do promotor não tem como resultado que o estabelecimento do lojista seja, na sua totalidade, instrumento do estabelecimento deste último: a autonomia dos lojistas na gestão dos seus estabelecimentos (excepto naqueles casos) garante

128 *A empresa nos centros comerciais e a pluralidade de estabelecimentos*

que os mesmos não possam ser considerados sob a disponibilidade do promotor.

O estabelecimento do promotor não coincide, assim, com todo o centro comercial, mas apenas com os meios ou elementos, que, gravitando dentro do centro comercial, ele pode dispor, sobre os quais ele pode actuar.

Por outro lado, esta intensa e complexa actividade que o promotor desenvolve em prol dos lojistas, torna-se parte do estabelecimento destes últimos: um dos elementos que permite o sucesso de cada lojista no seu desempenho individual é, exactamente, o beneficio que para si resulta da actividade que o promotor desempenha em prol de todos e de cada um.

Sob o ponto de vista teórico, nada se opõe à circunstância de estarmos a conceber um estabelecimento comercial [333] que desempenha uma função produtiva destinada a comerciantes: tal como existem *estabelecimentos de contacto com o público* assim também existem *estabelecimentos de contacto com o comércio* [334].

Sob o prisma que deixamos descrito, isto é, o da identificação das funções produtivas desempenhadas, fica o centro comercial baptizado sob o signo da diversidade: pluralidade de estabelecimentos comerciais de tipos diversos.

SUBSECÇÃO II

A EMPRESA NO CENTRO COMERCIAL

32. A CISÃO ENTRE O ESTABELECIMENTO E A EMPRESA

Recordemos que em matéria de detecção da empresa interessa-nos, fundamentalmente, a captação daquilo que apelidámos e descrevemos como *valor de projecção externa.*

O fenómeno dos centros comerciais inscreve-se num movimento mais vasto que revolucionou o comércio de retalho.

A generalização dos produtos, a internacionalização dos mercados ou o aumento do poder de compra dos consumidores deram origem a um

---

[333] Sobre a possibilidade de considerarmos como comercial a actividade desenvolvida pelo promotor do centro comercial veja-se OLIVEIRA ASCENSÃO, *Integração Empresarial* cit., pp. 39-40.

[334] Expressões de ORLANDO DE CARVALHO, *Critério e Estrutura do Estabelecimento* cit., p. 299.

Capítulo terceiro – O centro comercial, a empresa e os estabelecimentos   129

mercado crescentemente concorrencial. Estes factores impuseram um claro esforço de actualização ao comércio, em termos de organização e técnica de actuação, com vista a corresponder aos anseios dos consumidores. Actualmente os problemas da análise de mercado, dos estudos de implantação e de imagem, da organização de campanhas promocionais e publicitárias, etc., revestem-se de um carácter crescentemente técnico, sendo, cada vez mais, factores de sucesso na atracção das clientelas, o que é determinante, em regime de concorrência, para a subsistência das empresas. Estes meios, envolvendo custos elevados, põem cada vez mais em causa os pequenos comerciantes, impondo-lhes a adesão a fenómenos de concentração ou até mesmo de integração comercial [335].

Em sintonia com tais fenómenos de concentração, e certamente como outra das suas causas, embora consequência das novas exigências dos consumidores, verifica-se a importância crescente dos elementos do estabelecimento comercial mais aptos, pela sua natureza, a projectar externamente a empresa: caso do nome do estabelecimento, da sua insígnia ou da marca.

Exemplos de toda esta evolução no sentido da concentração ou integração comercial são postos em evidência pelas situações que caracterizam a *concessão comercial* [336] ou, em maior grau, a *franquia* [337].

Nestes fenómenos de concentração e integração, em termos de imagem externa, a tendência é, cada vez mais, a de o comerciante se diluir na sua individualidade, não obstante manter – nalguns dos casos – relativa autonomia sobre a forma como exerce e dirige a sua actividade.

Haverá aqui como que uma cisão, no sentido de falta de correspondência perfeita, entre o *estabelecimento* e a *empresa* [338]: entre o conjunto dos meios, tal como são reunidos por quem, efectivamente, exerce a actividade económica, e a forma como esse conjunto de meios, que serve para tal pessoa exercer tal actividade, é reconhecido no meio económico

---

[335] Cfr. PAUL LE FLOCH, *Le Fonds de Commerce* cit., pp. 157-158 e *L'entreprise* cit., p. 92.

[336] Sobre o caso especial da concessão comercial, veja-se MARIA HELENA BRITO, *Contrato de Concessão Comercial* cit., pp. 10 e s. e JOSÉ ALBERTO COELHO VIEIRA, *Contrato de Concessão Comercial* cit., pp.5 e s..

[337] Sobre a franquia veja-se CARLOS OLAVO, *O Contrato de Franchising* cit., pp. 161 e s. e MANUEL PEREIRA BARROCAS, *O Contrato de Franchising* cit., pp. 128 e s..

[338] Cisão essa posta em evidência por BARTHÉLÉMY MERCADAL, *La notion d'entreprise* cit., pp. 13 -16.

130   *A empresa nos centros comerciais e a pluralidade de estabelecimentos*

e social em que se insere – sendo certo que este reconhecimento é cada vez mais decisivo ao bom desempenho.

Dir-se-á que, de algum modo, se assiste não apenas a um desfasamento entre a empresa e o estabelecimento, mas, inclusivamente, entre a empresa e o comerciante ou entre a empresa e a actividade do comerciante, que é explicável, tanto quanto se crê, pela dimensão ou perfil institucional da empresa, que permite absorver, como nenhum outro, o fenómeno de projecção externa das empresas.

A individualização das empresas é feita, cada vez mais, em torno da efectiva projecção que têm no mercado e cada vez menos em torno da sua lógica de funcionamento interno.

Vejamos, pois, qual a fórmula de projecção no mercado que caracteriza os centros comerciais.

33. A PROJECÇÃO EXTERNA UNITÁRIA

Sabemos que os centros comerciais aparecem como fórmula comercial que corresponde aos anseios ou a alguns dos novos anseios dos consumidores.

Sabemos que tais anseios ou expectativas deram origem a novas exigências em torno da clássica prestação comercial do retalhista, uma vez que o consumidor manifesta novas necessidades. Ainda que meramente subjectivas ou psicológicas, ainda que de satisfação não directamente relacionada com as necessidades básicas de subsistência económica, a verdade é que, porque o público o requer e porque diverso daquilo que tradicionalmente é a oferta retalhista, novas necessidades surgem, dando origem a novas – ou, se se quiser, diferentes – funções produtivas.

Sabemos igualmente que alguns dos bens ou utilidades que o mercado reclama [339] são fornecidos unicamente pelos centros comerciais, pelo menos na forma concentrada em que o fazem, o que por si só é já inovador: a segurança, o conforto, o prazer e dimensão social e cultural que assume o acto de consumo, o acesso à diversidade com rentabilização do tempo gasto sem perda dos benefícios da competitividade.

Sabemos, ainda, que tais utilidades constituem um fenómeno de conjunto que implica a presença de componentes, constituídas pelos esta-

---

[339] Para o efeito, é absolutamente indiferente saber se tais necessidades foram induzidas ou se são espontâneas.

Capítulo terceiro – O centro comercial, a empresa e os estabelecimentos 131

belecimentos, de qualidade distinta: o estabelecimento do promotor, que deve existir apenas com a extensão necessária à manutenção de tais utilidades naquilo que constitui em si (a manutenção de tais utilidades) uma actividade económica específica e de alto grau de complexidade técnica; os estabelecimentos dos lojistas com as suas áreas, mais ou menos tradicionais, de actividade económica.

De extremo relevo é a verificação de que tais utilidades apenas existem se, para além do sentido de diversidade, imperar no centro comercial um certo sentido de unidade – por isso surgem como fenómenos de conjunto.

Há que compreender o significado desse sentido de unidade.

Tais utilidades não são prestadas como um fim em si mesmas, mas como acessórias da actividade comercial dos lojistas – com elas pretende-se, primacialmente, beneficiar estes.

Relembremos que o objectivo fundamental prosseguido com as acrescidas utilidades comuns, consiste no aumento da rentabilidade das lojas, sendo certo que é de um bom desempenho face aos lojistas que o promotor retira a rentabilidade da sua própria actividade.

Para que os vários lojistas beneficiem, em igual medida, do estabelecimento que é colocado à sua disposição pelo promotor, exige-se que cada lojista coloque à disposição do promotor alguns dos elementos do seu estabelecimento: embora de forma relativa, e nunca no essencial, há elementos da gestão de cada pequeno estabelecimento que passam para o controlo da gestão unitária do promotor do centro, passam, como se referiu, a integrar o estabelecimento do promotor.

Tal transferência exploracional é absolutamente necessária, de forma a que se crie um mínimo de identidade do centro comercial reconhecível em cada loja: aquilo que caracteriza o centro comercial e o torna, efectivamente, irrepetível deve ser, de algum modo, encontrado em cada pequena unidade.

Só deste modo surge perante o cliente que frequenta o centro comercial a sensação de que cada uma das lojas nele instaladas pertence, efectivamente, àquele centro. Só assim surge a sensação de harmonia comercial no todo constituído pelo centro comercial.

Esta relativa homogeneização do centro comercial é essencial para a manutenção das utilidades acrescidas, tal como elas se manifestam perante os lojistas. Só assim surge perante os frequentadores do centro o sentido de complementaridade que faz com que cada cliente que entre num centro comercial, ainda que dirigindo-se a uma loja em concreto, seja potencialmente cliente de qualquer uma das outras lojas – ele sabe que todas elas na sua essencial diversidade partilham daquilo que, efectivamente, o atrai no centro comercial.

É exactamente este o motivo que permite a conclusão de que cada estabelecimento, pelo simples motivo de estar inserido no centro comercial, tem uma susceptibilidade de produção de lucros superior àquela que teria se dependesse apenas de si próprio. Só por isto aceitam os lojistas integrar o centro: é o que recebem em troca pela relativa perda de autonomia.

Todos os lojistas aceitam que o centro comercial seja globalmente gerido de forma a que apareça como entidade una perante os consumidores, dado que é precisamente isso que permite, não apenas a existência mas, igualmente, a partilha entre todos dos benefícios comerciais decorrentes da existência das utilidades acrescidas que atraiem os frequentadores.

Esta é a razão que leva os lojistas a abdicar de alguma da sua individualidade comercial: rentabilizam a sua actividade permitindo que a clientela seja constituída em torno do centro comercial e não em torno de si próprios. Se a clientela é do centro comercial, também será deles, na medida em que fazem parte, são peça, do próprio centro comercial. Se a clientela for de cada lojista do centro comercial, os outros, no normal dos casos, não tirarão dela qualquer benefício.

Chegamos, assim, àquilo que, por várias vezes, temos salientado e que a doutrina põe sobejas vezes em relevo: a essência do centro comercial como empreendimento comercial globalmente encarado, aquilo que, individualizando-o, permite o seu sucesso como fórmula comercial original, constitui a sua capacidade de criar uma imagem una face ao exterior.

Afirma-se, pois, que o sucesso de cada comerciante instalado no centro comercial passa, necessariamente, pelo sucesso do centro, o que, por seu turno, passa pelo objectivo de criação de uma imagem comum [340] ou que, aos olhos do público, os centros comerciais devem surgir como uma única e mesma entidade [341].

---

[340] JEAN-PAILLUSSEAU e PAUL LE FLOCH, *Magasins Collectifs de Commerçants Indépendants Commerce* cit., p 5.

[341] JEAN-CHRISTIAN SERNA, *Sociétés coopératives de commerçants détaillants et magasins collectifs de commerçants indépendants* cit., p. 444.

34. A EMPRESA ÚNICA

Regressando à fórmula de individualização das empresas que adoptámos, não temos qualquer dúvida em qualificar o centro comercial como empresa. O centro comercial projecta-se no mercado de forma unitária. De resto, as vertentes culturais e sociais (ou, se se quiser, não exclusivamente comerciais) que o centro comercial procura, ao mesmo tempo que lhe reforçam a identidade de conjunto, conferem-lhe uma dimensão empresarial, em alguns casos, de extraordinária grandeza: eles chegam a ser verdadeiras instituições na caracterização de cidades ou até mesmo de regiões. Dir-se-á que nestes casos só mesmo o perfil institucional da empresa se manifesta adequado para absorver todo o significado e impacto de alguns centros comerciais.

Contudo advirta-se, que, se tal dimensão social e cultural, provavelmente apenas ao alcance de centros comerciais que ocupam espaços muito amplos, pontua, na verdade ela não é essencial: a própria amplitude global e o número mínimo de lojas serão determinados exactamente pela possibilidade de criação de uma imagem unitária perante o mercado, com as conotações que temos vindo a referir (onde se destaca a complementaridade). A imagem unitária permanece sempre de raiz comercial, isso sim é essencial, como, de resto, o demonstra a circunstância de mesmo os centros comerciais que, pela sua amplitude e política de gestão comum, conseguem atingir uma tal dimensão social e cultural, permanecerem fundamentalmente como grandes zonas de comércio – aquelas outras conotações são sempre acessórias desta.

Em consonância com a função produtiva que atrás se imputou ao promotor do centro e que subjaz ao estabelecimento comercial de que ele é titular, pode agora acrescentar-se que tal função é, essencialmente, orientada para a manutenção da imagem comum do centro comercial. Sendo tal função caracterizada pela manutenção das utilidades comuns do centro comercial e sendo certo que tais utilidades apenas se mantêm se o centro comercial aparecer com uma posição de mercado unitária, uma coisa implica, necessariamente, a outra.

A actividade de gestão comum do centro levada a cabo pelo promotor, quer na parte em que assegura serviços de utilidade directa aos lojistas (como a energia), quer na parte em que cria e mantém utilidades directamente dirigidas aos frequentadores do centro (como as lúdicas) quer, ainda, quando dispõe sobre a forma como alguns (necessariamente poucos) dos aspectos da gestão particular de cada loja devem ser mantidos (como o arranjo das montras, os horários de funcionamento ou o nível de formação profissional dos empregados das lojas), é sempre orientada para a criação externa de uma imagem comum, com os elementos de identidade que tal imagem implica, o que, sem dúvida, o promotor se comprometerá a fazer perante os lojistas.

Descrita que foi a actividade produtiva do promotor do centro comercial, fica-lhe agora traçada a finalidade profunda o que, sem dúvida, permite pôr em relevo o grau de complexidade técnica de que se reveste: a manutenção da unidade da empresa, que é constituída pelo centro comercial visto na sua totalidade, face à diversidade de estabelecimentos que o integram.

De uma análise das definições de centros comerciais que atrás demos, se é verdade que existe uma preocupação com a manutenção da diversidade nas funções produtivas, tal como salientámos, não é menos verdade que se faz apelo, antes de mais, à necessária presença dos elementos que garantem a imagem comum.

Esta última é a grande preocupação, o que se compreende, dada a evidência de que se parte de que o grande perigo que o centro comercial corre é o de desagregação: sabendo-se que cada loja é um estabelecimento autónomo, sempre se manterá a tendência de cada lojista de velar apenas pelo seu negócio, pouco lhe importando as exigências do projecto global, ainda que compreenda os benefícios que este lhe traz, já que foi isso que lhe determinou a opção pela integração no projecto.

Há aqui uma gestão dos inevitáveis espaços de tensão que se estabelecem entre os vários lojistas – cada um centrado apenas nas exigências de rentabilidade própria – que exigem a presença de uma entidade de conjunto que, precisamente por não estar comprometida com nenhuma das actividades comerciais que, em particular, se vão desenvolvendo no centro, será isenta para decidir pela forma que melhor convém ao centro globalmente encarado o que, automaticamente, significa decidir em conformidade com o interesse de todos – é esta garantia de isenção que leva os lojistas a admitir a ingerência na gestão dos seus negócios.

Não surpreende, pois, que a tónica geral em todas as definições seja a da necessária presença de uma gestão comum.

Assim acontece com a definição constante da Portaria n.º 424/85, colocando a doutrina em evidência que tal é o elemento essencial da definição.

Rigorosamente, acontece a mesma coisa com a definição do ante-projecto de ANTUNES VARELA, a do *International Council of Shopping*

Centers, ou a constante dos estatutos da *Associação Brasileira de Shopping Centers.*

Mais longe, ainda, vai a definição do ante-projecto de DARCY BESSONE que afirma, expressamente, dever o centro comercial consistir num todo planejado, organizado, unitário e incindível, tendo por objectivo, no plano externo, a atracção da freguesia, de forma a constituir-se como um complexo empresarial integrado.

Nalgumas das definições faz-se referência a alguns dos vários aspectos da gestão comum, considerados mais importantes, precisamente sob o prisma da criação da imagem unitária (o objectivo primordial, relembre-se, da gestão unitária): o sinal distintivo comum; as regras de funcionamento ou de exploração comum; a unidade do empreendimento imobiliário; os serviços comuns; o período de funcionamento comum; o estacionamento de veículos tecnicamente dimensionado, à disposição dos frequentadores do centro.

Sob o prisma que agora deixamos descrito, isto é, o da identificação da ideia ou imagem que o centro comercial fornece de si próprio, a forma como é reconhecido no meio ou mercado em que se insere ou em cuja órbita gravita, o centro comercial fica baptizado sob o signo da unidade: é constituído por uma única empresa.

SUBSECÇÃO III

CONCLUSÕES

35. IMPOSSIBILIDADE DE PONDERAÇÃO JURÍDICA UNITÁRIA DE TODOS OS CENTROS COMERCIAIS

Foi possível, nas páginas anteriores, concluir que o centro comercial se define como um espaço de equilíbrio entre a pluralidade de estabelecimentos e a unicidade empresarial.

Igualmente nas páginas anteriores, a espaços, fomos deixando traços da definição de centro comercial, que permitem a distinção de realidades afins, como sejam os grandes armazéns ou as galerias comerciais.

Vimos que a pluralidade permite distinguir os centros comerciais dos grandes armazéns. Podemos agora acrescentar, de forma tecnicamen-

136   *A empresa nos centros comerciais e a pluralidade de estabelecimentos*

te mais precisa, que nos centros comerciais existem vários estabelecimentos comerciais, ao passo que nos grandes armazéns, por definição, há apenas um.

Vimos, também, que o que permite a distinção das galerias constitui, diversamente, a unidade. Podemos, agora, acrescentar que nos centros comerciais há apenas uma empresa, enquanto que nas galerias comerciais existe uma pluralidade empresarial.

Se no caso da distinção face a fenómenos de concentração comercial, como os que surgem, habitualmente, designados como *grandes armazéns* a distinção não é teoricamente difícil, já no caso da distinção face àquilo que se designa, habitualmente, como galerias comerciais surgem fortes dificuldades.

Essas dificuldades partem, fundamentalmente, mais uma vez, da relativa indeterminação terminológica: os grandes espaços comerciais de concentração de diferentes lojas são, muitas vezes, quase que indistintamente, apelidados, ora de *centro comercial,* ora de *galeria comercial,* ora, ainda, de *hipermercado.*

Aquilo que aqui nos interessa não é, naturalmente, fixar terminologia, antes delimitar realidades distintas que, por isso mesmo, porque distintas, merecem, ou podem merecer, diferente tratamento pelo Direito.

Não obstante, e fazendo apelo ao nível significativo-ideológico da linguagem, há que traçar algumas distinções, atendendo não apenas às tendências linguísticas que se vão desenhando, não só mas, sobretudo, na comunidade dos juristas, que vão traçando o desenho jurídico dos centros comerciais e a regulamentação das relações que no seu seio se estabelecem, mas, igualmente, atendendo àquela que foi a nossa opção quanto a esse mesmo desenho jurídico – a empresa que encerra em si a pluralidade de estabelecimentos.

A expressão *hipermercado* ou *supermercado* é, também ela, equívoca, podendo albergar realidades distintas. Seja como for, a verdade é que a reservamos para realidades de que aqui não cuidamos. Quer esteja em causa apenas um estabelecimento comercial de venda alimentar, com maior ou menor diversificação de produtos, inclusivamente não alimentares, quer abranja, para além desse estabelecimento, outros estabelecimentos comerciais satélites, é nítida a diferença relativamente aos centros comerciais, tal como os temos vindo a caracterizar nas páginas precedentes. Não negamos que, neste segundo caso, as semelhanças são notórias, mas as diferenças, manifestam-se com igual intensidade: há um fenómeno de polarização externa da imagem do hipermercado apenas em torno de um dos seus estabelecimentos, o que não acontece nos centros comerciais, onde nenhuma das lojas âncora absorve, de forma nítida, a posição de mercado do todo, de tal modo que chega a confundir-se todo o hipermercado com apenas um dos seus estabelecimentos. Dito doutro modo: a clientela é fundamentalmente atraída por, apenas, o estabelecimento comercial dominante.

Aqui, o fenómeno de integração comercial é substancialmente diverso, merecendo análise à parte.

A expressão *galeria comercial* é normalmente usada para designar conjuntos agregados de lojas independentes, sem que nenhuma delas tenha prevalência sobre as outras em termos de força atractiva de clientela, lojas essas tendencialmente dedicadas a ramos de actividade económica relativamente semelhantes. Aqui, inexistindo qualquer empresa de conjunto, há uma mera concentração de lojas em espaço relativamente delimitado.

Dito isto, parece tornar-se evidente que subsistem várias realidades comerciais de conjunto, habitualmente designadas centros comerciais, mas nas quais não existe qualquer projecto empresarial conjunto. Precisamente as fórmulas de concentração comercial que acabámos de descrever sob a designação de *galerias comerciais,* mas que delas têm uma diferença nítida: reúnem num espaço mais ou menos vasto e mais ou menos delimitado ramos substancialmente diversos de actividade económica. Apesar desta variedade e relativa complementaridade, tais concentrações de estabelecimentos comerciais perfeitamente individualizados e autónomos não dão origem a qualquer empresa de conjunto.

Precisamente porque estas fórmulas de concentração, também elas habitualmente designadas por centro comercial, mais não fazem do que reunir no mesmo espaço unidades de produção perfeitamente autónomas e delimitadas, não existe uma posição de mercado unitária. Este factor, no nosso entendimento, é absolutamente determinante de um regime jurídico substancialmente diferente, tal como o é aquele aplicável às relações jurídicas que se vão estabelecendo entre os participantes no conjunto.

Entre nós já houve, com efeito, quem fizesse uma consistente chamada de atenção para a circunstância de sob o apelido de centro comercial estarem subjacentes realidades diversas, que, porque diversas, deverão ser objecto de tratamento jurídico diferenciado, tendo-se optado aí, como fórmula distintiva, pelo grau de efectiva integração comercial [342].

---

[342] Assim o fez PEDRO ROMANO MARTINEZ, *Contratos em Especial* cit. pp. 307-308.

138 *A empresa nos centros comerciais e a pluralidade de estabelecimentos*

Para nós, essa distinção deve ser estabelecida entre os casos que dão origem a uma unidade empresarial de conjunto e os casos em que se mantém a diversidade de empresas.

O significado desta nossa asserção, em toda a sua extensão, apenas se compreenderá por tudo aquilo que temos manifestado até ao momento: cremos que a forma como o fizemos deixa bem nítida a nossa opção.

Evidentemente que poderíamos sumariar o essencial do que aí dissemos, avançando com aquela que seria a nossa noção de centro comercial, sendo certo que em tal noção teríamos em vista o recortar das realidades que dão origem à identificada posição unitária de mercado (a empresa de conjunto).

Não o fazemos por diversas razões.

Desde logo, porque atrás fornecemos diversas e autorizadas noções, sendo certo que, se bem que com preferência por umas ou outras, em conformidade com o aspecto que no momento estivesse em análise, manifestámos a nossa concordância com o contributo que, estruturalmente, todas fornecem.

Depois, porque não ignoramos que todas as definições são reducionistas: se isto, por si só, não nos demove de as ensaiar, a verdade é que, neste caso concreto, e dada a multiplicidade em que se manifesta o fenómeno que abordamos, pensamos ser mais útil contribuir para a sua definição, do que apresentá-la. Com efeito, temos perfeita consciência de que a análise jurídica que permita consistentes e seguras distinções no vastíssimo âmbito dos fenómenos de concentração e integração comercial está ainda por fazer.

Finalmente, porque ainda não sopesámos a estrutura jurídica dos centros comerciais. Na realidade, e tal como vimos a propósito da definição de centros comerciais constante dos estatutos da *Associação Brasileira de Shopping Centers*, há quem entenda dever incluir na noção de centro comercial uma posição de princípio quanto às estruturas jurídicas que tal fenómeno parece admitir, sem correr o risco de se descaracterizar.

Muito provavelmente será exactamente este o nosso caso.

Iremos, assim, de seguida, analisar as estruturas jurídicas dos centros comerciais.

Capítulo Quarto

ESTRUTURAS JURÍDICAS
DOS CENTROS COMERCIAIS ESTRUTURAS

36. INDICAÇÃO DE SEQUÊNCIA

Na sua vastíssima amplitude, não só pelas dimensões que assumem, mas, inclusivamente, pela diversidade das suas manifestações, os centros comerciais são susceptíveis de estruturação por via de fórmulas jurídicas distintas.

Nessas diferentes modalidades jurídicas de acolhimento deste específico fenómeno de integração empresarial, podemos distinguir, numa vasta multiplicidade, três tipos ou sistemas de estruturação jurídica dos centros comerciais, guiados, fundamentalmente, por um critério quantitativo de verificação prática.

Por via da criação de uma entidade de conjunto dotada de personalidade jurídica, à qual é atribuída a titularidade do direito real ou de crédito que permite o gozo da totalidade do imóvel, podem os vários lojistas instalar-se em cada unidade para o efeito concebida dentro do imóvel (ou imóveis), na precisa medida, e em obediência ao regime jurídico respectivo, em que sejam titulares de uma participação na pessoa colectiva de conjunto.

Por via da titularidade, por parte de cada comerciante lojista, do direito de propriedade, ou de qualquer outro direito real bastante, sobre a parcela ou unidade relativamente autónoma do imóvel, na qual vai instalar o seu estabelecimento.

Finalmente, por via da manutenção por parte de uma entidade de conjunto dotada de personalidade jurídica, singular ou colectiva, do direito, real ou de crédito, de gozo da totalidade do imóvel, direito esse que lhe permite ceder o uso de cada parcela individualizada do imóvel aos lojistas que nesse local instalarão o seu estabelecimento, mediante a celebração de um contrato para esse efeito expresso.

140 *A empresa nos centros comerciais e a pluralidade de estabelecimentos*

Naturalmente que estas manifestações de estruturação jurídica dos centros comerciais, para além de não serem únicas, são apenas tendenciais, resultando de um necessário esforço de análise: nada impede que se adoptem soluções de compromisso.

Vejamos um pouco melhor cada uma delas, tendo, sobretudo, em vista a forma como, atendendo à sua específica vocação, podem ser consideradas como suporte dos centros comerciais, tal como os descrevemos.

Com efeito, a nossa preocupação essencial reside em apurar da conformidade de tais estruturas jurídicas com os centros comerciais tal como por nós descritos: pluralidade de estabelecimentos e unidade empresarial.

De anotar que nos preocuparemos, fundamentalmente, com a última das estruturas referidas.

A primeira desconhecemos que exista entre nós, sendo-nos, essencialmente, fornecida pela experiência francesa. Ainda assim é concebível entre nós.

A segunda, se bem que existindo entre nós, não é de todo frequente e, sobretudo, como veremos, consideramo-la inadequada para a estrutura de suporte de um centro comercial tal como o entendemos.

A terceira, sendo de longe a mais frequente entre nós, como o é no Brasil, absorve precisamente um dos factos jurídicos que, traduzindo, na sua essência regulativa, o mais profundo significado que os centros comerciais podem ter para o Direito, constitui, talvez, o maior ponto de controvérsia que os centros comerciais têm apresentado face ao nosso sistema jurídico: o contrato celebrado entre o promotor do centro e o lojista, por via do qual este instala um estabelecimento comercial, dessa forma aderindo à empresa de conjunto.

37. A PESSOA COLECTIVA ÚNICA

Tal como o referimos e temos vindo a explicar ao longo destas nossas considerações, a experiência francesa constitui uma demonstração da possibilidade ou viabilidade de erigir um centro comercial com base numa única pessoa colectiva, de cujas partes se tornam titulares os lojistas.

Não repetiremos tudo aquilo que atrás deixámos dito sobre a estruturação jurídica de alguns centros comerciais em França sob a forma de *magasins collectifs de commerçants indépendants* – para aí se remete.

Relembraremos, apenas, que tais *magasins collectifs de commerçants indépendants* se estruturam com base num *groupement d'intérêt*

Capítulo quarto – Estruturas jurídicas dos centros comerciais estruturas 141

économique, numa *société anonyme à capital variable* ou, ainda, numa *société coopérative de commerçants détaillants,* tal como o prescreve o regime legal especificamente criado para os regular [343], sendo-lhes aplicável, em tudo o que aí não venha expressamente previsto, o regime jurídico característico dessas pessoas colectivas [344].

Evidentemente, a utilidade desta experiência francesa é relativa para nós: não tanto pelas peculiaridades do regime jurídico francês daqueles três tipos de pessoas colectivas mas, sobretudo, pela inexistência entre nós de um específico regime jurídico equiparável ao dos *magasins collectifs de commerçants indépendants.* Com efeito, este último permite em França a correcção das inadequações dos regimes jurídicos do *groupement d'intérêt économique,* da *société anonyme à capital variable* ou da *société coopérative de commerçants détaillants* à realidade dos centros comerciais, assim se evitando a sua desvirtuação, o que não acontece entre nós face v.g. à estruturação de um centro comercial como sociedade comercial ou como agrupamento complementar de empresas – para referir apenas duas das modalidades possíveis com alguma correspondência nos modelos franceses.

Ainda assim, podemos ensaiar algumas reflexões sobre a viabilidade de estruturar os centros comerciais como sociedade comercial ou agrupamento complementar de empresas.

Partamos de alguns dos motivos que estiveram na origem da lei dos *magasins collectifs de commerçants indépendants,* precisamente, porque esta põe em evidência aquilo que o legislador francês considerou como factores essenciais à lógica de funcionamento dos centros comerciais e que poderiam ser postos em risco pelo regime jurídico das pessoas colectivas adoptadas para os estruturar.

Uma das preocupações da lei francesa dos *magasins collectifs de commerçants indépendants* foi a de assegurar a titularidade dos estabelecimentos comerciais na esfera jurídica dos lojistas. Se é certo que isso tem, em França, um significado distinto daquele que temos vindo a adoptar, a verdade é que, mesmo atendendo a este último significado essa lei não deixa de dar fortes indicações.

---

[343] Foi, de resto, tal diploma legal que esteve na origem desse nome – *magasins collectifs de commerçants indépendants.*

[344] G. Ripert e R. Roblot, *Traité de Droit Commercial* cit., p. 447.

142 *A empresa nos centros comerciais e a pluralidade de estabelecimentos*

Assim, esclarece-se, expressamente, que o lojista não pode entrar para a pessoa colectiva com o seu estabelecimento comercial [345].

Mais se esclarecem quais os aspectos de exploração conjunta das lojas – artigo 10.º – tudo o mais ficando entregue ao critério do respectivo lojista: de uma análise do que aí se prevê, fácil é concluir que a essência da gestão de cada loja fica entregue a cada comerciante lojista – há, muito claramente, uma diferenciação de funções produtivas.

Outro dos objectivos que a lei dos *magasins collectifs de commerçants indépendants* visa é o de assegurar que todos os lojistas – titulares da pessoa colectiva de conjunto – não caiam na dependência de um deles que, dessa forma, se tornaria maioritário [346]: esclarece que as participações de cada lojista na pessoa colectiva não têm qualquer correspondência com o valor do estabelecimento de que o mesmo é titular [347]. O objectivo de que a entidade de conjunto prossiga a sua actividade de forma independente, sem correr o risco de se converter em mais uma peça da estratégia comercial de apenas algum ou alguns dos lojistas, torna-se evidente.

Finalmente, salientaríamos, ainda, a especial necessidade de um cuidadoso e equilibrado regime de exclusão do lojista faltoso. Prevê-se neste, fundamentalmente, a possibilidade de excluir o lojista que violou as determinações da política de gestão comum [348], sabendo-se que, dessa forma, ao pôr em causa a imagem unitária do empreendimento, está a prejudicar todos os outros [349].

---

[345] Artigo 5.º.

[346] Cfr. YVES GUYON, *Droit des Affaires* cit., p. 93 e JEAN-CHRISTIAN SERNA, *Sociétés coopératives de commerçants détaillants et magasins collectifs de commerçants indépendants* cit., p. 449.

[347] Artigo 5.º.

[348] Cfr. artigos 14.º e 10.º.

[349] Sobre a *ratio* e conteúdo do regime de exclusão veja-se v.g. R. HOUIN e M. PEDAMON, *Droit Commercial* cit., p. 270, ALFRED JAUFFRET, *Exploitation d'un fonds de commerce dans un magasin collectif* cit., pp. 66-67, G. RIPERT E R. ROBLOT, *Traité de Droit Commercial* cit., p. 447, LAVABRE, *Centres commerciaux* cit., p. 103 e JEAN-CHRISTIAN SERNA, *Sociétés coopératives de commerçants détaillants et magasins collectifs de commerçants indépendants* cit., p. 447, explicando este autor que um dos problemas que se colocou aquando da elaboração da lei foi o do regime de evicção do comerciante indisciplinado, tendo-se perfeita consciência de que as tradicionais regras do arrendamento comercial eram ineptas para o efeito, dado que tornam tal evicção demasiado difícil.

Capítulo quarto – Estruturas jurídicas dos centros comerciais estruturas   143

Todos estes aspectos põem em evidência a manutenção de algo que é tido, igualmente pelo legislador francês, como essencial à estruturação jurídica dos centros comerciais: os comerciantes, participando embora na estrutura que garante a necessária gestão unitária, mantêm-se fundamentalmente independentes [350].

A verdade é que essa não é a típica vocação de princípio da sociedade. Aqui as pessoas singulares associam-se a fim de, tipicamente, desenvolverem uma actividade comum, abdicando, na medida em que participam nessa actividade, da sua independência.

Ponderando a possibilidade de conceber todo o centro comercial como uma sociedade comercial, a doutrina brasileira, de forma quase [351] unânime [352], tem negado essa possibilidade com base na circunstância de inexistir a *affectio societatis*: não há o exercício em comum duma mesma actividade com participação nos lucros e nas perdas. Essa razão leva mesmo a afastar a possibilidade de estruturação com base noutras fórmulas associativas, como a conta em participação ou a *joint venture* [353].

A circunstância dos aspectos de regime da lei francesa que se deixam referidos colidirem com o regime jurídico das sociedades comer-

---

[350] JEAN-CHRISTIAN SERNA, *Sociétés coopératives de commerçants détaillants et magasins collectifs de commerçants indépendants* cit., p. 448.

[351] Em sentido contrário, veja-se ANTONIO LINDBERG MONTENEGRO, *Responsabilidade civil dos shopping centers* cit., p. 255 e doutrina que aí cita nesse sentido.

[352] ORLANDO GOMES, *Traços do perfil jurídico de um shopping center* cit., p. 110; DARCY BESSONE, *Problemas jurídicos do shopping center* cit., p. 26; CAIO MÁRIO DA SILVA PEREIRA, *Shopping-Centers. Organização económica e disciplina jurídica* cit., p. 3 e *Intervenção no Simpósio* cit., p. 10; RUBENS REQUIÃO, *Intervenção no Simpósio* cit., pp. 22-23 e *Considerações jurídicas sobre os centros comerciais* cit., p. 127; LUÍS ANTÔNIO DE ANDRADE, *Considerações sobre o aluguel* cit., p. 177; DINAH RENAULT PINTO, *Shopping Center* cit., p. 20; JOSÉ DA SILVA MAQUIEIRA, *Shopping centers* cit., p. 141 e NELSON KOJRANSKI, *A Denúncia Vazia* cit., p. 38;

[353] Desde cedo o tem salientado, entre nós, ANTUNES VARELA, *Os Centros Comerciais* cit., p. 49. Neste sentido se pronunciam resolutamente: PENALVA SANTOS, *Regulamentação jurídica do "shopping center"* cit., pp. 116-117; RUBENS REQUIÃO, *Intervenção no Simpósio* cit., pp. 22-23 e *Considerações jurídicas sobre os centros comerciais* cit., p. 127; DINAH RENAULT PINTO, *Shopping Center* cit., p. 20; CAIO MÁRIO DA SILVA PEREIRA, *Shopping-Centers. Organização económica e disciplina jurídica* cit., p. 3 e *Intervenção no Simpósio* cit., p. 10; ORLANDO GOMES, *Traços do perfil jurídico de um shopping center* cit., pp. 110-111; LUÍS ANTÔNIO DE ANDRADE, *Considerações sobre o aluguel* cit., p. 177; NELSON KOJRANSKI, *A Denúncia Vazia* cit., p. 38 e JOSÉ DA SILVA MAQUIEIRA, *Shopping centers* cit., p. 141.

144   *A empresa nos centros comerciais e a pluralidade de estabelecimentos*

ciais, tal como o conhecemos, resulta apenas da fundamental diferença que se deixa em relevo: sendo una, apesar de comum, a actividade, desapareceria o centro comercial naquilo que de *sui generis* contém como fórmula de integração comercial – tenderia para a uniformização da função produtiva, dando origem a apenas um estabelecimento comercial [354].

Não terá sido mero acaso a circunstância de em França a esmagadora maioria dos *magasins collectifs de commerçants indépendants* ter optado por estruturar-se como *groupement d'intérêt économique,* rejeitando a estrutura societária ou cooperativa [355].

Pelo que respeita à eventual adequação do *agrupamento complementar de empresas* tal como foi regulamentado entre nós pela Lei n.º 4/73 de 4 de Junho e pelo Decreto-Lei n.º 430/73 de 25 de Agosto, ficam à vista de algum modo os problemas que em França têm sido enfrentados e que não se deixariam de colocar entre nós, em consequência da manifesta semelhança entre essa estrutura jurídica da empresa e o *groupement d'intérêt économique* [356].

Em ambas essas estruturas jurídicas pretende-se criar um agrupamento que pode adquirir personalidade jurídica [357] e que tem como função essencial a melhoria das condições de exercício das actividades dos seus membros [358], motivo pelo qual isto é, dado o seu carácter secundário ou acessório das actividades individuais próprias de cada membro, não visa directamente uma actividade lucrativa [359].

Face à evolução do fenómeno associativo dos comerciantes, que esteve na origem de alguns dos centros comerciais em França (que atrás assinalámos), é com toda a naturalidade que surgem os *groupement*

---

[354] É o que acontece com os *grandes armazéns.*

[355] Conforme nos informam JEAN-PAILLUSSEAU e PAUL LE FLOCH, *Magasins Collectifs de Commerçants Indépendants* cit., p. 4.

[356] O legislador português, tal como nos informam PINTO RIBEIRO e PINTO DUARTE, *Dos Agrupamentos Complementares de Empresas* cit., p. 47., inspirou-se, em grande medida, nas soluções do seu homólogo francês, de onde resulta uma enorme semelhança de regimes.

[357] Base IV da Lei 4/73 e artigo 3.º da *Ordonnance* n.º 67-821 de 23 de Setembro de 1967.

[358] Cfr. base I, 1., da Lei 4/73 e artigo 1.º, § 2 da *Ordonnance* n.º 67-821.

[359] Assim o afirma a base II, 1., da Lei 4/73, o que já não acontece com a *Ordonnance* n.º 67-821, que inicialmente continha disposição idêntica quanto à finalidade não directamente lucrativa, disposição essa que foi suprimida pela Lei n.º 89-377 de 13 de Junho 1989.

d'intérêt économique, como instrumento privilegiado de estruturação dos centros comerciais: inicialmente estes constituíam fórmulas um pouco mais desenvolvidas do que as cooperativas de consumo, mas mais não eram do que meras forças de apoio do comerciante. A actividade unitária desenvolvida nos centros comerciais não tinha uma finalidade em si, diversa da prosseguida pelos membros.

Com os crescentes níveis de integração a que se assistiu, tornou-se evidente a inadequação dos *groupement d'intérêt économique* para estruturar os centros comerciais: como atrás se viu, a crescente autonomização e desenvolvimento da actividade unitária por si produzida levou à sua consideração como titular de um estabelecimento próprio, visto que, enquanto entidade de conjunto, polariza ou atrai a grande maioria da clientela do centro. De resto, como igualmente se viu, a tendência mais recente vai até ao ponto de reconhecer ao *groupement d'intérêt économique* a possibilidade de, graças à sua actividade autónoma, beneficiar do estatuto de protecção dos *baux commerciaux.*

Concluindo, pensamos poder afirmar que o agrupamento complementar de empresas consiste, também ele, numa estrutura inadequada à realidade juridicamente relevante, tal como ela se nos apresenta nos centros comerciais: a entidade de conjunto desenvolve uma actividade económica que cumpre uma função produtiva própria, não sendo adequada a aplicação de uma estrutura jurídica, cuja vocação é meramente acessória de actividades externas [360].

38. A PROPRIEDADE HORIZONTAL

Não muito frequente mas, ainda assim, verificáveis, são os casos em que as várias unidades independentes do edifício em que se instala o centro comercial, são vendidas aos lojistas que aí instalam o seu estabelecimento comercial. A venda de cada unidade, será feita, tendencial embora não necessariamente, tendo em vista, desde logo, as exigências de uma estratégica distribuição das lojas: para além da construção do edifício, a contratação dos lojistas obedece já a um projecto comercial de conjunto.

---

[360] Tal conclusão não resultará, naturalmente, alterada, caso se faça em Portugal o que se fez em França (suprimir a referência à finalidade não directamente lucrativa) – veja-se nota anterior.

146   *A empresa nos centros comerciais e a pluralidade de estabelecimentos*

Parte da doutrina considera que esta é uma fórmula perfeitamente admissível de estruturação jurídica do centro comercial, já que o regime jurídico da propriedade horizontal, por via dos mecanismos previstos para a administração das partes comuns, asseguraria a necessária administração unitária do centro [361].

Há que distinguir, na análise da admissibilidade desta forma de estruturação jurídica dos centros comerciais, duas questões diferentes: um problema é o de apurar se o regime legalmente previsto para a propriedade horizontal é suficiente para suportar a actividade económica, tal como a deixámos atrás descrita, desenvolvida por quem esteja encarregue da gestão unitária; problema distinto será o de, independentemente do regime jurídico aplicável a tal actividade, concluir se é possível configurar um centro comercial com a fórmula jurídico-comercial que lhe detectámos, nos casos em que os lojistas são proprietários (ou titulares de outro direito real bastante) dos locais em que, individualmente, exercem o seu comércio.

A resposta à primeira pergunta foi expressamente dada por OLIVEIRA ASCENSÃO, quando pôs em evidência que, a propriedade horizontal, constituindo, como constitui, uma estrutura essencialmente estática, destinada fundamentalmente a servir de suporte a uma situação meramente imobiliária, isto é, sem qualquer componente comercial ou exploracional – limita-se a subscrever uma lógica de mera manutenção – é manifestamente insuficiente para acolher a actividade de gestão comum do centro [362].

---

[361] Assim se manifestam, nomeadamente, GALVÃO TELLES, *Contrato de utilização de espaços nos centros comerciais* cit., p. 523, PINTO FURTADO, *Manual do Arrendamento* cit., p. 241 e VICENTE ORTEGA LLORCA, *El arrendamiento de locales de negocio. Problemática de los Grandes Centros Comerciales* cit., pp. 160 e s.. Igualmente o fez o Supremo Tribunal de Justiça por Acórdão de 8 de Julho de 1986, publicado no Boletim do Ministério da Justiça, n.° 359, Outubro de 1986, pp. 713 e s., muito embora não se tenha pronunciado sobre a possibilidade do regime jurídico de administração das partes comuns absorver as necessidades de administração unitária do centro comercial, mantendo, isso sim, a preocupação de esclarecer que o fim comercial das fracções do edifício não compromete a aplicabilidade do regime de propriedade horizontal. Tal aplicabilidade está, igualmente, suposta no teor do Acórdão do Tribunal da Relação de Lisboa de 22 de Fevereiro de 1996, publicado na Colectânea de Jurisprudência, Ano XXI, 1996, Tomo I, pp. 127-128.

[362] *Integração Empresarial* cit., pp. 31-32. Neste sentido se manifesta, igualmente, PESTANA DE AGUIAR, *Mundo jurídico dos shopping center* cit., p. 180.

Capítulo quarto – Estruturas jurídicas dos centros comerciais estruturas 147

A forma pela qual atrás descrevemos a complexidade da actividade do promotor do centro, que explora autonomamente um estabelecimento comercial, dispensa-nos, ao que pensamos, de maiores desenvolvimentos na demonstração do que acaba de referir-se.

Pelo que respeita à possibilidade de existirem centros comerciais nos casos em que os lojistas são proprietários dos locais onde instalam o seu estabelecimento, a doutrina e a jurisprudência tendem a admitir que essa constitui uma forma de estruturação jurídica dos centros comerciais [363].

Salientamos, novamente, que na nossa análise de algumas das possíveis estruturas jurídicas dos centros comerciais pretendemos apurar da compatibilidade de tais fórmulas com a delimitação dos centros comerciais, tal como atrás a fizemos: a posição unitária de mercado.

Será possível admitir a constituição de um centro comercial com uma unitária posição de mercado em que todos os lojistas (ou a maioria deles) são proprietários das unidades individualizadas?

Sempre se poderá acrescentar que a especial dificuldade representada pela manifesta inadequação do regime jurídico da propriedade horizontal para absorver a exigente actividade económica de gestão e manutenção da posição unitária de mercado, não tem de constituir obstáculo intransponível. Podem, por hipótese, os lojistas constituir uma pessoa colectiva para esse expresso efeito, assim assegurando uma estrutura adequada.

Apesar desta fórmula, encontramos dificuldades relativamente insuperáveis.

A circunstância de os lojistas serem proprietários das lojas, nos casos típicos, tem algumas consequências de regime que não podem ser ignoradas.

A existência na titularidade de cada lojista do direito de propriedade sobre o local onde exerce a sua actividade implica uma nítida separação entre espaços de gestão da entidade de conjunto e os espaços de cada lojista.

---

[363] Para além dos autores e acórdãos que atrás citámos, vejam-se, ainda, Caio Mário da Silva Pereira, *Shopping-Centers. Organização económica e disciplina jurídica* cit., p. 4; Jean Paillusseau e Paul Le Floch, *Centres commerciaux* cit., pp. 11-13; Rubens Requião, *Considerações jurídicas sobre os centros comerciais* cit., p. 125; Penalva Santos, *Regulamentação jurídica do "shopping center"* cit., pp. 99-100; Ladislau Karpat, *Shopping Centers* cit., pp. 57-58; Acórdão da Relação de Lisboa de 18 de Março de 1993, publicado na Colectânea de Jurisprudência, Ano XVIII, 1993, Tomo II, pp. 117-118.

148 *A empresa nos centros comerciais e a pluralidade de estabelecimentos*

Com efeito, a parte do imóvel que é destinada à gestão comum, pela natureza própria da propriedade horizontal, passa a ser constituída apenas, pelas partes comuns do edifício ou edifícios.

Sobre cada fracção em propriedade (por definição, mas não necessariamente) exclusiva, o condómino respectivo exerce todos os poderes que a sua qualidade de proprietário lhe permitem.

Entre esses poderes contam-se os de uso, fruição e disposição da coisa, o que significa, nomeadamente, que pode o lojista: utilizar a sua fracção, no âmbito da caracterização do estabelecimento que lá instala, da forma que entender; pode até proceder a uma modificação total ou mesmo substituição do estabelecimento; vender o imóvel a quem entender; trespassar o estabelecimento comercial a quem entender; ceder a sua exploração; locar a fracção ou de outro modo onerá-la; etc..

Estas amplas possibilidades de actuação reconhecidas ao proprietário, sem necessidade de qualquer autorização ou consentimento, podem pôr em causa a unidade do centro: chocam ou podem chocar, sem uma ponderação de adequação por parte da entidade encarregue da gestão unitária, com a harmonia e imagem unitária do centro comercial, comprometendo o empreendimento como espaço de integração empresarial, com prejuízo de todos [364].

Nem se pretenda que esta especial forma de propriedade implica especiais restrições para os condóminos no gozo da coisa, o que permitiria a salvaguarda do espaço de perda de autonomia que o lojista tem pelo que respeita à gestão da sua loja, o que sabemos ser essencial à criação e manutenção da posição de mercado unitária: os artigos 1422.º e 1424.º e s. do Código Civil Português, impõem especiais restrições, atendendo apenas à compatibilidade de gozo pela comunhão de espaço e não, atendendo, naturalmente, às, restrições, muito maiores, que resultam de uma compatibilidade de exploração de estabelecimentos no seio de um projecto de integração empresarial.

---

[364] Notem-se, a este propósito, as palavras de PESTANA DE AGUIAR a propósito da possibilidade de organizar o centro comercial com base na venda das lojas:

A ideia acima, imaginosa, tem sido raramente posta em prática por ser arriscada ao poder desmantelar, a médio prazo, o tenant mix, o controle das atividades dos lojistas com baixo faturamento e má apresentação, os cuidados máximos na manutenção e no aprimoramento das partes comuns e dos equipamentos de conforto e lazer lá instalados, as chamadas publicitárias do shopping, e tudo o mais de know-how conducente ao sucesso do empreendimento – Mundo jurídico dos shopping center cit., p. 182.

Capítulo quarto – Estruturas jurídicas dos centros comerciais estruturas   149

Ainda que algumas destas delimitações do conteúdo do direito de propriedade possam ser admitidas sem ofensa das várias manifestações que o princípio da tipicidade tem nos direitos reais [365], o problema residiria, fundamentalmente, na fórmula jurídica de exclusão do lojista infractor que, dessa forma, põe em causa o carácter unitário do centro comercial.

Com efeito, sendo o lojista proprietário da fracção onde exerce a sua actividade, e face ao âmbito de protecção jurídica que tal qualidade lhe confere, seria muito difícil obter a sua evicção com justa causa [366].

Pelo que acabamos de expor, somos de opinião que a fórmula jurídica de estruturação dos centros comerciais baseada na titularidade, por parte dos lojistas, do direito de propriedade das unidades autónomas onde se vão instalar, em regime de propriedade horizontal, não contém uma vocação de princípio que permita suportar e manter o centro comercial como entidade com uma unitária posição de mercado [367].

---

[365] Sobre o princípio da tipicidade nos direitos reais e a possibilidade de alteração do conteúdo dos mesmos, vejam-se MENEZES CORDEIRO, *Direitos Reais* cit., I, pp. 467--468 e 528-529, Manuel Henrique MESQUITA, *Direitos Reais* cit., p. 49; OLIVEIRA ASCENSÃO, *Direito Civil. Reais* cit., pp. 152 e s., 242 e s. e 324; CARVALHO FERNANDES, *Direitos Reais* cit., pp. 67-68.

[366] Assim o manifesta JEAN-CHRISTIAN SERNA, *Sociétés coopératives de commerçants détaillants et magasins collectifs de commerçants indépendants* cit., p. 447, que põe em evidência a circunstância de esse ter sido um dos motivos subjacentes à fórmula adoptada pela lei dos *magasins collectifs de commerçants indépendants,* que expressamente quis excluir da titularidade de cada lojista um direito que lhe permitisse o uso da unidade autónoma sem passar pela participação na pessoa colectiva de conjunto, esta sim titular do direito – real ou de crédito – que permite a instalação do centro comercial no imóvel.

[367] Neste sentido, de alguma forma, se pronunciam ORLANDO GOMES, *Traços do perfil jurídico de um shopping center* cit., pp. 91-92, WASHINGTON DE BARROS MONTEIRO, *Shopping Centers* cit., p. 162, DINAH RENAULT PINTO, *Shopping Center* cit., p. 24, MARIA ELISA VERRI, Shopping Centers – *Aspectos jurídicos e suas origens* cit., pp. 40-42 e ALMEIDA E SILVA, *Intervenção no Seminário* cit., p. 38. É também a conclusão que se retira da noção de centro comercial constante dos estatutos da *Associação Brasileira de Shopping Centers:* tal como atrás anotámos esse é o significado da específica exigência de que a maioria das lojas permaneça objecto de locação. É, ainda, de alguma forma, o sentido em que se manifesta o Tribunal da Relação de Lisboa por Acórdão de 18 de Março de 1993, quando, referindo-se à modalidade de criação de centros comerciais organizados não por uma única entidade mas pelo conjunto dos titulares das lojas, afirma:

(...) *os centros comerciais de organização horizontal têm frequentes dificuldades em manter-se a funcionar de forma harmónica, tornando-se mais um con-*

150 *A empresa nos centros comerciais e a pluralidade de estabelecimentos*

Ao que pensamos, por via desta específica modalidade de estruturação jurídica, ficaria algo comprometida a efectiva integração empresarial – nos moldes em que a temos vindo a entender.

SECÇÃO ÚNICA

O CONTRATO DE INSTALAÇÃO DO LOJISTA

39. PONTO DE REFERÊNCIA

Nesta terceira modalidade de estruturação jurídica dos centros comerciais, após a construção do imóvel e eventual dotação do mesmo de alguns bens de equipamento que vão integrar as zonas comuns ou até cada unidade independente, aquele que é o proprietário do edifício ou edifícios, em vez de vender tais unidades independentes – como acontece no caso anterior – dessa forma rentabilizando o capital que investiu, mantém-se como titular do estabelecimento que prossegue a actividade de conjunto, cedendo aos lojistas, por via contratual, a utilização das unidades autónomas.

De salientar que não tem de ser o proprietário (ou o titular de direito real bastante para o efeito) do prédio rústico ou urbano em que se vai instalar o centro comercial a conceber e criar o estabelecimento comercial que vai desenvolver a actividade de conjunto, apesar de ser ele quem vai desenvolver tal actividade, dado que será ele o titular desse estabelecimento: poderá contratar alguém para aquele efeito [368].

---

junto desajustado de estabelecimentos, sem complementaridade entre si e a caírem rapidamente em degradação (...).

Daí que, na prática e segundo uma perspectiva exterior, os centros comerciais que se mostram melhor organizados e mais eficazes, são centros comerciais em que a organização pertenceu a uma entidade que manteve nas suas mãos o controlo sobre a gestão do centro comercial – Colectânea de Jurisprudência, Ano XVIII, 1993, Tomo II, p. 118.

[368] Advirta-se que este contrato não é especialmente típico dos centros comerciais: será um contrato de prestação de serviços ou até mesmo de empreitada, dependendo fundamentalmente do tipo de prestação solicitada pelo proprietário, das várias a serem realizadas na complexa actividade de construção do edifício e, posteriormente, de concepção e criação do estabelecimento comercial do promotor (do qual a disponibilidade do edifício é parte).

Capítulo quarto – Estruturas jurídicas dos centros comerciais estruturas   151

Situação diversa mas que, igualmente, ocorre na prática, é a do titular do direito de propriedade sobre o edifício celebrar contrato, por via do qual não só a concepção e criação do estabelecimento do promotor do centro, mas inclusivamente a sua exploração posterior, ficam entregues à contraparte – o *contrato de implementação de centro comercial* [369]. Nesta eventualidade, e contrariamente ao que acontece na anterior, o contrato celebrado com os lojistas, que permite a sua instalação no centro, é celebrado, não com o titular do direito sobre o edifício, antes com o *implementador* (entendendo-se por *implementador* aquele que celebrou o contrato de implementação de centro comercial com o proprietário do edifício) [370].

Sendo certo que a actividade a desenvolver pelo implementador do centro envolve a celebração dos contratos de instalação dos lojistas e sendo igualmente certo que a natureza destes últimos contratos não varia pela circunstância de serem celebrados pelo proprietário do imóvel ou por alguém contratado por este (em ambos os casos é o titular do estabelecimento do promotor que está em causa [371]), cuidaremos, de seguida, da análise dos contratos de instalação dos lojistas nos centros comerciais.

40. RAZÃO DE ORDEM E MÉTODO

Não é pacífica entre nós a qualificação jurídica do contrato de instalação do lojista em centro comercial. Não tendo sido objecto de específica consideração legislativa, discute-se não apenas o seu regime mas, inclusivamente, e sobretudo, a sua tipicidade ou atipicidade [372] e, em ambos os casos, a sua específica caracterização.

---

[369] Numa expressão de PEDRO ROMANO MARTINEZ, *Contratos em Especial* cit., p. 306. Aqui o implementador passa a ter o papel, tal como o temos vindo a designar, de promotor.

[370] Sobre a qualificação jurídica deste contrato veja-se o Acórdão do Supremo Tribunal de Justiça de 12 de Julho de 1994, publicado na Colectânea de Jurisprudência, Ano II, Tomo II, 1994, pp. 176 e s. e ANTUNES VARELA, *Centros Comerciais: natureza jurídica dos contratos de instalação dos lojistas – Anotação* cit., pp. 150-151 e 177.

[371] É difícil negar tal qualidade ao implementador quando foi ele que criou o estabelecimento comercial do promotor para ser, por si, explorado.

[372] O facto de não ter sido objecto de específica consideração legislativa não impõe, desde logo, a conclusão de que seja um contrato atípico: pode muito bem acontecer (o que é, como se verá, defendido por alguns) que se trate de uma manifestação de um dos tipos contratuais existentes no nosso sistema jurídico.

Sendo certo que a determinação do seu regime jurídico depende, em grande medida, da sua qualificação, preocupar-nos-emos fundamentalmente com esta última, muito embora, ao que pensamos, tal qualificação, em grande parte, decorre de tudo aquilo que temos vindo a considerar até ao momento.

O juízo de atipicidade legal de um contrato – entendida esta como a não correspondência a uma figura especialmente regulada no nosso sistema jurídico [373] – é uma operação, por vezes, complexa que não dispensa uma, ainda que breve, tomada de posição quanto ao método a usar.

Muito recentemente, PEDRO PAIS DE VASCONCELOS versou específica e detalhadamente tal matéria, pondo em evidência que tal juízo de adequação ao tipo contratual legal passa ou pode passar por uma fórmula de natureza tipológica ou por uma fórmula de natureza subsuntiva.

No juízo por natureza subsuntivo temos a matéria de facto como permissa menor, os tipos contratuais elegíveis como permissa maior, havendo, posteriormente, que compatibilizar os resultados das várias e subsequentes tentativas de subsunção [374]. Este juízo tem carácter binário, traduzindo-se num sim ou não. Pretende-se, por esta via, aferir com segurança e exactidão se o contrato pode subsumir-se ao tipo contratual legalmente previsto e regulado [375]. Este método baseia-se tipicamente numa definição: esta é constituída pela soma dos elementos que se consideram comuns a todas as realidades subsumíveis ao conceito [376].

No juízo por natureza tipológico os tipos contratuais são vistos como um conjunto de modelos de frequência que, sendo meramente paradigmáticos, não esgotam o espaço amplo da liberdade contratual [377]. Aqui o juízo de correspondência é graduável, podendo o contrato em análise ser mais ou menos típico [378]. Este método baseia-se não numa definição baseada numa soma analítica de elementos, mas numa visão

---

[373] Sem ser típico legalmente o contrato, pode ser legalmente nominado: não tem regulamentação particular na lei, mas aí encontra específico *nomen iuris* – Cfr. MENEZES CORDEIRO, *Direito das Obrigações* cit., I, p. 418 e OLIVEIRA ASCENSÃO e MENEZES CORDEIRO, *Cessão de Exploração* cit., p. 851.

[374] PEDRO PAIS DE VASCONCELOS, *Contratos Atípicos* cit., pp. 8-9.

[375] PEDRO PAIS DE VASCONCELOS, *Contratos de Utilização de Lojas em Centros Comerciais* cit., p. 536.

[376] ENZO ROPPO, *I "nuovi contratti"* cit., p. 9.

[377] PEDRO PAIS DE VASCONCELOS, *Contratos Atípicos* cit., p. 9.

[378] PEDRO PAIS DE VASCONCELOS, *Contratos Atípicos* cit., p. 43.

Capítulo quarto – Estruturas jurídicas dos centros comerciais estruturas 153

abrangente do fenómeno que se analisa, de forma a nele colher não a soma dos seus elementos mas o seu complexo modo de ser, o que permite a sua captação na globalidade [379].

Em ambos os casos, o juízo de adequação passa pela prévia caracterização do contrato objecto de qualificação, sendo certo que o modo pelo qual se processa tal caracterização é, tendencialmente, diverso na opção subsuntiva ou na tipológica.

O método subsuntivo, subscrevendo uma lógica essencialmente conceptual, procura no conteúdo dos contratos a determinação dos elementos essenciais, naturais e acidentais [380]. Os primeiros constituem, precisamente, o conteúdo mínimo para que se possa estabelecer o juízo de correspondência ou subsunção no tipo ou no conceito legal: na falha de um dos elementos essenciais concluir-se-á pela exclusão.

Este método, porque rigoroso e de resultados seguros, pelo seu reducionismo relativamente à realidade que classifica, apenas permite a sua apreensão de forma unidimensional: ela importa não tanto pela forma como se nos revela, mas na medida em que contenha alguns dos aspectos, dos vários fornecidos pelo regime legal, tidos por essenciais. Dito de outro modo: a essencialidade dos aspectos regulativos do contrato em análise tende a ser vista pelo critério da lei e não tanto pela sua natureza própria enquanto fenómeno não apenas jurídico mas de forte componente económico-social.

O método tipológico, diversamente, porque não descura os vários aspectos juridicamente relevantes que o contrato apresenta, interessa-se, nomeadamente, por todos os elementos do contrato, sejam eles, por qualquer critério, essenciais, naturais ou acidentais. Evidentemente que, alargando-se na área de análise, ganha-se em proximidade à realidade que descreve, perdendo-se em rigor e segurança.

Não obstante, há aqui uma ponderação unitária que permite uma apreensão do sentido unitário, da natureza própria, da realidade contratual com que lidamos. Essa ponderação, sendo intencionalmente feita sob o prisma do escopo da norma e da sua ideia regulativa, permite a apreensão da componente de dever-ser que a própria realidade

---

[379] ENZO ROPPO, *I "nuovi contratti"* cit., pp. 9-10.

[380] Sobre o significado, evolução e crítica da concepção dos *elementos do contrato,* veja-se PEDRO PAIS DE VASCONCELOS, *Contratos Atípicos* cit., pp. 70 e s. e a doutrina que abundantemente aí cita.

contratual inevitavelmente contém (o direito enquanto fenómeno de cultura, enquanto factor de decisão, encontra em matéria dos contratos uma área de eleição). Assim se concebe o *tipo real normativo* de que nos fala LARENZ [381].

A necessária caracterização dos contratos que permita a identificação dos elementos susceptíveis de individualizar os tipos, que, sabemo-lo, vai bastante mais longe do que os *essentialia negotii*, permite apurar os índices do tipo: *aquelas qualidades ou características que têm capacidade para o individualizar, para o distinguir dos outros tipos e para o comparar, quer com os outros tipos, na formação de séries e de planos, quer com o caso, na qualificação e na concretização* [382].

Note-se que a opção entre o método conceptual ou o método tipológico não é de exclusão, antes de complementaridade [383]. Este último, sendo mais adequado para captar a essência dos tipos reais com a sua carga normativa, permite um enriquecimento, com garantia de adequação e fidelidade, às definições conceptuais subjacentes aos tipos legais que, por sua vez, admitem a subsunção. Esta, pelo seu lado, permite testar a adequação, não apenas dos resultados da qualificação mas, igualmente, das tendências regulativas que se obtêm com o método tipológico.

O que acabámos de referir deixou em relevo que o juízo de atipicidade que ensaiaremos relativamente aos contratos de instalação dos lojistas nos centros comerciais é, naturalmente, dirigido aos tipos contratuais legais.

Transparece, igualmente, do que acabamos de referir que, para além dos tipos legais, existem aqueles que a doutrina vem apelidando de tipos sociais: independentemente de terem uma especifica regulamentação legal, têm origem em práticas contratuais que, pela sua reiteração e relativa uniformidade de conteúdo, permitem uma individualização com base em características próprias [384]. Note-se que tais tipos contratuais sociais são normativos: relembre-se o *tipo real normativo*.

---

[381] *Metodologia da Ciência do Direito* cit., pp. 566-567.

[382] PEDRO PAIS DE VASCONCELOS, *Contratos Atípicos* cit., p. 114. Autor que noutro local acrescenta que os índices do tipo, mesmo quando não sejam, por si só, determinantes, podem ser, simplesmente, indiciantes, isto é, constituir simples indício de qualificação que contribua, mais ou menos intensamente, e, na presença de outros indícios, para o juízo qualificador – *Contratos de Utilização de Lojas em Centros Comerciais* cit., p. 538.

[383] Salienta-o PEDRO PAIS DE VASCONCELOS, *Contratos Atípicos* cit., p. 16

Capítulo quarto – Estruturas jurídicas dos centros comerciais estruturas   155

No caso dos contratos de instalação dos lojistas nos centros comerciais é nossa convicção que muitas das qualificações ensaiadas pela doutrina ignoram simplesmente a riqueza de significado (com inevitáveis consequências de regime e de natureza jurídica profunda) que tem o tipo contratual social subjacente. Com efeito, só a análise deste último permite atentar na riqueza profunda, no cerne, no ponto de vista unitário, que permite uma generalização efectivamente abrangente, porque se revê nos vários aspectos regulativos.

Esta tendência de busca do sentido unitário do contrato é, em grande medida, traduzida por expressões como *procura dos valores em jogo na espécie negocial particular* [385] e, sobretudo, na constante referência à causa do contrato, entendida como o esquema essencial ou núcleo de concertação de interesses, a função económico-social própria [386].

---

[384] Para PEDRO PAIS DE VASCONCELOS para que se possa falar de um tipo social é necessário:

    (...) *que se verifique uma pluralidade de casos: a tipicidade não é compatível com a individualidade.*

    (...) *que essa pluralidade se traduza numa prática, quer dizer, que entre os casos que constituem a pluralidade haja uma relação ou ligação tal que eles se reconheçam como aparentados ou do mesmo tipo e que essa prática seja socialmente reconhecível, quer dizer, que seja, no meio social em que é praticada, reconhecida como uma prática e não apenas como uma ou mais coincidências fortuitas.*

    (...) *que exista, no meio social em que é praticada, uma consciência assumida, em termos tendencialmente gerais e pacíficos, da vigência e da existência dessa prática como algo de vinculativo, como modelo de referência e padrão de comparação, e como norma de comportamento* (...) – *Contratos Atípicos* cit., pp. 60-61.

[385] ANTUNES VARELA, *Os Centros Comerciais* cit., p. 50.

[386] ANTUNES VARELA, *Centros Comerciais: natureza jurídica dos contratos de instalação dos lojistas – Anotação* cit., p. 370 e 56. Para este autor é a causa, entendida nos termos que se deixam descritos, que permite ajuizar da tipicidade ou atipicidade legal dos contratos – *Das Obrigações em geral* cit., I, pp. 281-282. Neste mesmo sentido (não só em geral mas, igualmente, a propósito dos contratos que aqui analisamos), isto é, optando pela causa, entendida como função económico-social, se pronunciam ainda: ORLANDO GOMES, *Traços do perfil jurídico de um shopping center* cit., pp. 94-96 e 114; ÁLVARO VILLAÇA AZEVEDO, *Atipicidade mista* cit., pp. 38; PENALVA SANTOS, *Regulamentação jurídica do "shopping center"* cit., pp. 114-115; MARIA ELISA VERRI, Shopping Centers – Aspectos jurídicos e suas origens cit., pp. 66-67 e DARCY BESSONE, *Problemas jurídicos do shopping center* cit., p. 21.

Face ao que acabamos de expor iremos adoptar como instrumento de análise do contrato de instalação dos lojistas os atrás identificados indíces do tipo [387] assim delimitados: o objecto [388]; o fim [389]; a causa [390] e o sentido [391].

Antes disso, porém, ainda que de forma instrumental, algo se nos impõe: uma breve descrição do conteúdo que habitualmente estes contratos assumem. Se é certo que damos tal conteúdo em grande medida por suposto, a verdade é que, se se discute a própria tipicidade ou atipicidade legal do contrato, dificilmente se consegue evitar o recurso a argumentos que partam de algumas das cláusulas que habitualmente o compõem, além de que é nossa intenção proceder a uma análise de algum modo abrangente (o que não significa que não apontemos apenas algumas das clausulas mais significativas, não apenas pela extrema riqueza e detalhe que cada contrato tem mas, igualmente, pela relativa diversidade que é possível encontrar em diferentes contratos, do mesmo e sobretudo de diferentes centros comerciais) e não apenas centrada em alguns dos aspectos de conteúdo do contrato tidos por essenciais ou, sequer, por mais relevantes [392].

---

[387] Sobre uma possível classificação de índices do tipo e respectivo significado, veja-se PEDRO PAIS DE VASCONCELOS, *Contratos Atípicos* cit., pp. 117 e s.

[388] Entendendo por objecto os bens efectivamente mobilizados pelo contrato o que inclui igualmente (note-se), na terminologia de alguns, o *objecto mediato* (para quem fale em *conteúdo* e *objecto imediato*) ou, na terminologia de outros, o *objecto submediato* ou de *terceiro grau* (para quem fale em *objecto imediato* e *objecto mediato*) – sobre o significado e tendências no uso destas designações veja-se CARVALHO FERNANDES, *Teoria Geral do Direito Civil* cit., pp. 89-91.

[389] Entendido esse como as finalidades ou as utilidades que as partes visam – cfr. PEDRO PAIS DE VASCONCELOS, *Contratos Atípicos* cit., pp. 126 e s.

[390] Entendida esta com o sentido – objectivo – que prevalentemente assume em Itália (assim, v.g. FRANCESCO MESSINEO, *Contratto innominato* cit., pp. 103 e s. e MICHELE GIORGIANNI, *Causa* cit., pp. 561 e s.) que é aquele que atrás deixámos dito: como função económico-social típica. Sobre os conceitos de causa e sua evolução, veja--se, por todos, PEDRO PAIS DE VASCONCELOS, *Contratos Atípicos* cit., pp. 117 e s..

[391] Por este se entendendo o seu essencial conteúdo axiológico-normativo – cfr. PEDRO PAIS DE VASCONCELOS, *Contratos Atípicos* cit., pp. 149 e s..

[392] Advirta-se que nos referimos ao conteúdo deste contrato independentemente do instrumento usado para as consagrar, desde que, evidentemente, façam parte integrante do contrato: a grande maioria das obrigações que resultam para as partes constam, habitualmente, de um regulamento interno.

Capítulo quarto – Estruturas jurídicas dos centros comerciais estruturas   157

Finalmente, concluiremos se este contrato é legalmente típico ou atípico, quer do ponto de vista conceptual, quer do ponto de vista tipológico: assim nos será permitido, simultaneamente, um juízo de certeza (de inclusão ou exclusão de alguns dos tipos legais) e um juízo de aproximação (de maior ou menor semelhança com alguns dos tipos legais).

SUBSECÇÃO I

DESCRIÇÃO E ANÁLISE

41. O CONTEÚDO

Se bem que descritiva, a breve resenha que agora fazemos de algumas das disposições contratuais habitualmente encontradas neste tipo de contratos não deixa de ser intencional: o cunho interpretativo que aproveitamos para dar à fórmula ou critério encontrado para expor tais disposições resulta, naturalmente, da delimitação dos estabelecimentos comerciais que, no nosso entender, se podem divisar dentro do centro comercial, pelo que para aí remetemos, chamando particular atenção para aquela que entendemos ser a função produtiva característica da actividade do promotor.

Sob o prisma da forma pela qual o promotor se faz remunerar, quer em particular, pelos serviços que presta aos lojistas, quer, em geral, por toda a actividade (que sabemos multifacetada) que desenvolve no sentido da manutenção e reforço da imagem unitária do centro comercial, o lojista vincula-se ao pagamento de uma prestação pecuniária de periodicidade mensal, prestação essa que, na maior parte dos casos, é variável – normalmente, é percentualmente indexada ao valor de facturação da loja e / ou ao valor do total das despesas efectuadas pelo promotor na gestão do centro comercial.

Por vezes essa prestação mensal é cumulada com uma prestação mensal fixa ou, então, esta serve de limite mínimo a pagar por mês, na eventualidade daqueles índices variáveis apontarem para valor inferior.

Para fiscalização do volume de vendas do lojista poderá o promotor ter acesso não apenas à loja mas, inclusivamente, aos instrumentos de contabilidade do lojista.

Pelo que respeita à forma pela qual se prevê expressamente a ingerência do promotor na gestão individual de cada loja, com ressonância na

158 *A empresa nos centros comerciais e a pluralidade de estabelecimentos*

caracterização física da unidade do imóvel especialmente afecta a cada lojista e nas fórmulas de exercício da actividade, tal como produzida por este, é usual encontrar nestes contratos, entre muitas outras disposições de cariz semelhante, as seguintes obrigações a cargo dos lojistas:

- proceder aos trabalhos de acabamento e decoração da loja de modo adequado ao seu específico destino, submetendo previamente à aprovação do promotor o respectivo projecto;
- na elaboração desse projecto dos trabalhos de acabamento e decoração da loja deverão ser respeitados os padrões de qualidade e de estética adoptados pelo centro comercial;
- prosseguir na loja a actividade comercial prevista, com expressa exclusão de qualquer outra;
- desenvolver e exercer tal actividade de forma contínua e ininterrupta, durante todo o período de abertura ao público do centro comercial;
- admitir alterações à disposição e arranjo exterior da loja;
- admitir alterações no plano de distribuição das lojas;
- proceder à decoração exterior, à instalação de equipamentos e à utilização das montras em harmonia com normas impostas a todos os lojistas;
- submeter à aprovação do promotor quaisquer obras que alterem a configuração inicial da loja;
- manter, no desenvolvimento da actividade produzida na loja, o padrão de qualidade expressamente previsto no contrato;
- manter a denominação comercial que adoptar inicialmente, salvo expresso consentimento do promotor;
- autorizar a entrada na loja de alguém expressamente designado para fiscalizar do cumprimento do estabelecido no contrato.

Particularmente típicas são as fórmulas encontradas pelo promotor para garantir a manutenção do estabelecimento comercial, tal como o configurou inicialmente aquando da admissão do lojista. Com efeito, este, sem o consentimento do promotor, fica impedido de:

- trespassar ou ceder, total ou parcialmente, temporária ou definitivamente, o estabelecimento instalado na loja, ou a sua exploração;
- permitir o uso, total ou parcial, da loja por qualquer outra pessoa ou entidade;
- ceder a sua posição contratual.

Capítulo quarto – Estruturas jurídicas dos centros comerciais estruturas 159

Finalmente, no que concerne à expressa menção nos contratos daquelas que são as prestações do promotor, surge, desde logo, a obrigação de ceder temporariamente o uso de uma das lojas com a inerente possibilidade de utilização das zonas comuns.

Mais do que isso, e para além da previsão dos serviços que geram utilidades de que os lojistas beneficiam directamente, como sejam a segurança, a conservação, a limpeza, a manutenção, é habitual fazer-se referência à gestão unitária do centro comercial, aí se incluindo, precisamente, a manutenção das características que, permitindo a individualização do centro comercial, estabelecem a sua imagem unitária: note-se que aqui se inclui o desempenho cumpridor de cada lojista, algo que os restantes podem exigir do promotor.

42. O OBJECTO

Como acabámos de ver, este contrato tem por conteúdo, ou objecto imediato, uma série de prestações que, de forma mais ou menos extensa ou pormenorizada, vinculam ambas as partes.

Poderemos ver no conjunto das prestações que vinculam o promotor ou no conjunto das prestações que vinculam o lojista um sentido unitário ? Indo até um pouco mais longe: será que tais conjuntos de prestações vistos unitariamente permitem apurar um sentido de vinculação global para cada contraente que permita, inclusivamente, compreender que se tenha vinculado a algo mais do que as simples e isoladas prestações?

No fundo, perguntamo-nos se no conjunto das prestações a que cada parte se vincula se pode ou não divisar um bem comum a todas elas, algo que, afinal, a parte se comprometeu a tornar possível, sendo exactamente isso que a contraparte deseja.

Clarificando, ainda, o sentido da nossa interrogação: será que no conjunto das prestações do lojista se divisa um resultado unitário?

Pensamos que sim.

Atendendo àquela que tem sido a nossa orientação em matéria de configuração do estabelecimento comercial, bem como à fórmula empresarial que vimos caracterizar o centro comercial (pluralidade de estabelecimentos numa unidade empresarial), não temos grande dificuldade em afirmar que o lojista, muito mais do que se obrigar a pagar uma quantia (ou várias) variável (ou fixa), obriga-se a criar e fazer funcionar um estabelecimento comercial.

Neste sentido se pronuncia com ênfase OLIVEIRA ASCENSÃO:

(...) embora o negócio não recaia sobre o estabelecimento, devemos observar que o estabelecimento tem já uma função essencial na estrutura daquele negócio.

O negócio é feito tendo em vista a instalação dum estabelecimento. O lojista obriga-se a instalar um estabelecimento, em termos que os contratos definem com muita precisão. A instalação do estabelecimento surge assim, não no objecto, mas no conteúdo do negócio [393].

Relembramos aqui o sentido muito claramente evidenciado pela maioria das prestações a que se vincula o lojista e que atrás, de forma exemplificativa, deixámos descritas: mais do que obrigar-se a prosseguir uma actividade económica no local que vai ocupar, o lojista obriga-se a adoptar uma específica fórmula comercial de exercício dessa actividade com expressa previsão de vários dos seus componentes.

Igual pergunta cabe colocar pelo que respeita à posição do promotor: será que no conjunto das prestações a que se obriga se divisa um resultado unitário?

De novo, não hesitamos em responder afirmativamente.

Mais uma vez, fazemos apelo às conclusões a que chegámos sobre a actividade económica do promotor do centro comercial e respectivo suporte (leia-se: estabelecimento): cabe-lhe a criação, manutenção e reforço da imagem comum do centro comercial. Se se quiser, sob um prisma negativo, cabe-lhe evitar a desagregação da posição de mercado unitária que o centro comercial ocupa.

Olhando para a forma, pela qual são contratualmente previstas as obrigações do promotor, vemos que o lojista tem direito a algo mais do que o mero uso da unidade autónoma. Ele tem, inclusivamente, direito a algo mais do que os serviços que lhe são directamente prestados pelo promotor: tem direito a participar no complexo organizado [394].

As fórmulas contratuais normalmente usadas para transmitir este último direito são, habitualmente, traduzidas pela obrigação de proceder à gestão unitária do centro comercial, não sendo feitas tantas referências directas aos componentes do estabelecimento do promotor, como o são ao estabelecimento dos lojistas.

---

[393] *Integração Empresarial* cit., p. 34.

[394] Salienta-o DARCY BESSONE, *Renovação de Locação* cit., p. 22.

Capítulo quarto – Estruturas jurídicas dos centros comerciais estruturas   161

Isto acontece, precisamente, porque, ao que nos parece, o conteúdo do contrato, pelo que respeita à posição jurídica activa do lojista, visa não tanto, como resultado, exigir do promotor a criação e manutenção de um estabelecimento comercial que vai, por si, ser posto em actividade (como vimos acontecer com a posição jurídica passiva do lojista), mas, sobretudo, a criação e manutenção da empresa global – o estabelecimento do promotor é tido em vista pelo conteúdo das cláusulas do contrato, não em si mesmo, mas tanto quanto é necessário à unidade empresarial. Dito de outra forma: os direitos contratuais do lojista decorrem do compromisso que o promotor, sem dúvida nenhuma, assume de criar e manter a empresa unitária que é constituída pelo centro comercial na sua totalidade.

43. O FIM

Procuramos, agora, determinar a finalidade subjacente às partes com a contratação. Procura-se, agora, a utilidade que, derivada do negócio, as partes visam. O prisma de análise é, aqui, subjectivo.

Do ponto de vista do promotor, o fim tido em vista consiste, naturalmente, na rentabilidade da sua actividade comercial. Vejamos quais a utilidades que, na expectativa de tal rentabilidade, podem derivar da celebração do contrato com o lojista.

Ao obter a adesão do lojista ao centro comercial há, desde logo, uma utilidade imediata para o promotor do centro comercial: passa a beneficiar de um rendimento mensal mínimo (ainda que não seja variável).

Com o início da actividade do lojista e o bom desempenho que do mesmo se espera tal utilidade é susceptível de potenciação: em obediência à regra – caso exista – de aumento proporcional da quantia com o aumento do volume de negócios da loja.

Mas, muito mais do que isso, ao obter a adesão de um lojista que se instala no centro comercial o promotor cumpre o desiderato de completar, de criar o centro comercial: o estabelecimento comercial instalado pelo lojista é peça do centro comercial. Dessa forma o promotor permite-se dar origem à empresa unitária: algo que se compromete a fazer perante os restantes lojistas.

Com a mais-valia que significa a inclusão do lojista no centro comercial, outras utilidades retira, ainda, o promotor. Desde logo, o seu *poder negocial* face aos outros lojistas aumenta, pois o *seu* centro comercial tem algo mais para lhes oferecer (sabendo, como sabemos, que os

162 A empresa nos centros comerciais e a pluralidade de estabelecimentos

lojistas beneficiam da presença uns dos outros) – por aqui garante o promotor um acréscimo nas quantias que recebe mensalmente dos lojistas. Mas, para além disso, algo mais tem, ainda, para oferecer agora à clientela de todo o centro comercial, o que significará um aumento da mesma: este aumento sempre se repercutirá em acréscimo de rendimentos do promotor, caso as quantias mensais pagas pelos lojistas dependam dos níveis de rentabilidade de cada loja [395].

Face ao exposto, dir-se-á que a principal utilidade que o promotor retira da celebração do contrato de instalação do lojista reside, não tanto na remuneração mensal que passa a receber deste, antes na circunstância de tal acto se inscrever na criação ou manutenção da empresa unitária que é o centro comercial. Com efeito, tal remuneração por si só, pouco significado tem para o promotor: tem interesse para ele como parcela de rentabilização de um projecto global de interdependências profundas.

Vejamos agora o lojista.

Este, por definição, visa exercer a sua actividade económica de forma rentável. Tudo estará em saber, igualmente no seu caso, quais as utilidades que retira da sua instalação num centro comercial e que lhe permitem potenciar tal rentabilização.

Fizemos esta análise de forma relativamente detalhada atrás. Sintetizemos, pois.

Desde logo, dispõe o lojista de um local para exercer a sua actividade.

Mais do que isso, dispõe de serviços vários que lhe são directamente fornecidos pelo promotor.

Mas, muito mais do que isso, o lojista beneficia de um factor extraordinário de rentabilização da sua actividade que é constituído pelas utilidades de conjunto postas à disposição dos clientes pelo promotor do centro, utilidades essas que, sendo o elemento distintivo do centro comercial, constituem o grande factor de atracção da clientela das lojas: como igualmente sabemos, estamos perante uma situação em que o centro comercial atrai frequentadores que, como clientela, beneficiam, de forma directa, apenas os lojistas.

Será lícito concluir que estas últimas utilidades na economia do contrato são acessórias das primeiras? Quer-nos parecer que não. É, pre-

---

[395] Para ORLANDO GOMES este é um dos traços distintivos mais salientes dos centros comerciais: o propósito principal do promotor consiste na relação directa entre a rentabilidade do empreendimento e a rentabilidade das actividades comerciais que se irão exercer no centro (*Traços do perfil jurídico de um shopping center* cit., p. 102).

Capítulo quarto – Estruturas jurídicas dos centros comerciais estruturas 163

cisamente, porque os lojistas, ao celebrar o contrato de instalação no centro comercial visam fundamentalmente estas últimas utilidades (as de conjunto), e não as primeiras (o local e os serviços), que eles se prestam a algo que, em condições normais, nunca permitiriam: uma ingerência, ainda que limitada, na gestão da sua actividade comercial; uma secundarização da sua identidade comercial em favor da identidade comercial do centro comercial.

Estes dois efeitos, sem dúvida negativos, se vistos isoladamente, sob o ponto de vista do lojista como titular do estabelecimento que explora, são largamente compensados pelas vantagens de inserção no centro comercial.

Tais efeitos negativos são, de resto, tolerados, porque essenciais à obtenção daquilo que possibilita as mais-valias que os lojistas retiram do centro comercial e que, por isso mesmo, exigem do promotor: a unidade empresarial.

44. A CAUSA.

Face à análise feita, deveremos colocar a questão de saber se as prestações do contrato em análise, com o significado e as utilidades subjacentes tal como acabamos de analisa-las, podem, de algum modo, ser concebidas como subscrevendo um interesse económico unitário, ou diversamente, aí se descortinam diferentes interesses sem qualquer ligação orgânica: por aqui apuraremos da possibilidade de conceber uma causa unitária neste contrato [396].

Com efeito, há autores que consideram existir na realidade contratual que analisamos, não apenas um contrato, mas uma pluralidade de contratos: numa das modalidades possíveis de união de contratos. É o caso de GALVÃO TELLES, autor que, considerando que a *unidade de função comunica-se ao negócio e torna-o unitário* [397], sendo, pois, em grande medida, a realização de uma função social unitária que permite a distinção entre situações de unidade e de pluralidade contratual [398], vem a considerar que, no caso em apreço, a existência de duas remunerações

---

[396] Cfr. FRANCESCO MESSINEO, *Contratto innominato* cit., p. 104.
[397] *Manual dos Contratos em Geral* cit., p. 256.
[398] Cfr. *Manual dos Contratos em Geral* cit., pp. 386 e 397.

164 *A empresa nos centros comerciais e a pluralidade de estabelecimentos*

separadas – uma fixa, correspondente à utilização da loja, com a natureza de renda, e, outra variável, autónoma, correspondente aos serviços recebidos – conduz à conclusão de que estamos perante uma união de contratos, na modalidade de união com dependência unilateral [399]: estamos perante um contrato de prestação de serviços dependente de um contrato de arrendamento – as partes quiseram-nos como um conjunto com nexo funcional, sem que tal signifique a sua fusão numa unidade negocial [400].

Face ao que acabamos de expor nas páginas precedentes, pensamos ter demonstrado que, a haver união de contratos, vários outros contratos teríamos de acrescentar, para além do arrendamento e da prestação de serviços. Além de que as relações de dependência, a haver união de contratos, nunca se estabeleceriam com base na predominância do arrendamento ou, sequer, da prestação de serviços: elas partiriam, precisamente, daquilo que falha na mera referência a arrendamento e prestação de serviços.

A este propósito, de forma muito clara, ANTUNES VARELA demonstrou que várias das utilidades ou atribuições patrimoniais proporcionadas pelo promotor ao lojista não resultam, em rigor, da prestação de serviços, uma vez que *não há aí nenhum comportamento positivo (serviço) a que o organizador se tenha previamente vinculado e a que corresponda um verdadeiro direito subjectivo (de crédito), como é próprio do contrato de prestação de serviços* [401]. Com efeito, conforme acrescenta noutro local, tais vantagens *não resultam de prestações de serviços propriamente ditos, por não assentarem estruturalmente em actos individuais, reiterados ou continuados, realizados por uma pessoa à ordem ou por conta de outrem, em trabalho intelectual ou manual prestado na hora por alguém em proveito directo de outrem* [402].

A verdade é que, mesmo com tais ressalvas, pensamos não haver união de contratos, dado que estamos perante uma causa única.

---

[399] *Utilização de espaços nos shopping centers* cit., p. 32. Sobre o significado da específica modalidade de união de contratos referida no texto, veja-se GALVÃO TELLES, *Manual dos Contratos em Geral* cit., pp. 397-398 e *Direito das Obrigações* cit., pp. 71-72.

[400] *Utilização de espaços nos shopping centers* cit., pp. 32-33. Este entendimento mereceu o expresso apoio de MARCELO REBELO DE SOUSA, *Parecer* cit..

[401] *Centros Comerciais: natureza jurídica dos contratos de instalação dos lojistas* cit., p. 53.

[402] *Centros Comerciais: natureza jurídica dos contratos de instalação dos lojistas – Anotação* cit., p. 320.

Capítulo quarto – Estruturas jurídicas dos centros comerciais estruturas   165

Entendida a causa nos termos que atrás indicámos, temos aqui em vista o intento empírico, isto é, o resultado ou efeito prático a produzir pelo contrato [403]. Dito de outra forma, e por comparação com o fim: relevam agora as utilidades para que tende, funcionalmente, o contrato encarado na sua globalidade [404].

Os interesses do promotor e do lojista são convergentes na obtenção do efeito útil que se pretende com o presente contrato: a criação da unidade empresarial, a obtenção, manutenção e desenvolvimento da empresa de conjunto. Ambos beneficiam disso, ambos pretendem isso, ambos estão dispostos a aderir ao projecto de erecção do centro comercial para obter tal coisa.

Com a celebração do contrato é, exactamente, isso que o lojista exige do promotor, sendo, exactamente, isso que o promotor exige do lojista, cada um na medida do seu contributo: se no caso do promotor isso é nítido, dado que a sua actividade é dirigida precisamente a tal desiderato, não o é menos no caso do lojista – a forma pela qual concebe o seu estabelecimento e nele exerce a sua actividade deve obedecer aos requisitos de manutenção das características que constituem a identidade do centro. Não se pede apenas ao lojista que exerça: pede-se-lhe que o faça, contribuindo para o sucesso de todo o centro comercial.

Todas as prestações das partes, todos os contributos das partes na execução do contrato, estão subordinados, estão funcionalizados, ainda que de forma indirecta, à obtenção de tal efeito – a causa é inequivocamente una. Dir-se-á que, sendo esse, em grande medida, o efeito comum pretendido pelas partes, é esse, essencialmente, o resultado produzido pelos efeitos jurídicos do contrato.

Neste sentido se pronuncia ORLANDO GOMES, pondo em relevo que as obrigações constantes do contrato são expressão jurídica das necessidades decorrentes da organização da empresa, imprescindíveis ao seu funcionamento adequado, quer estrutural, quer comercialmente, determinando-lhe uma causa unitária já que lhe subjaz uma unidade orgânica [405].

---

[403] FRANCESCO MESSINEO, *Contratto innominato* cit., p. 106.

[404] Cfr. OLIVEIRA ASCENSÃO, *Teoria Geral do Direito Civil,* III, p. 341 e PEDRO PAIS DE VASCONCELOS, *Contratos Atípicos* cit., pp. 127 e 128.

[405] *Traços do perfil jurídico de um shopping center* cit., pp. 97 e 100-101. A especial importância da estrutura, do funcionamento e da organização do centro comercial como unidade orgânica levam ALFREDO BUZAID a qualificá-lo como contrato de estabelecimento – *Estudo sobre shopping center* cit., pp. 13-14.

166 *A empresa nos centros comerciais e a pluralidade de estabelecimentos*

Muito próximo se encontra DARCY BESSONE, para quem a *orgânica finalidade económico-social* deste contrato impõe a conclusão da sua causa unitária [406]. Para este autor, tal conclusão deriva fundamentalmente da circunstância de que o conjunto ou complexo de vantagens que resultam para ambas as partes são de tal forma incindíveis que constituem um bloco orgânico insusceptível de qualificação autónoma [407]. Assim se permite a conclusão de que este contrato, dando origem a uma *entidade contratual autónoma* poderá merecer o qualificativo de *contrato de comunidade empresarial* [408].

Evidentemente que esta específica função económico-social, esta específica utilidade de conjunto que consiste em dar origem a uma empresa unitária, se bem que suficiente para negar a qualificação desta situação jurídica como um caso de união de contratos, colocando-a na categoria dos contratos unos, poderá não ser suficiente para, não obstante, a individualizar de outros tipos de contratos em que seja nítido esse mesmo efeito, pretendido pelas partes e essencialmente obtido pelos efeitos do contrato, de criação de uma empresa de conjunto – estamos a pensar v.g. no contrato de franquia.

Como elemento de diferenciação da típica função económico-social que o contrato cumpre, temos, precisamente, aquilo que, agora, caracteriza a vocação típica da empresa que origina: a sua função económica própria como específica e identificável modalidade de comércio integrado ao nível do retalhista. Mais do que verificar o sentido de unidade empresarial, há que qualificar a função produtiva da empresa unitariamente concebida [409].

Por aqui se verificam as diferenças relativamente a outras possíveis modalidades de comércio integrado.

---

[406] *Problemas jurídicos do shopping center* cit., p. 21.

[407] *Problemas jurídicos do shopping center* cit., p. 23.

[408] *Problemas jurídicos do shopping center* cit., p. 26. ANTUNES VARELA não anda longe dos autores referidos no texto, quando põe em relevo que na determinação da função económico-social típica do contrato há que atentar na essência do conjunto vasto e complexo de vantagens patrimoniais que dele resultam para as partes – *Centros Comerciais: natureza jurídica dos contratos de instalação dos lojistas – Anotação* cit., p. 320.

[409] O que fizemos *supra*.

45. O SENTIDO

Da causa que acabamos de apurar, verificamos que, na análise do sentido deste contrato, não nos podemos isolar do seu espaço de inserção.

Para ambas as partes, este contrato apenas se justifica, apenas faz sentido, enquanto parcela de completude de um espaço mais vasto, sendo da existência desse completo espaço mais vasto que as partes esperam retirar todas as virtualidades que o contrato lhes permite.

Do ponto de vista do promotor, por via da celebração deste contrato, é integrada no centro comercial uma parcela que vai permitir a sua plena existência como modalidade típica de concentração comercial.

Do ponto de vista do lojista, por via da celebração deste contrato, vê integrado o seu estabelecimento como elemento, entre outros, de constituição de um todo mais vasto, aceitando a sua contingência de parcela do todo, já que deste todo pretende beneficiar.

É este especial sentido de parcela componente do todo que realiza o contrato de instalação do lojista no centro comercial.

A tónica, aquilo para que tende, o "código genético-organizativo" [410] que permite apurar o sistema de equilíbrios, que permite apreender o conteúdo axiológico de justiça, tal como se concretiza neste contrato, o que, por seu turno, legitima as soluções normativas que se encontrem para a regulamentação jurídica deste contrato, é-nos fornecido pelo específico sentido de integração empresarial, sempre atendendo ao característico modo como ela opera no caso dos centros comerciais.

Isto mesmo foi muito claramente posto em evidência por OLIVEIRA ASCENSÃO:

> *O contrato em causa deverá ser qualificado como um contrato de integração empresarial.*
>
> *Através dele, o concessionário é integrado numa empresa mais vasta, que é o próprio centro comercial* [411].

Acrescentando-se um pouco mais à frente:

> *(...) O seu sentido é integrar a concessionária, na qualidade de empresário, dentro da empresa da concedente* [412].

---

[410] Numa expressão de BAPTISTA MACHADO posta em evidência por PEDRO PAIS DE VASCONCELOS, *Contratos Atípicos* cit., p. 149.

[411] *Integração Empresarial* cit., pp. 54-55.

[412] *Integração Empresarial* cit., p. 57. Neste sentido, veja-se, ainda, OLIVEIRA ASCENSÃO, *Lojas em Centros Comerciais* cit., pp. 837-838.

168 *A empresa nos centros comerciais e a pluralidade de estabelecimentos*

Isto é, de alguma forma, aceite por ANTUNES VARELA, ao considerar que o elemento fundamental da integração do lojista no conjunto seleccionado de estabelecimentos do centro, tendo importância capital para a caracterização económico-jurídica da operação negocial, apresenta *força bastante para assegurar uma causa própria, autónoma, ao contrato de instalação do lojista no centro* [413]

E, ainda, sublinhado por PEDRO PAIS DE VASCONCELOS, autor que, de forma inequívoca, coloca a integração empresarial como fulcro do presente contrato, pronunciando-se, precisamente, sobre o *sentido* deste contrato:

> *Os contratos entre os lojistas e a entidade exploradora do centro comercial, além de serem encarados isoladamente e de per si, devem ser considerados plural e integradamente, tal como as lojas se integram num conjunto que é o centro comercial e o constituem.*
>
> *Daqui resulta (...) o sentido de integração empresarial que informa o conjunto e cada um dos contratos. A simples análise individual de cada contrato é parcial e redutora, e não permite apreender o que de mais característico existe dentro do centro; são elas e eles próprios que, com a entidade exploradora, constituem o centro comercial e comparticipam no seu ser* [414].

SUBSECÇÃO II

QUALIFICAÇÃO

46. O CONTRATO DE ARRENDAMENTO

Dentro do tema que, dos vários que suscita a regulamentação jurídica dos centros comerciais, agora tratamos, já se tornou, de algum modo, clássica (embora relativamente recente) a questão de confrontar o contrato de instalação dos lojistas nos centros comerciais com o contrato de arrendamento, assim se optando quer por um juízo subsuntivo de inclusão quer

---

[413] *Centros Comerciais: natureza jurídica dos contratos de instalação dos lojistas – Anotação* cit., p. 372.

[414] *Contratos de utilização de lojas em centros comerciais* cit., p. 541. Em sentido coincidente, veja-se, ainda, DARCY BESSONE, *Problemas jurídicos do shopping center* cit., pp. 21-26.

Capítulo quarto – Estruturas jurídicas dos centros comerciais estruturas   169

por um juízo subsuntivo de exclusão, quer, ainda, por uma abordagem de índole tipológica com resultados substancialmente diferentes.

É nossa convicção que a análise que acabamos de efectuar, de determinação de alguns dos índices do tipo permite, sem hesitações relevantes, concluir, subsuntivamente, pela exclusão deste contrato da categoria do arrendamento como tipo contratual legal.

No entanto, não nos ficaremos por aqui: se bem que, ao que cremos, seja irresistível entre nós o movimento doutrinal e jurisprudencial, no sentido de abandonar a qualificação desta nova realidade sob as vestes do arrendamento, reconhecendo-lhe uma natureza jurídica própria, a verdade é que o debate se mantém, de alguma forma, aceso; não deixaremos de ter em vista a aproximação ao tipo contratual arrendamento, na determinação das semelhanças e diferenças, de forma a medir a relevância de ambas.

Vários são os autores que, partindo da constatação de que, por via do contrato de instalação, é proporcionado ou concedido ao lojista o gozo temporário da loja (entendida esta como local onde o estabelecimento vai ser instalado), afirmam que estamos perante uma realidade que se enquadra perfeitamente no esquema essencial do contrato de arrendamento, já que partilha dos seus elementos caracterizadores, obedece à sua causa específica, entendida esta, como função económico-social. Assim se tem manifestado entre nós GALVÃO TELLES [415], numa análise que não é posta em causa pelo facto de concluir, como o faz, conforme vimos supra, que, por vezes, estaremos perante um caso de união de contratos [416].

---

[415] *Contrato de utilização de espaços nos centros comerciais* cit., pp. 526-529 e *Utilização de espaços nos shopping centers* cit., p. 30. De modo convergente se manifestaram autores como COUTINHO DE ABREU, *Da Empresarialidade* cit., p. 322, MARCELO REBELO DE SOUSA, *Parecer* cit. e PINTO FURTADO, *Vinculismo Arrendatício* cit., pp. 51-52, *Manual do Arrendamento* cit., p. 242. Ainda neste sentido veja-se o Acórdão do Supremo Tribunal de Justiça de 26 de Novembro de 1992, publicado no Boletim do Ministério da Justiça n.º 421, Dezembro, 1992, pp. 445-446, o Acórdão da Relação de Lisboa de 17 de Janeiro de 1991, publicado na Colectânea de Jurisprudência, Ano XVI, 1991, Tomo I, pp. 142-143.

[416] Nem, ainda, pela possibilidade de estarmos perante o caso de um contrato de natureza mista: se a retribuição pelo gozo do local for distinta da retribuição pelos serviços prestados pelo promotor, haverá união de contratos, se a retribuição pelos serviços estiver incorporada na renda, será um contrato único de natureza mista (GALVÃO TELLES, *Contrato de utilização de espaços nos centros comerciais* cit., p. 533). Neste mesmo e exacto sentido se pronunciou COUTINHO DE ABREU, *Da Empresarialidade* cit., p. 323, deixando bem claro

170 *A empresa nos centros comerciais e a pluralidade de estabelecimentos*

Na doutrina brasileira tem especial relevância a opinião de CAIO MÁRIO DA SILVA PEREIRA que caracteriza o contrato de instalação dos lojistas como verdadeiro contrato de locação, pouco relevando a circunstância de se imiscuírem na sua tipologia elementos acidentais[417]. Noutro local acrescenta este mesmo autor, referindo-se precisamente aos elementos que qualifica de acidentais, que o facto da renda ser variável, o facto de existir um regulamento do centro comercial que impõe regras de funcionamento das lojas ou, ainda, o facto de ser expressamente proibida a cessão da locação a estranhos ou a mudança de destino económico, não alteram a sua natureza jurídica fundamental como arrendamento: a finalidade de tais disposições tem que ver, simplesmente, com a configuração própria do centro comercial, assim se evitando o prejuízo de todos[418].

Alguns autores brasileiros buscam ponto de apoio na recente Lei n. 8.245 de 18 de Outubro de 1991. Esta lei, que dispõe sobre a locação de imóveis urbanos, faz menção expressa aos contratos de instalação dos lojistas nos centros comerciais[419], o que poderá contribuir para a tese da

---

que, em qualquer caso (seja contrato misto ou coligado), as prestações de serviços variados não prevalecem sobre a cedência do gozo das partes dos prédios.

[417] *Shopping-Centers. Organização económica e disciplina jurídica* cit., p. 4.

[418] *Intervenção no Simpósio* cit., pp. 12-16. Manifestação de adesão a esta qualificação como contrato de locação pode ser encontrada em JOSÉ DA SILVA MAQUIEIRA, *Shopping centers* cit., pp. 142-143.

[419] Essa menção expressa é feita em dois dos artigos da Lei 8.245 que, na parte em que se referem expressamente ao contrato que analisamos, aqui reproduzimos:

> *Art. 52. O locador não estará obrigado a renovar o contrato se:*
> *(...)*
> *II – o imóvel vier a ser utilizado por ele próprio ou para transferência de fundo de comércio existente a mais de um ano, sendo detentor da maioria do capital o locador, seu cônjuge, ascendente ou descendente.*
> *(...)*
> *§ 2.º Nas locações de espaço em shopping-centers, o locador não poderá recusar a renovação do contrato com fundamento no inciso II desde artigo.*
> *Art. 54. Nas relações entre lojistas e empreendedores de shopping-centers, prevalecerão as condições livremente pactuadas nos contratos de locação respectivos e as disposições procedimentais previstas nesta lei.*
> *§ 1.º O empreendedor não poderá cobrar do locatário em shopping-center:*
> *a) as despesas referidas nas alíneas a, b e d do parágrafo único do art. 22;*
> *b) as despesas com obras ou substituições de equipamentos, que impliquem modificar o projeto ou o memorial descritivo da data do habite-se e obras de paisagismo nas partes de uso comum.*
>
> *§ 2.º As despesas cobradas do locatário devem ser previstas em orçamento, salvo casos de urgência ou força maior, devidamente demonstradas, podendo o*

Capítulo quarto – Estruturas jurídicas dos centros comerciais estruturas   171

inclusão deste contrato no tipo contratual da locação [420]. A verdade é que, e contrariamente ao que se chegou a preconizar [421], tais referências legislativas não acabaram com a controvérsia, como o atesta NELSON KOJRANSK, autor que, simultaneamente, põe em relevo, precisamente, a possibilidade de utilizar as referências legislativas como argumento de exclusão destes contratos da órbita da locação:

> *(...) o legislador acabou reconhecendo que essas "locações" (é como as diagnostica) – embora "locações" – se revestem de peculiaridades específicas, que não se confundem com as locações tradicionais de "lojas de rua". Essas ressalvas, ainda, longe de apaziguar a polêmica, bem ao contrário, estão a demonstrar que, efetivamente, se trata de singularidades que reclamam tratamento legislativo próprio, na medida em que a situação é estranha ao regramento inquilinário comum* [422].

---

locatário, a cada sessenta dias, por si ou entidade de classe exigir a comprovação das mesmas.

A fim de se ter o panorama completo, e respectivo sentido, do regime expressamente previsto para estes contratos, reproduzimos, ainda, o artigo 22, na parte em que para ele remete o artigo 54, § 1.º alínea a) que acabamos de reproduzir:

Art. 22. O locador é obrigado a:

(...)

X – pagar as despesas extraordinárias de condomínio.

Parágrafo único. Por despesas extraordinárias de condomínio se entendem aquelas que não se refiram aos gastos rotineiros de manutenção do edifício, especialmente:

> *a) obras de reformas ou acréscimos que interessem à estrutura integral do imóvel;*
>
> *b) pintura das fachadas, empenas, poços de aeração e iluminação, bem como das esquadrias externas;*
>
> *(...)*
>
> *d) indenizações trabalhistas e previdenciárias pela dispensa de empregados, ocorridas em data anterior ao início da locação;*

(...)

[420] Assim o afirma, convictamente, LADISLAU KARPAT, *Shopping Centers* cit., pp. 27-29 e 37.

[421] LADISLAU KARPAT, *Shopping Centers* cit., p. 28 antevê, face às novas referências legais, o completo naufrágio da teoria da atipicidade do contrato de instalação dos lojistas.

[422] *A Denúncia vazia* cit., p. 39. Em sentido semelhante, veja-se MARIA ELISA VERRI, *Shopping Centers – Aspectos jurídicos e suas origens* cit., p. 108.

172 A empresa nos centros comerciais e a pluralidade de estabelecimentos

A favor do juízo de inclusão no tipo contratual do arrendamento são invocados, ainda, vários outros argumentos, normalmente como reacção (ou antecipação) às razões (ou a algumas delas, acrescentaríamos nós) que em prol de um juízo de exclusão ou não subsunção do arrendamento se aduzem.

Assim, afirma-se que muitas das cláusulas acessórias que, ao abrigo do princípio da liberdade negocial, as partes acrescentam aos contratos, são inadmissíveis por deformarem o núcleo básico e essencial do contrato escolhido (a locação), além do que, muitas vezes, contrariam o próprio regime imperativo deste contrato[423].

Às vantagens que se reconhecem existir para os lojistas da sua inserção nos centros comerciais, sobretudo se não configuráveis como mera prestação de serviços[424], responde a doutrina defensora da qualificação como arrendamento: se a valorização das lojas se deve, em parte, ao promotor do centro comercial, não é menos exacto que fica fundamentalmente dependente do próprio lojista que nelas exerce[425]; qualquer senhorio, muitas vezes, exerce tal acção valorizadora dos locais que arrenda[426]; a localização privilegiada, não sendo apanágio dos centros comerciais – pode ser encontrada nas lojas de rua –, não é suficiente para descaracterizar o arrendamento comercial[427].

Posições existem de quem defende a qualificação como contrato de arrendamento, muito embora admita a presença de cláusulas atípicas que, apesar de não porem em causa tal qualificação, têm um papel de relevo no sistema de equilíbrios do contrato, determinando-lhe, em grande medida, o regime[428].

Aqui se inscreve a posição de GUALBERTO GONÇALVES DE MIRANDA, autor que, considerando inquestionável estarmos perante uma relação

---

[423] GALVÃO TELLES, *Contrato de utilização de espaços nos centros comerciais* cit., pp. 528-529 e *Utilização de espaços nos shopping centers* cit., p. 30.

[424] Por exemplo, MARCELO REBELO DE SOUSA, *Parecer* cit., consciente disso mesmo, mas mantendo a defesa da qualificação como arrendamento, afirma que tais vantagens emergem da própria localização do estabelecimento ou da natureza das coisas.

[425] GALVÃO TELLES, *Utilização de espaços nos shopping centers* cit., p. 31 e *Contrato de utilização de espaços nos centros comerciais* cit., p. 531 e COUTINHO DE ABREU, *Da Empresarialidade* cit., pp. 322-323.

[426] GALVÃO TELLES, *Utilização de espaços nos shopping centers* cit., p. 31.

[427] PINTO FURTADO, *Manual do Arrendamento* cit., pp. 243-244.

[428] É o caso de MODESTO CARVALHOSA, *Relações jurídicas em "shopping centers"* cit., pp. 166-169.

Capítulo quarto – Estruturas jurídicas dos centros comerciais estruturas   173

locatícia, se deixa impressionar pelo facto de, na sua opinião, o fim pactuado, que permite estabelecer uma posição de equilíbrio entre as partes, consistir na obtenção de maior lucro. Assim – prossegue – o lojista admite fortes limitações ao exercício da sua actividade, dado que o promotor põe ao seu dispor uma excelente organização que propicia ao lojista a obtenção de um maior lucro na sua actividade. Esta conjugação de interesses tal como resulta deste contrato, conduz este autor a qualificá-lo como *contrato de locação com pacto de aviamento* [429].

Os argumentos apontados para pôr em causa, de forma directa, a qualificação do contrato de instalação dos lojistas no centro comercial como de arrendamento são variados.

Se bem que de relevância limitada invoca-se, como indicador ou índice de qualificação, o repúdio do tipo locação [430] manifestado pelas partes quando apelidam o contrato com designações distintas dessa ou quando dispõem expressamente em contrário daquele que é o conteúdo de regras constantes do regime legal do contrato de locação, reconhecida-mente imperativas [431].

Põe-se em relevo o facto de que na locação o locador não assume qualquer obrigação positiva sem a qual fica o locatário privado do gozo da coisa locada – este tem um direito autónomo. No caso em apreço, isso não acontece: o lojista fica dependente da actividade empresarial do pro-motor para obter os efeitos úteis que para ele resultam do contrato [432].

Essa não autonomia do lojista revela-se, não apenas enquanto direito, mas, igualmente, enquanto obrigação: no arrendamento, o comerciante constitui o estabelecimento com as características que entender, vende o que quiser, enfim, imprime ao seu negócio o cariz que muito livremente ajuíza. No caso dos centros comerciais, tal não acontece: ele não pode destoar daqueles que são os requisitos uniformes de identidade do centro [433].

---

[429] *Natureza jurídica das ocupações de lojas nos shopping centers* cit., pp. 270-272.

[430] Sobre o valor indiciante do repúdio do tipo veja-se PEDRO PAIS DE VASCONCE-LOS, *Contratos Atípicos* cit., pp. 129 e s. e *Contratos de utilização de lojas em centros comerciais* cit., p. 476.

[431] Cfr. ANTUNES VARELA, *Os Centros Comerciais* cit., p. 66 e *Centros Comerciais: natureza jurídica dos contratos de instalação dos lojistas – Anotação* cit., pp. 372-373; PEDRO PAIS DE VASCONCELOS, *Contratos de utilização de lojas em centros comerciais* cit., pp. 474-476.

[432] OLIVEIRA ASCENSÃO, *Integração Empresarial* cit., pp. 43-47 e *Contratos de utilização de lojas* cit..

[433] ALFREDO BUZAID, *Da Ação Renovatória* cit., pp. 654-655 e NASCIMENTO FRAN-CO, *A Lei de Luvas e os Shopping Center* cit., pp. 128-129.

174 A empresa nos centros comerciais e a pluralidade de estabelecimentos

No contrato em análise, muito mais do que vincular-se a prosseguir uma actividade económica, determinada de forma mais ou menos genérica, actividade essa que pode até interromper, desde que o não faça por período superior a um ano [434] (como é típico do arrendamento), no contrato em análise, repete-se, o lojista obriga-se a instalar um específico estabelecimento e, mais ainda, a fazê-lo funcionar permanentemente [435].

O lojista tem acesso ao local onde instala o seu estabelecimento, nos termos em que tal for estabelecido pelo promotor, sendo certo que o promotor, no exercício das suas funções de gestão do todo, normalmente, tem acesso às lojas: o lojista não tem posse exclusiva [436].

Face a tudo o que acabamos de expor, e do ponto de vista subsuntivo, reafirmamos a nossa profunda convicção de que o contrato de instalação do lojista no centro comercial não configura um arrendamento.

Tal como salienta ORLANDO GOMES, há que *descrever os aspetos técnicos da inovação organizacional a fim de analisar a sua repercussão no instrumento jurídico que viabiliza o empreendimento como atividade rentável* [437]. Com efeito, em grande medida, o problema de qualificação jurídica dos contratos de instalação dos lojistas passa pela captação da realidade juridicamente relevante.

Alguma semelhança – do ponto de vista tipológico – existe entre estes contratos e o tipo legal arrendamento. Aquilo que, de imediato, nos aparece no campo de visão, quando versamos a realidade subjacente a este contrato, reside na dimensão imobiliária do mesmo: o uso de uma coisa imóvel, mediante contrapartida periódica.

No entanto, tal como pensamos ter demonstrado ao longo de todas as considerações precedentes, o uso do local não constitui uma finalidade em si mesma. Não é o uso do local que o lojista procura, quando celebra o contrato: ele visa obter as utilidades de conjunto. O uso do local é instrumental de algo muito mais valioso para a rentabilização do estabelecimento comercial do lojista: a integração empresarial com posição

---

[434] Artigo 64.º, n.º 1, alínea h) do Decreto-Lei n.º 321-B/90 de 15 de Outubro (regime do arrendamento urbano).

[435] OLIVEIRA ASCENSÃO, *Integração Empresarial* cit., pp. 49-51.

[436] OLIVEIRA ASCENSÃO, *Integração Empresarial* cit., pp. 58-59. Neste mesmo sentido, veja-se ORLANDO GOMES, *Traços do perfil jurídico de um shopping center* cit., pp. 100-101.

[437] *Traços do perfil jurídico de um shopping center* cit., p. 101.

Capítulo quarto – Estruturas jurídicas dos centros comerciais estruturas 175

unitária de mercado. É este o sentido último do contrato, porque daí se retira a sua específica função económico-social [438].

A este propósito, note-se a transparência e vigor das palavras de DARCY BESSONE:

> (...) *No Shopping conjugam-se as atividades e o comportamento dos lojistas, a organização do complexo, a administração geral pelo empreendedor e, também, o espaço físico em que a loja se instala. Aí está um complexo orgânico, em que predominam o sentido organizacional e a conduta pessoal dos lojistas. Não se pode isolar, em tal conjunto, a coisa infungível, nem a materialidade que é própria dela. É certo que o espaço físico ocupado pela loja ostenta tais traços caraterísticos, mas também é certo que o uso de tal espaço não exaure o universo das relações entre o empreendedor e os lojistas, entre estes últimos, e entre o Shopping e os consumidores. Constitui inaceitável simplificação fazer-se abstração de todas essas peculiaridades para estabelecer-se uma ótica míope que incida apenas sobre o espaço físico, sem enfocar outros elementos ponderáveis ou imponderáveis do mundo do Shopping* [439].

---

[438] Este apelo constante ao sentido geral de unidade do contrato, por via do sentido geral de unidade da realidade subjacente, é muito claramente sentido, quando se refere que *o momento valorativo mais alto, representado pela empresa, consome em si o momento meramente imobiliário* ou que a *circulação imobiliária é um momento não autónomo no fenómeno principal da cooperação empresarial* – OLIVEIRA ASCENSÃO, *Integração Empresarial* cit., p. 53. Significado idêntico se encontra, quando se atenta em que o elemento essencial ou fundamental da operação não reside na cedência do gozo temporário de certa coisa, mas na integração dos lojistas no conjunto, tal como o demonstra o facto de os coeficientes de valorização do estabelecimento se deslocarem, em grande medida, do lojista para o promotor do centro – ANTUNES VARELA, *Centros Comerciais: natureza jurídica dos contratos de instalação dos lojistas – Anotação* cit., pp. 371-372. Anote-se, ainda, a chamada de atenção para o facto de que o lojista paga, não tanto pelo uso de um certo espaço físico, mas por tudo aquilo que o promotor estruturou para fundar e manter um ente orgânico – DARCY BESSONE, *Renovação de Locação* cit., p. 23. Coincidente com o que se acaba de expor é, igualmente, o apelo do Supremo Tribunal de Justiça ao facto de que a consideração jurídica da negociação das lojas em centro comercial, não pode ser encarada isoladamente do conjunto – Acórdão de 26 de Abril de 1994, publicado na Colectânea de Jurisprudência, Ano II, Tomo II, 1994, p. 61 -, ou, sem ser inserida no complexo sócio-económico-jurídico em que tal realidade se analisa – Acórdão de 1 de Fevereiro de 1995, publicado na Colectânea de Jurisprudência, Ano III, 1995, Tomo I, p. 50.

[439] *Renovação de Locação* cit., p. 23.

176 *A empresa nos centros comerciais e a pluralidade de estabelecimentos*

Para compreender esta constante chamada de atenção para algo que está mais além do momento imobiliário, há que entender a típica fórmula de concentração comercial que os centros comerciais realizam.

Como se tem visto, pretende-se criar uma única empresa, uma única posição de mercado, que reúna em si, de forma estratégica, uma pluralidade de estabelecimentos. Até aqui, ao que pensamos, estamos perante um fenómeno passível de ser encontrado noutras realidades contratuais: é o caso da franquia.

Só que este específico fenómeno de concentração comercial tem uma peculiaridade que v.g. permite a sua distinção do contrato de franquia: como momento, aspecto ou faceta necessária à especifica fórmula de integração comercial que o centro comercial realiza, surge a necessidade de integração e harmonia imobiliária [440].

A posição de mercado unitária que o centro comercial realiza passa pelo momento imobiliário: para que se criem perante o frequentador todas as utilidades para que tende o centro comercial unitariamente considerado, é absolutamente necessária uma imagem de identidade física, uma imagem de delimitação imobiliária que permita, com relativa simplicidade, formular um juízo empírico, face ao espaço de inserção que rodeia o centro, de inclusão ou exclusão na unidade. Aquilo que permite saber se um dado estabelecimento faz ou não parte da empresa que é o centro comercial, é dado, primacialmente, pelo facto de o mesmo estar instalado dentro ou fora do edifício ou edifícios que compõem o centro comercial [441].

Concluindo, quanto a este ponto, diremos que a ocupação de um determinado espaço por parte do lojista é um meio necessário, entre vários outros, note-se, de obtenção do efeito desejado de integração empresarial.

Face ao exposto, torna-se para nós evidente e inequívoco que apelidar este contrato de arrendamento tem um significado profundo: ignora--se, simplesmente, a sua mais profunda componente económica, comercial e empresarial. Evidentemente que se pode fazer tal coisa, mas, então, ter--se-á de justificar, porque é que tal componente – neste caso traduzida pela integração empresarial – não tem relevância jurídica, o que deverá ser feito, não apenas para este caso mas, sobretudo, em geral.

---

[440] Relembramos o conteúdo de algumas das definições de centros comerciais que atrás demos.

[441] De novo, e por comparação com o contrato de franquia, dir-se-á que, neste último, à imagem unitária é totalmente estranha a componente imobiliária.

Capítulo quarto – Estruturas jurídicas dos centros comerciais estruturas   177

47. A CESSÃO DE EXPLORAÇÃO DE ESTABELECIMENTO COMERCIAL.

Algumas têm sido as tentativas de aproximar o contrato em análise de várias das formas possíveis de negociação do estabelecimento comercial ou, no mínimo, vendo nesse vector do contrato – a negociação do estabelecimento comercial – o elemento que absorve a qualificação global do contrato de instalação dos lojistas no centro comercial.

Advirta-se que as opiniões sobre a qualificação deste contrato por aproximação ao estabelecimento comercial irão depender, não apenas daquilo que se admita serem formas possíveis de negociação do estabelecimento, mas, inclusivamente, tal como salientámos no primeiro capítulo, daquela que será a posição de princípio quanto ao critério e estrutura do estabelecimento – sendo, logicamente, este último problema prévio ao anteriormente enunciado.

Para IVES SILVA MARTINS, o sobre-estabelecimento comercial que se identifica com todo o centro comercial está na essência da relação contratual que se estabelece entre o promotor e o lojista e que permite a este ocupar um espaço delimitado no centro [442]. Neste contrato existe, por um lado, uma vertente locatícia, e, por outro lado, uma vertente que envolve a negociação de bens imateriais, sendo certo que esta última é bastante mais abrangente ou significativa do que a primeira, como o comprova o facto de a remuneração mensal paga pelo lojista ser de valor variável [443]. Esse bem imaterial objecto do contrato constitui aquilo que permite, em grande medida, a construção e fortalecimento da imagem empresarial do centro. Ao permitir-se ao lojista o seu uso existe aqui uma *cessão de "sobrefundo comercial"* que de forma nenhuma se submete às regras do contrato de arrendamento [444].

Próxima da que acabamos de referir é a posição de ALBINO DE OLIVEIRA. Este autor, partindo da verificação de que, na maioria dos casos, o lojista paga, aquando da celebração do contrato, mas ainda antes da instalação, uma quantia normalmente qualificada como "direito de

---

[442] *Locações Comerciais dos shopping centers* cit., p. 88.

[443] *Locações Comerciais dos shopping centers* cit., pp. 89-90. IVES SILVA MARTINS, em apoio deste argumento, estabelece uma comparação com a forma de remuneração do uso de marcas ou patentes – *Locações Comerciais dos shopping centers* cit., p. 93.

[444] *Locações Comerciais dos shopping centers* cit., pp. 87 e 90.

178 *A empresa nos centros comerciais e a pluralidade de estabelecimentos*

reserva" ou "garantia de entrega" [445], concluiu que, por essa via, o lojista está a pagar pela *cessão do fundo de comércio* feita a seu favor pelo promotor, *fundo de comércio* esse que se traduz, precisamente, nas vantagens que a localização no interior do centro comercial traz aos lojistas [446]. Por outro lado – prossegue – a forma pela qual se opera a ocupação do centro comercial pelo lojista demonstra a existência de um fundo de comércio deste, residindo o interesse do promotor, não no lojista em si mas no seu fundo de comércio [447]. Esta outra verificação, cumulativamente com a primeira, permite a este autor concluir que, no contrato em apreço, existe uma *dupla cessão de fundo de comércio, por parte do lojista, com relação a sua expertise no ramo comercial e, por parte do empreendedor, na concepção, implantação e administração do shopping* [448].

Diferente das opiniões que ficam descritas, mas igualmente susceptível de ponderação a propósito da negociação do estabelecimento, é a opinião que nos chega de Luís António de Andrade. Este autor, pondo em realce a circunstância de a contrapartida mensal paga pelo lojista ser calculada em percentagem sobre o resultado da actividade do lojista, acrescenta que tal modalidade de renda é típica das chamadas locações de *"imóveis especializados", ou seja, nos que são construídos, equipados e aparelhados com destinação específica e que, por isso mesmo, não se*

---

[445] A qualificação jurídica desse pagamento (nalguns casos, por via de prestações periódicas), que é totalmente independente da retribuição paga mensalmente pelo lojista após a instalação, tem suscitado vivo debate no Brasil. Veja-se, entre outros: Pestana de Aguiar, *Mundo jurídico dos shopping center* cit., p. 188; Modesto Carvalhosa, *Relações jurídicas em "shopping centers"* cit., p. 175; José da Silva Maquieira, *Shopping centers* cit., p. 140; Maria Elisa Verri, *Shopping Centers – Aspectos jurídicos e suas origens* cit., pp. 38 e 81 e s.; Caio Mário da Silva Pereira, *Intervenção no Simpósio* cit., p. 12 e Roberto Renault Pinto, *O fundo de comércio dos shopping centers* cit., pp. 231-232.

[446] *Fundo de comércio em shopping centers* cit., pp. 67-68. Ainda mais longe, no significado que, para o efeito que agora importa, pode ter a prestação paga pelo lojista ainda antes de estar instalado no centro comercial, vai Ladislau Karpat, considerando que o promotor vende um fundo de comércio ao lojista considerado este como bem incorpóreo – *Shopping Centers* cit., pp. 112, 118 e 122 e s.. Dado que o contrato em análise, seja qual for o seu conteúdo ou objecto, é, por natureza, temporário, parece-nos muito difícil de sustentar esta ideia.

[447] *Fundo de comércio em shopping centers* cit., pp. 68.

[448] *Fundo de comércio em shopping centers* cit., pp. 71.

Capítulo quarto – Estruturas jurídicas dos centros comerciais estruturas 179

prestam para outro fim, tais como os cinemas, os teatros, os edifícios-garagens, os hotéis [449]. Nestes casos, justamente, porque o locador, por acto próprio, limitou a um círculo restrito de candidatos as possibilidades de aproveitamento do local, surge a estipulação de um sistema de renda em função da receita bruta, assim se compensando o risco acrescido [450]. Para este autor, que admite expressamente que nesses casos o *fundo de comércio* é criado pelo locador e não pelo locatário, o contrato de instalação dos lojistas em centros comerciais configura-se como um caso de locação de "imóvel especializado" [451].

A doutrina portuguesa é relativamente unânime, no sentido de afastar a qualificação ou subsunção do contrato de instalação dos lojistas nos centros comerciais como cessão de exploração de estabelecimento comercial.

Com efeito, GALVÃO TELLES pôs em evidência que, sendo objecto do contrato em análise uma loja nua, mero local físico, sem qualquer recheio, parece de todo inadequado classificá-lo como cessão de exploração de estabelecimento comercial [452]. A evidência, insusceptível de réplica, de que um local em tosco não pode ser confundido com um estabelecimento comercial mereceu aquiescência generalizada [453].

Não pomos, naturalmente, em causa que a loja, entendida apenas como local, é manifestamente insuficiente para descortinar a existência de um estabelecimento.

---

[449] *Considerações sobre o aluguel* cit., p. 171.

[450] *Considerações sobre o aluguel* cit., p. 172.

[451] *Considerações sobre o aluguel* cit., pp. 179-180.

[452] *Utilização de espaços nos shopping centers* cit., p. 28 e *Contrato de utilização de espaços nos centros comerciais* cit., pp. 524-526.

[453] Assim: OLIVEIRA ASCENSÃO, *Integração Empresarial* cit., pp. 32-33, *Lojas em Centros Comerciais* cit., pp. 839-840 e *Contratos de utilização de lojas* cit.; ANTUNES VARELA, *Centros Comerciais: natureza jurídica dos contratos de instalação dos lojistas* cit., p. 55 e *Centros Comerciais: natureza jurídica dos contratos de instalação dos lojistas – anotação* cit., p. 319; COUTINHO DE ABREU, *Da Empresarialidade* cit., pp. 321--322; PEDRO PAIS DE VASCONCELOS, *Contratos de Utilização de Lojas em Centros Comerciais* cit., pp. 540 e 546; Supremo Tribunal de Justiça, em Acórdão de 24 de Março de 1992, publicado na Revista da Ordem dos Advogados, Ano 54, Dezembro 1994, pp. 819 e s. e em Acórdão de 26 de Novembro de 1992, publicado no Boletim do Ministério da Justiça, n.º 421, Dezembro, 1992, pp. 435 e s.; Tribunal da Relação de Lisboa, Acórdão de 9 de Fevereiro de 1995, publicado na Colectânea de Jurisprudência, Ano XX, 1995, Tomo I, p. 118.

180 *A empresa nos centros comerciais e a pluralidade de estabelecimentos*

Todavia, permitimo-nos chamar a atenção para um facto que temos vindo a pôr em realce e que cremos absolutamente indesmentível: dos vários elementos que vão constituir o estabelecimento comercial do lojista, o local não é o único posto à disposição pelo promotor do centro comercial. Aliás, o local constituirá até o menos importante dos vários elementos ou utilidades que o lojista procura ao inserir-se num centro comercial – vimo-lo agora mesmo a propósito do contrato de arrendamento.

Não pretendemos com isto aderir à tese que vê no contrato de instalação dos lojistas nos centros comerciais um típico contrato de cessão de exploração de estabelecimento comercial. Pretendemos, isso sim, pôr em realce os termos em que tal juízo de inclusão ou exclusão, deverá ser perspectivado: há que atender, no sentido de configurar-se como estabelecimento comercial, não apenas ao local em tosco mas, igualmente, a todas as outras utilidades que o promotor coloca à disposição do lojista, bem sabendo nós que, de novo, o problema reside, fundamentalmente, na identificação do estabelecimento.

Terá sido, em grande medida, o reconhecimento, quer da existência de tais utilidades, quer do facto de serem postas à disposição dos lojistas pelo promotor, quer, ainda, de serem fundamentais na estrutura do estabelecimento dos lojistas, que levou os autores que deixamos referidos a considerar que estamos perante uma cessão de exploração de estabelecimento comercial.

Modelar, nesta posição, consideramos o Acórdão da Relação de Lisboa de 17 de Janeiro de 1991 [454] onde se evidenciou que o objecto do negócio não se resume às *quatro paredes nuas de um qualquer rés do chão, de uma qualquer rua de Lisboa.* Com efeito, muito mais do que um mero local para o exercício de certo negócio, é proporcionado ao lojista uma série de serviços, o benefício de uma clientela diversificada, a integração num conjunto diferenciado por ramo de negócio, naquilo que em globo constitui, verdadeiramente, o *mínimo ou núcleo fundamental do património* de uma empresa. Esta circunstância torna legitima a conclusão de que *ao negociarem a cedência temporária de uma loja, com o equipamento (ou parte dele) próprio do ramo de negócio a que se destina, localizada dentro de um espaço especialmente apto a proporcionar- -lhe ampla e diversificada clientela, integrada num conjunto harmónico*

---

[454] Publicado na Colectânea de Jurisprudência, Ano XVI, 1991, Tomo I, pp. 133 e s..

Capítulo quarto – Estruturas jurídicas dos centros comerciais estruturas   181

de lojas de diferentes ramos, apoiada por serviços de vigilância, limpeza, e outros, a cargo do cedente, os outorgantes tenham celebrado aquele tipo contratual que a doutrina titula de cessão de exploração [455].

O juízo subsuntivo da realidade contratual em análise no contrato de cessão de exploração – sendo, por natureza, temporário, não vemos que se possa conceber a possibilidade de trespasse do estabelecimento – passa em grande medida pela problemática da negociação do estabelecimento comercial em formação ou do estabelecimento comercial incompleto: de novo enfrentamos o problema da determinação do estabelecimento como matéria juridicamente negociável, neste caso, numa das manifestações da questão do âmbito necessário ou mínimo do estabelecimento [456].

O indesmentível contributo – e inserção – da realidade em análise na consideração jurídica da negociação dos estabelecimentos em formação ou incompletos, chega-nos da jurisprudência.

Em Acórdão de 26 de Abril de 1984 o Supremo Tribunal de Justiça apreciando da qualificação jurídica de um contrato tendo por objecto uma unidade económica (loja) inserta numa vasta exploração hoteleira, unidade essa constituída por um local preparado com montras, alcatifa, ar condicionado, electricidade e telefone, veio a considerar que não estamos perante um contrato de cessão de exploração de estabelecimento, uma vez que a circunstância de o local estar desprovido de móveis e outros utensílios impedia a sua caracterização como estabelecimento comercial [457].

Anos depois, deflagrada que foi a questão da qualificação dos contratos de instalação dos lojistas, o Supremo Tribunal de Justiça apreciando de novo a qualificação de um contrato tendo por objecto lojas integradas numa vasta instalação hoteleira, veio a considerar que a falta transitória de mobiliário adequado ao funcionamento do estabelecimento não impede a

---

[455] Colectânea de Jurisprudência, Ano XVI, 1991, Tomo I, p. 138.

[456] Sobre esta questão vejam-se, entre outros: Rui de Alarcão, *Sobre a transferência da Posição do Arrendatário* cit., pp. 35-36; Amândio Canha, *Negociação e Reivindicação do Estabelecimento* cit., pp. 55-56; José Gabriel Pinto Coelho, *Lições de Direito Comercial* cit., pp. 87-89; Manuel Januário Gomes, *Arrendamentos Comerciais* cit., p. 165; Santos Júnior, *Sobre o trespasse* cit., pp. 414 e s.; Manuel Pita, *Direito Comercial* cit., p. 198; Fernando Cardoso, *Reflexões sobre o estabelecimento comercial* cit., pp. 96 e s..; Orlando de Carvalho; *Alguns aspectos da negociação do estabelecimento* cit., Ano 115.º pp. 167 e 233 e s.; Coutinho de Abreu, *Da Empresarialidade* cit., pp. 45 e s. e Eridano de Abreu, *Locação de Estabelecimento* cit., p. 755.

[457] Boletim do Ministério da Justiça, n.º 336, Maio, 1984, pp. 408-410.

182 *A empresa nos centros comerciais e a pluralidade de estabelecimentos*

consideração como contrato de cessão de exploração de estabelecimento comercial. Na ponderação de tal entendimento, foi particularmente decisiva a comparação com os contratos de instalação dos lojistas nos centros comerciais considerados precisamente como um típico caso de fronteira entre o arrendamento e a cessão de exploração: têm por objecto estabelecimentos comerciais em formação. Com efeito, os contratos de instalação dos lojistas – depreende-se do teor do Acórdão do Supremo Tribunal de Justiça, como, de resto, consta do teor do Acórdão do Tribunal da Relação de Lisboa, objecto do recurso – permitiram, justamente, pôr em relevo o verdadeiro contributo que pode ter aquele que cede um espaço para exercício do comércio, na estruturação do estabelecimento de quem lá se vai instalar e que pode transcender, em muito, o mero facultar de um local. No caso submetido à apreciação judicial, foi fundamental a constatação de que o proprietário da unidade hoteleira, para além do local que disponibiliza, presta variadíssimos serviços aos lojistas, para além de permitir a estes o aproveitamento de uma clientela que originariamente não lhe é dirigida. Igualmente aqui se fez depender a qualificação do contrato da circunstância extremamente relevante de que *a exploração dessa loja, integrava-se material e funcionalmente numa exploração mais ampla (...) a que todas as outras explorações se subordinavam* [458].

Da possibilidade de celebrar um contrato tendo por objecto um estabelecimento totalmente formado, mas que, ainda, não entrou em funcionamento [459], tendo por objecto um estabelecimento ao qual ainda faltam alguns componentes essenciais [460] ou, ainda, tendo por objecto uma ou mais componentes que vão integrar um futuro estabelecimento [461], é algo

---

[458] Colectânea de Jurisprudência, Ano I, Tomo II, 1993, pp. 87-89

[459] Cfr. FERRER CORREIA, *Contrato de Locação de Estabelecimento* cit., pp. 798 e s..

[460] Cfr. ANTUNES VARELA, *Cessão da exploração do estabelecimento comercial em formação* cit., pp. 832 e s..

[461] Cfr. VASCO LOBO XAVIER, *Locação de estabelecimento comercial* cit., pp. 765 e s.. Realidade semelhante mas distinta será a possibilidade de celebrar um contrato, tendo por objecto um estabelecimento como realidade futura: pode dar-se de exploração um estabelecimento que ainda não existe, obrigando-se aquele que cede a exploração a completá-lo, podendo até tal completude ser feita por intermédio do cessionário – por via de novo contrato para o efeito celebrado. Sobre a possibilidade de ceder a exploração de estabelecimento como coisa futura, veja-se GALVÃO TELLES, *Cessão de Exploração Turística* cit., pp. 776 e s.; ERIDANO DE ABREU, *Locação de Estabelecimento* cit., pp. 755--756; JANUÁRIO GOMES, *Arrendamentos Comerciais* cit., p. 68 e OLIVEIRA ASCENSÃO e MENEZES CORDEIRO, *Cessão de Exploração* cit., pp. 910-911.

Capítulo quarto – Estruturas jurídicas dos centros comerciais estruturas   183

que, ao abrigo do princípio da autonomia privada, ninguém duvida. Coisa totalmente distinta será considerar que, em todos esses casos, o negócio jurídico teve por objecto um estabelecimento comercial: como anotam OLIVEIRA ASCENSÃO e MENEZES CORDEIRO não se podem confeccionar estabelecimentos onde não os haja [462].

A este propósito, relembramos algo que atrás referimos: na formação do estabelecimento o papel da vontade é fundamental, pela simples razão de que o estabelecimento como realidade é um produto do fazer humano e não da natureza. Se isto é nítido quando pretendemos detectar um estabelecimento no património de alguém, não o será menos, quando o pretendemos detectar enquanto objecto de negócios: há apenas que saber se aquilo – o conjunto de bens – que as partes configuraram e desejaram negociar, objectivamente considerado, constitui ou não um estabelecimento.

Posto em relevo o modo como, na nossa opinião, cabe perspectivar o problema da negociação do estabelecimento comercial incompleto ou em formação, tudo se reduz, de novo, ao problema do critério e estrutura do estabelecimento que no primeiro capítulo abordámos: será ele a fornecer o sentido de completude do estabelecimento.

Concluímos atrás que tal critério nos é dado pela sua dimensão funcional, pela sua aptidão produtiva: tudo estará em saber se esta existe, com os elementos que foram efectivamente postos à disposição do lojista pelo promotor.

Face ao exposto, e ainda que não se seja muito exigente quanto ao que seja necessário para podermos dizer que o estabelecimento mantém a sua aptidão produtiva [463], pensamos ser indesmentível a conclusão de que todas as utilidades postas pelo promotor à disposição do lojista, se bem que de fundamental importância na composição do estabelecimento deste, não lhe permitem, por si só, muito longe disso, a prossecução de qualquer actividade produtiva. O estabelecimento é estruturado pelo lojista que, assim, se vê investido na sua titularidade.

Dúvidas subsistissem e seriam dissipadas por aquele que vimos ser o objecto do contrato de instalação dos lojistas em todo o seu significado:

---

[462] *Cessão de Exploração* cit., p. 893.

[463] Cfr. OLIVEIRA ASCENSÃO, *Direito Comercial* cit., pp. 507 e *Estabelecimento Comercial* cit., p. 46 e OLIVEIRA ASCENSÃO e MENEZES CORDEIRO, *Cessão de Exploração* cit., pp. 882-883 e 890-891.

184 *A empresa nos centros comerciais e a pluralidade de estabelecimentos*

como resultado de todos as prestações a que se obriga, o lojista fica obrigado a criar e a fazer funcionar um estabelecimento [464].

Do ponto de vista subsuntivo não temos dúvidas em afastar o contrato de instalação dos lojistas em centros comerciais do contrato de cessão de exploração do estabelecimento comercial.

Já do ponto de vista tipológico existem fortes relações de proximidade. No confronto com o contrato de arrendamento vimos que o momento imobiliário, se bem que inevitavelmente presente, constitui apenas uma peça de um espaço de integração empresarial, cujo significado vai bastante além da mera disponibilidade de um local. O confronto que acabamos de fazer com a cessão de exploração do estabelecimento comercial tem, precisamente, a virtude de chamar a atenção para o significado e riqueza do contributo do promotor para o estabelecimento do lojista [465]. Chama a atenção para o conjunto de utilidades que o lojista retira individualmente da sua inserção no centro comercial e que, sendo decisivas ao bom desempenho da sua actividade, transcendem, em muito, a ideia de boa localização.

A este propósito se chama a atenção para a importância decisiva do trabalho do promotor na estruturação e funcionamento do estabelecimento do lojista, em estreita conexão com a concepção de estabelecimento do promotor que atrás vimos: este tem o seu próprio estabelecimento que não se confunde com os dos lojistas que, de resto, esses sim, são os seus clientes [466].

Assim o faz PENALVA SANTOS, para quem toda a estrutura mercadológica e empresarial elaborada e desenvolvida pelo promotor, com elementos corpóreos e incorpóreos, sendo parte do estabelecimento comercial do promotor, ao ser usada pelo lojista, vai tornar-se parcela do

---

[464] Esta verificação permite, ainda, afastar a ideia de conceber o contrato de instalação dos lojistas em centros comerciais como uma cessão de exploração de estabelecimento como realidade futura – cfr. GALVÃO TELLES, *Utilização de espaços nos shopping centers* cit., p. 28 e *Contrato de utilização de espaços nos centros comerciais* cit., p. 28 e OLIVEIRA ASCENSÃO, *Integração Empresarial* cit., pp. 33-34.

[465] Em sentido relativamente coincidente veja-se o Acórdão do Supremo Tribunal de Justiça de 24 de Março de 1992, publicado no Boletim da Ordem dos Advogados, Ano 54, Dezembro 1994, pp. 819 e s., onde se reconhece a existência de importantes serviços e especiais vantagens postos à disposição dos lojistas o que, se bem que importante na valorização das lojas, não chega para que se possa considerar como montada a estrutura de um estabelecimento comercial.

[466] O promotor tem um *estabelecimento de contacto com o comércio*.

Capítulo quarto – Estruturas jurídicas dos centros comerciais estruturas 185

estabelecimento deste [467]. Daí a afirmação deste autor, sobretudo movido pela verificação de que a clientela do lojista é, em grande medida, captada pelo promotor, de que este, com a sua actividade típica, *fornece ao lojista uma estrutura, através da qual se vislumbra e existência de um verdadeiro estabelecimento comercial* [468].

Afastados do contrato de cessão de exploração de estabelecimento, poderíamos ensaiar a aproximação à figura que temos referido da cessão de exploração de estabelecimento comercial incompleto ou em formação: esta última permite absorver a negociação de um conjunto de elementos que, se bem que não constituindo um estabelecimento, são valorados, na economia do negócio, como peças de um estabelecimento comercial a instalar.

Não temos dúvida de que esta aproximação é legítima, mas igualmente não duvidamos de que, dessa forma, se perde aquela que temos descrito como sendo a causa do contrato, que dá sentido ao seu conteúdo e permite compreender aquilo que as partes visam com a sua celebração: a integração numa única empresa de conjunto.

A centralização deste contrato em torno do estabelecimento que, de algum modo, move, distrai-nos daquela que é a sua essência: a unidade empresarial. O estabelecimento ínsito no conteúdo do contrato é perfeitamente instrumental do seu sentido empresarial. O momento empresarial único prevalece sobre a consideração atomística dos estabelecimentos. O cumprimento do contrato, por via da criação dos estabelecimentos a que os lojistas se obrigam, beneficiando das utilidades criadas pelo promotor, tem como objectivo fundamental contribuir para a formação da empresa unitária.

É, precisamente, isto que permite dar ao contributo do promotor para a formação do estabelecimento do lojista a sua real dimensão: rapidamente se compreende que o promotor não pretende criar qualquer estabelecimento que cederá ao lojista, mas sim garantir que o estabelecimento criado por este é um efectivo contributo para a unidade da empresa, que este estabelecimento do lojista vai, efectivamente, integrar-se no todo.

---

[467] *Regulamentação jurídica do "shopping center"* cit., pp. 101-104. Em sentido semelhante, veja-se ROBERTO RENAULT PINTO, *O fundo de comércio dos shopping centers* cit., pp. 230-231.

[468] *Regulamentação jurídica do "shopping center"* cit., p. 111. De forma muito semelhante se pronunciam ÁLVARO VILLAÇA AZEVEDO, *Atipicidade mista* cit., p. 29 e PESTANA DE AGUIAR, *Intervenção no Simpósio* cit., p. 39 deixando, no entanto, bem claro, que o lojista é o titular do estabelecimento que explora.

48. CONCLUSÃO: A ATIPICIDADE.

As relações de proximidade dos contratos de instalação dos lojistas com alguns dos contratos legalmente típicos tem conduzido a opiniões que o localizam na área dos contratos mistos: construídos a partir de um ou mais tipos, que são combinados ou modificados em conformidade com os interesses das partes [469].

Partindo da distinção entre contratos mistos de tipo modificado e contratos mistos de tipo múltiplo [470], há quem considere o contrato de instalação dos lojistas nos centros comerciais como uma manifestação dos primeiros, tendo como tipo de referência o contrato de arrendamento [471] e, ainda, quem os inclua nos segundos, pondo em evidência, como tipos de referência, o arrendamento e a prestação de serviços [472].

Diversamente, há quem qualifique o contrato de instalação dos lojistas em centros comerciais como um puro contrato legalmente atípico [473],

---

[469] Sobre o conceito e classificações de contratos mistos com amplas referências doutrinais, veja-se por todos PEDRO PAIS DE VASCONCELOS, *Contratos Atípicos* cit., pp. 212 e s..

[470] Nos primeiros, as partes elegem um tipo como referência, a que acrescentam uma convenção ou pacto no qual estipulam aquilo que consideram necessário para modificar a disciplina do tipo de referência, de forma a que esta não colida com os interesses que visam realizar. Nos segundos, existe uma pluralidade de tipos contratuais de referência – PEDRO PAIS DE VASCONCELOS, *Contratos Atípicos* cit., pp. 226 e s.

[471] É o caso de MARIA ELISA VERRI, *Shopping Centers – Aspectos jurídicos e suas origens* cit., pp. 68-69, 71-72 e 108-109; de PESTANA DE AGUIAR, *O fundo de comércio* cit., p. 104 e *Mundo jurídico dos shopping center* cit., pp. 186 e s.; nalguns casos, e mais recentemente, PINTO FURTADO, *Manual do Arrendamento* cit., pp. 244-245; ÁLVARO VILLAÇA AZEVEDO, *Atipicidade mista* cit., pp. 42 e s..

[472] Neste sentido parecem pender, COUTINHO DE ABREU, *Da Empresarialidade* cit., p. 323 e SALDANHA SANCHES, *O regime fiscal dos centros comerciais* cit., pp. 4-6.

[473] Salientamos, nesta linha, ANTUNES VARELA, *Os Centros Comerciais* cit., p. 49, *Centros Comerciais: natureza jurídica dos contratos de instalação dos lojistas* cit., pp. 51 e s. e *Centros Comerciais: natureza jurídica dos contratos de instalação dos lojistas – Anotação* cit., pp. 320 e 371 e s., OLIVEIRA ASCENSÃO, *Integração Empresarial* cit., pp. 60-63, PEDRO PAIS DE VASCONCELOS, *Contratos de Utilização de Lojas em Centros Comerciais* cit., p. 545, DARCY BESSONE, *Problemas jurídicos do shopping center* cit., pp. 22-26 e *Renovação de Locação* cit., pp. 22-23, ORLANDO GOMES, *Traços do perfil jurídico de um shopping center* cit., pp. 100-115, ALFREDO BUZAID, *Estudo sobre shopping center* cit., pp. 13-15, PENALVA SANTOS, *Regulamentação jurídica do "shopping center"* cit., pp. 109-113 e ALBINO DE OLIVEIRA, *Fundo de comércio em shopping centers* cit., pp. 70-72. Nesta linha de qualificação se inscreveu o Supremo Tribunal de Justiça

Capítulo quarto – Estruturas jurídicas dos centros comerciais estruturas   187

normalmente, mas não exclusivamente, por apelo à sua causa unitária atípica.

Parece-nos indesmentível e pacífico que, do ponto de vista social, os contratos de instalação dos lojistas nos centros comerciais são típicos – cumprem os requisitos necessários para que assim se possa concluir [474].

Pelo que respeita ao juízo de tipicidade legal, face ao objecto, ao fim, à causa e ao sentido que lhe encontrámos, não vemos como subsumir o contrato de instalação dos lojistas nalgum dos vários tipos legais existentes.

Pelo que respeita à sua aproximação ou semelhança – ainda que sem subsunção – dos tipos legais, foi possível concluir – relativamente ao contrato de arrendamento e à cessão de exploração do estabelecimento – que alguma proximidade existe.

Não obstante, pusemos muito claramente – ao que pensamos – em relevo que tal aproximação, se existe, a verdade é que não permite sequer identificar no contrato em análise alguma das prestações típicas ou, muito menos, das funções típicas desses contratos legalmente típicos que serviram de hipótese subsuntiva e termo de comparação.

Esta última impossibilidade, por sua vez, impede, muito naturalmente, que, tendo optado pela atipicidade legal dos contratos de instalação dos lojistas, sejamos conduzidos à sua qualificação como contratos mistos.

Impõe-se, pois, concluir e aderir à posição que vê nos contratos de instalação dos lojistas nos centros comerciais um contrato socialmente típico mas legalmente atípico: realiza uma específica fórmula de integra-

---

por Acórdão de 26 de Fevereiro de 1991, publicado no Boletim do Ministério da Justiça, n.º 404, Março, 1991, p. 437, por Acórdão de 24 de Março de 1992, publicado na Revista da Ordem dos Advogados, Ano 54, Dezembro 1994, pp. 829-831, por Acórdão de 26 de Abril de 1994, publicado na Colectânea de Jurisprudência, Ano II, Tomo II, 1994, pp. 61--62, por Acórdão de 12 de Julho de 1994, publicado na Colectânea de Jurisprudência, Ano II, Tomo II, 1994, pp. 178-180, por Acórdão de 1 de Fevereiro de 1995, publicado na Colectânea de Jurisprudência, Ano III, 1995, Tomo I, pp. 49-50 e por Acórdão de 24 de Outubro de 1996, publicado na Colectânea de Jurisprudência, Ano IV, Tomo III, 1996, pp. 74-75, bem como o Tribunal da Relação de Lisboa, por Acordão de 22 de Outubro de 1992, publicado na Colectânea de Jurisprudência, Ano XVII, 1992, Tomo IV, pp. 187, por Acórdão de 18 de Março de 1993, publicado na Colectânea de Jurisprudência, Ano 1993, Tomo II, pp. 118-119 e por Acórdão de 9 de Fevereiro de 1995, publicado na Colectânea de Jurisprudência, Ano XX, 1995, Tomo I, pp. 118-119.

[474] Veja-se *supra*.

ção empresarial [475] – que pensamos ter descrito ao longo de tudo o que até agora aqui dissemos – que, até ao momento, não foi objecto de regulamentação legal. Nesta perspectiva podemos incluí-lo, primacialmente, como manifestação dos negócios jurídicos sobre a empresa.

BREVE CONCLUSÃO

No capítulo primeiro destas nossas considerações mantivemos a preocupação de apurar uma noção operativa de *empresa* e de *estabelecimento,* cientes de que constituem as fórmulas juridicamente mais relevantes de qualificação dos centros comerciais.

Pela vocação própria dos centros comerciais e pela importância em termos de adequação de regime jurídico, não temos relevantes dúvidas de que o primeiro trabalho jurídico de delimitação de uma realidade extremamente fugidia, como são os centros comerciais, passa pela identificação, no seu seio, das empresas e dos estabelecimentos.

Nesse primeiro capítulo apurámos, como forma de aproximação ao estabelecimento, a detecção daquilo que qualificámos como *valor de organização interna*: a real aptidão de um conjunto de bens ou meios de produção para a função a que se destina.

Já como forma de aproximação à empresa, optámos por detectar o que apelidámos de *valor de projecção externa*: a forma como as organizações produtivas são reconhecidas no meio em que, pela sua natureza específica, se inserem, a sua específica posição de mercado.

No segundo capítulo partimos de uma tentativa inicial de identificação dos centros comerciais, a realidade em análise, com o objectivo de, com algum pormenor, encontrar aquilo que lhes é típico, porque irrepetível: a sua fórmula de integração comercial.

Seguidamente, apurámos que a forma pela qual os centros comerciais têm – autorizadamente – vindo a ser definidos, aponta, sistematicamente, para aquela que lhe encontrámos como típica fórmula de integração comercial: a diversidade com inerente espaço de autonomia na gestão individual de cada parcela; a integração unitária com vertente imobiliária e comercial, com a inerente necessidade de uma gestão unitária.

---

[475] Como nos explica OLIVEIRA ASCENSÃO, *Lojas em Centros Comerciais* cit., p. 387, a expressão *integração empresarial* é especialmente apta a designar uma categoria de contratos conformadores de uma empresa global.

Capítulo quarto – Estruturas jurídicas dos centros comerciais estruturas 189

No confronto das noções de empresa e estabelecimento com os centros comerciais, tal como os recortámos – objecto do terceiro capítulo – descortinámos a existência de uma única empresa que se caracteriza, justamente, por acolher no seu seio uma pluralidade de estabelecimentos.

Essa conclusão permitiu-nos uma delimitação mais precisa – ainda que indiciária – daquilo que consideramos ser – ou dever ser – o centro comercial. Com efeito, afastámos outras figuras de concentração comercial, como os *grandes armazéns* ou os *hipermercados.*

Em relação àquilo que designámos como *galerias comerciais* encontrámos mais dificuldades. Desde logo, porque do ponto de vista terminológico a confusão – no sentido de uso indiscriminado – que existe entre *centro comercial* e *galeria comercial* é assinalável. Seguidamente porque, há que reconhecê-lo, estamos perante realidades profundamente semelhantes.

Não obstante, propusemos uma fórmula de identificação dessas duas realidades, que é, no fundo, o produto das nossas considerações até aí expendidas: tudo estará em saber se os diversos estabelecimentos que compõem a organização, por via da alienação de, apenas, parte da sua autonomia de gestão e subsequente existência e manutenção de uma suficiente gestão unitária (também ela autónoma), dão origem a uma empresa unitária, entendida como unitária posição de mercado.

Ao longo das nossas considerações, sempre deixámos explicitado que este nosso esforço de distinção e identificação dos centros comerciais, era feito, não como mero exercício de estilo, mas porque essas diferentes realidades vão merecer do Direito um regime jurídico diferente. O Direito, com efeito, tal como vimos no primeiro capítulo, para obter decisões justas e adequadas, deverá tratar de forma diferente aquilo que, pelas diferenças, exige tratamento jurídico adequado – logo, diferenciado.

No último capítulo pusemos em evidência a inadequação dos regimes jurídicos das sociedades comerciais, do agrupamento complementar de empresas e da propriedade horizontal, para estruturar um centro comercial, nos termos em que o entendemos, sob pena de se transformar, justamente, naquilo que designámos como *galeria comercial*. Pelo seu próprio regime, tais estruturas jurídicas não permitem suportar a unidade empresarial na diversidade de estabelecimentos: no caso do regime das sociedades comerciais a atracção da unidade torna-se irresistível, destruindo a fórmula de integração que divisámos; nos outros dois casos, a atracção da dispersão provoca o mesmo efeito, sem que, também aqui, os respectivos regimes jurídicos contenham mecanismos de equilíbrio.

Concluída que foi tal inadequação, ficámos com aquela que tem sido a forma pela qual, entre nós, a grande maioria dos centros comerciais se tem estruturado juridicamente: após a erecção do centro comercial é celebrado contrato de instalação com aqueles que vão, dentro de cada unidade relativamente independente, instalar um estabelecimento comercial.

Na descrição, análise e qualificação que fizemos desse contrato temos perfeita consciência de nele termos plasmado aquelas que são para nós as exigências específicas dos centros comerciais. Mas, ao que cremos, nem de outra forma poderíamos proceder: é, precisamente, essa a realidade que as partes querem manter ou implementar. A este propósito relembramos: os contratos são qualificados pela *fattispecie* que envolvem, não simplesmente por aquela que é a qualificação atribuída pelas partes ou, muito menos, por qualquer correctivo sentido de justiça.

Face ao exposto, cabe perguntar se todos os contratos de instalação dos lojistas são, necessariamente, atípicos.

De novo, a resposta apenas depende de saber com que realidade lidamos. Se estivermos perante um centro comercial com unidade empresarial e pluralidade de estabelecimentos a implementar, estaremos, certamente, perante um contrato atípico. Se estivermos perante um centro comercial em que cada estabelecimento a implementar tem a sua autónoma posição de mercado, então, muito provavelmente, estaremos perante um contrato de arrendamento.

Por aqui se vê que o contrato de arrendamento é, para nós, incompatível com os centros comerciais embora adequado à realidade que temos vindo a designar como galerias comerciais.

Tal como ficou dito no início, aqui repetimos que o grande problema que os centros comerciais apresentam quando abordados pelo Direito é, quanto à sua natureza, exactamente igual àquele que a doutrina tem enfrentado em matéria de empresa e estabelecimento: o problema da sua determinação como realidade juridicamente relevante.

Para nós tudo estará em saber se constituem uma unidade empresarial de conjunto – algo para o que tentámos contribuir.

BIBLIOGRAFIA

ABREU, ERIDANO DE
- Anotação a arestos da 1.ª e 2.ª Instâncias e do S.T.J. em matéria de Locação de Estabelecimento, Arrendamento, Litigância de Má Fé, na Revista da Ordem dos Advogados, Ano 47, Lisboa, Dezembro, 1987, pp. 753 e s., cit: *"Locação de Estabelecimento"*.

ABREU, JORGE MANUEL COUTINHO
- Da Empresarialidade. As Empresas no Direito, Livraria Almedina, Coimbra, 1996, cit: *"Da Empresarialidade"*.
- Definição de Empresa Pública, Separata do Suplemento ao Boletim da Faculdade de Direito da Universidade de Coimbra, Coimbra, 1990, cit: *"Empresa Pública"*.

AGUIAR, JOÃO CARLOS PESTANA DE
- O fundo de comércio e os shopping centers, na Revista Forense, vol. 281, ano 79, 1983, pp. 103 e s., cit: *"O fundo de comércio"*.
- Intervenção no Simpósio sobre os centros comerciais, em "Shopping Centers" – Aspectos jurídicos, Editora Revista dos Tribunais, São Paulo, 1984, pp. 1 e s., cit: *"Intervenção no Simpósio"*.
- Anotações sobre o mundo jurídico dos "shopping center", em Shopping Centers (Questões Jurídicas), Editora Saraiva, S. Paulo, 1991, pp. 179 e s., cit: *"Mundo jurídico dos shopping center"*.

ALARCÃO, RUI DE
- Sobre a Transferência da Posição do Arrendatário no caso de Trespasse, no Boletim da Faculdade de Direito de Coimbra, vol. XLVII, 1971, pp. 21 e s., cit: *"Sobre a Transferência da Posição do Arrendatário"*.

ALMEIDA, ANTÓNIO PEREIRA DE
- Direito Comercial, Associação Académica da Faculdade de Direito, Lisboa, 1976-77, cit: *"Direito Comercial"*.

ALMEIDA, CARLOS FERREIRA DE
- Direito Económico, I Parte e II Parte, Associação Académica da Faculdade de Direito, Lisboa, 1979, cit: *"Direito Económico"*.

ALMEIDA, JOSÉ AUGUSTO MENDES DE
- Negociação e reivindicação do estabelecimento comercial: negociação do estabelecimento e âmbito de entrega, Almedina, Coimbra, 1993, cit: *"Negociação e reivindicação do estabelecimento comercial"*.

192 *A empresa nos centros comerciais e a pluralidade de estabelecimentos*

AMMENDOLA, MAURIZIO
- Licenza di Marchio e tutela dell'aviamento, Edizioni Cedam, Padova, 1984, cit: *"Licenza di Marchio e tutela dell'aviamento"*.

ANDRADE, LUÍS ANTÔNIO DE
- Considerações sobre o aluguel em "shopping centers", em "Shopping Centers" – Aspectos jurídicos, Editora Revista dos Tribunais, São Paulo, 1984, pp. 168 e s, cit: *"Considerações sobre o aluguel"*.

ANDRADE, MANUEL
- Sobre a validade das cláusulas de liquidação de partes sociais pelo último balanço, na Revista de Legislação e de Jurisprudência, Ano 86.º, 1953-1954, pp. 369 e s. e Ano 87.º, 1954-1955, pp. 3 e s, cit. *"Sobre a validade das cláusulas de liquidação"*.

ASCENSÃO, JOSÉ DE OLIVEIRA
- A Empresa e a Propriedade, Separata da Brotéria, Lisboa, 1970, cit: *"A Empresa"*.
- Direito Comercial, vol. I, Lisboa, 1986/87, cit: *"Direito Comercial"*.
- / CORDEIRO, A. MENEZES – Cessão de exploração de estabelecimento comercial, arrendamento e nulidade formal – Parecer, na Revista da Ordem dos Advogados, Ano 47, Lisboa, Dezembro, 1987, pp. 845 e s., cit: *"Cessão de Exploração"*.
- Estabelecimento comercial e estabelecimento individual de responsabilidade limitada, em Novas Perspectivas do Direito Comercial, Livraria Almedina, Coimbra, 1988, pp. , cit: *"Estabelecimento Comercial"*.
- O estabelecimento individual de responsabilidade limitada ou o falido rico, em Estruturas Jurídicas da Empresa, Edição da AAFDL, Lisboa, 1989, pp. 13 e s., cit: *"O estabelecimento individual"*.
- Contratos de utilização de lojas em centros comerciais, Parecer inédito, 1989, cit: *"Contratos de utilização de lojas"*.
- Integração empresarial e centros comerciais, na Revista da Faculdade de Direito da Universidade de Lisboa, vol. XXXII, 1991, pp. 29 e s., cit: *"Integração Empresarial"*.
- Direito Civil. Reais, 5.ª Edição, Coimbra Editora, 1993, cit: *"Direito Civil. Reais"*.
- Lojas em Centros Comerciais; integração empresarial; forma, na Revista da Ordem dos Advogados, Ano 54, Lisboa, Dezembro, 1994, pp. 819 e s., cit. *"Lojas em Centros Comerciais"*.
- Concorrência Desleal, Edição da AAFDL, Lisboa, 1994, cit: *"Concorrência Desleal"*.
- O Direito. Introdução e Teoria Geral, 9.ª Edição, Almedina, Coimbra, 1995, cit: *"O Direito"*.
- Teoria Geral do Direito Civil, volume I, Lisboa, 1996, volume II, Lisboa, 1991, volume III, Lisboa, 1992 e volume IV, Lisboa, 1993, cit: *"Teoria Geral do Direito Civil"*.

ASQUINI, ALBERTO
- Profili dell'impresa, na Rivista del Diritto Commerciale, XXX, 1942, pp. 1 e s., cit: *"Profili dell'impresa"*.

AUBY, JEAN-BERNARD
- Urbanisme commercial: la notion d'"ensemble commercial" ou d'"unité

Bibliografia 193

économique" (L. n. 90-1260 du 31 décembre 1990), na Droit Administratif, 30e. Annee, N.º 1, Janvier, 1991, pp. 2 e s., cit: *"Urbanisme commercial"*.

AULETTA, GIUSEPPE GIACOMO
– Diritto Commerciale, Giuffrè Editore, Milano,1994, cit: *"Diritto Commerciale"*.

AUQUE, FRANÇOIS
– Les baux commerciaux, L.G.D.J., Paris, 1996, cit: *"Les baux commerciaux"*.

AZEVEDO, ALVARO VILLAÇA
– Atipicidade mista do contrato de utilização de unidade em centros comerciais e seus aspectos fundamentais, em Shopping Centers (Questões Jurídicas), Editora Saraiva, S.Paulo, 1991, pp. 17 e s., cit: *"Atipicidade mista"*.

BARCELLONA, MÁRIO
– Attribuzione Normativa e Mercato nella Teoria dei Beni Giuridici, na Quadrimestre, rivista di diritto privato, N.º 3, 1987, pp. 607 e s., cit: *"Attribuzione Normativa e Mercato"*.

BARROCAS, MANUEL PEREIRA
– O Contrato de Franchising, na Revista da Ordem dos Advogados, Ano 49, Lisboa, Abril, 1989, pp. 127 e s., cit: *"O Contrato de Franchising"*.

BESSONE, DARCY
– Problemas jurídicos do shopping center, na Revista Forense, Volume 308, Ano 85, Outubro, Novembro, Dezembro, 1989, pp. 19 e s., cit: *"Problemas jurídicos do shopping center"*.
– Renovação de Locação, na Revista do Advogado, N.º 45, Janeiro/95, pp. 19 e s., cit: *"Renovação de Locação"*.

BONAVERA, ENRICO ERASMO
– Comunione d'azienda e societá di fatto, na Giurisprudenza Commerciale, 15.3, 1988, pp. 381 e s., cit: *"Comunione d'azienda"*.

BOUYSSOU, FERNAND
– L'Urbanisme Commercial en 1993, na Revue Française de Droit Administratif, 10e. Année, Mars-Avril 1994, pp. 336 e s., cit: *"L'Urbanisme Commercial"*.

BRITO, MARIA HELENA
– O Contrato de Concessão Comercial, Livraria Almedina, Coimbra, 1990, cit: *"Contrato de Concessão Comercial"*.

BUZAID, ALFREDO
– Da Ação Renovatória, volume II, 2.ª edição, Editora Saraiva, São Paulo, 1981, cit: *"Da Ação Renovatória"*.
– Estudo sobre "shopping center", em Shopping Centers (Questões Jurídicas), Editora Saraiva, S.Paulo, 1991, pp. 1 e s., cit: *"Estudo sobre shopping center"*.

194 *A empresa nos centros comerciais e a pluralidade de estabelecimentos*

CAHALI, YUSSEF SAID
- Furto de veículos em estacionamento de "shopping center", em Shopping Centers (Questões Jurídicas), Editora Saraiva, S.Paulo, 1991, pp. 233 e s., cit: *"Furto de veículos".*

CAIAFA, ANTONIO
- L'azienda: suoi mutamenti soggettivi nella crisi d'impresa, CEDAM, Padova, 1990, cit: *"L'azienda".*

CALERO, FERNANDO SÁNCHEZ
- Instituciones de Derecho Mercantil, I, 18.ª Edição, Editorial Revista de Derecho Privado, Madrid, 1995, cit: *"Instituciones de Derecho Mercantil".*

CANARIS, CLAUS-WILHELM
- Pensamento Sistemático e Conceito de Sistema na Ciência do Direito (tradução do original alemão intitulado "Systemdenken und Systembegriff in der Jurisprudenz"), Fundação Calouste Gulbenkian, Lisboa, 1989, cit: *"Pensamento Sistemático".*

CANHA, AMÂNDIO
- Negociação e Reivindicação do estabelecimento comercial: reivindicação do direito ao imóvel e meios jurídicos, Almedina, Coimbra, 1993, cit: *"Negociação e Reivindicação do Estabelecimento".*

CAÑIZARES, FELIPE DE SOLÁ
- Tratado de Derecho Comercial Comparado, Tomo II, Montaner y Simón, Barcelona, 1962, cit: *"Tratado de Derecho Comercial Comparado".*

CARDOSO, FERNANDO
- Reflexões sobre o estabelecimento comercial ou industrial e respectivo contrato de aluguer, Livraria Portugalmundo Editora, Lisboa, 1991, cit: *"Reflexões sobre o estabelecimento comercial".*

CARNELUTTI, FRANCESCO
- Proprietá della clientela, na Rivista del Diritto Commerciale, XXVIII, 1930, pp. 330 e s., cit: *"Proprietá della clientela".*

CARVALHO, ORLANDO DE
- Critério e Estrutura do Estabelecimento Comercial, Coimbra, 1967, cit: *"Critério e Estrutura do Estabelecimento".*
- Critério e estrutura do estabelecimento comercial, na Revista de Direito e Economia, Ano I, N.º 2, Julho/Dezembro, 1975, pp. 153 e s., cit: *"Génese e Evolução da Noção de Estabelecimento".*
- Anotação a um acórdão do S.T.J. de 24.06.75, na Revista de Legislação e de Jurisprudência, Ano 110.º, 1977, pp. 102 e s., cit: *"Anotação a um acordão do S.T.J.".*
- Direito das Coisas, Coimbra, 1977, cit: *"Direito das Coisas".*
- Alguns aspectos da negociação do estabelecimento, na Revista de Legislação e de Jurisprudência, 114.º Ano, 1981-1982, pp. 360 e s., 115.º Ano, 1982-1983, pp. 9 e s., 117.º Ano, 1984-1985, pp. 233 e s., 118.º Ano, 1985-1986, pp. 229 e s., cit: *"Alguns aspectos da negociação do estabelecimento".*

CARVALHOSA, MODESTO
- Considerações sobre relações jurídicas em "shopping centers", em Shopping Centers (Questões Jurídicas), Editora Saraiva, S. Paulo, 1991, pp. 163 e s., cit: "*Considerações sobre relações jurídicas*".

CASANOVA, MÁRIO
- Azienda, no Digesto delle Discipline Privatistiche, Sezione Commerciale, II, UTET, Torino, 1987, pp. 75 e s., cit: "*Azienda*".

CHULIA, FRANCISCO VICENT
- Compendio Critico de Derecho Mercantil, 3.ª edição, Tomo I, Vol. 1.º, Bosch, Barcelona, 1991, cit: "*Compendio Critico de Derecho Mercantil*".
- Introduction al Derecho Mercantil, 8.ª Edição, Tirant lo Blanch Libros, Valência, 1995, cit: "*Introduction al Derecho Mercantil*".

COELHO, JOSÉ GABRIEL PINTO
- O Trespasse do estabelecimento e a transmissão das letras, em Suplemento XV do Boletim da Faculdade de Direito, Volume I, Coimbra Editora, Coimbra, 1961, pp. 1 e s., cit: "*O Trespasse do estabelecimento*".
- Lições de Direito Comercial, 3.ª Edição, 1.º Volume, Lisboa, 1957, cit: "*Lições de Direito Comercial*".

COELHO, F. M. PEREIRA
- Direito Civil. I – Arrendamento, Coimbra, 1980, cit: "*Direito Civil*".
- Arrendamento. Direito Substantivo e Processual, Coimbra, 1988, cit: "*Arrendamento*".

COLLA, GIORGIO
- L'indennità per la perdita dell'avviamento, CEDAM, Padova, 1991, cit: "*L'indennità per la perdita dell'avviamento*".

COLOMBO, GIOVANNI EMANUELE
- Il trasferimento dell'azienda e il passagio dei crediti e dei debitti, CEDAM, Padova, 1972, cit: "*Il trasferimento dell'azienda*".
- L'azienda e il Mercato, em Trattato di Diritto Commerciale e di Diritto Pubblico dell'Economia, volume terceiro, CEDAM, Padova, 1979, cit: "*L'azienda e il Mercato*".
- La Cessione d'Azienda. Lineamento Generali, em Cessione ed Affitto di Azienda alla luce della più recente normativa, 1994, cit: "*La Cessione d'Azienda*".

CORDEIRO, ANTÓNIO MENEZES
- Direitos Reais, I Volume e II Volume, Imprensa Nacional – Casa da Moeda, 1979, cit: "*Direitos Reais*".
- Direito das Obrigações, 1.º Volume, AAFDL, Lisboa, 1980, cit: "*Direito das Obrigações*".
- Direito da Economia, 1.º Volume, AAFDL, Lisboa, 1988, cit: "*Direito da Economia*".
- vide ASCENSÃO, JOSÉ DE OLIVEIRA.
- Introdução à Edição Portuguesa de Systemdenken und Systembegriff in der

196 A empresa nos centros comerciais e a pluralidade de estabelecimentos

Jurisprudenz (Pensamento Sistemático e Conceito de Sistema na Ciência do Direito) de Claus-Wilhelm Canaris, Fundação Calouste Gulbenkian, Lisboa, 1989, cit: *"Introdução – Pensamento Sistemático"*.
– Teoria Geral do Direito Civil, 1.º Volume, 2.ª Edição, AAFDL, Lisboa, 1990, cit: *"Teoria Geral do Direito Civil"*.
– Da Responsabilidade Civil dos Administradores das Sociedades Comerciais, LEX, Lisboa, 1997, cit: *"Da Responsabilidade Civil dos Administradores"*.

CORREIA, ARLINDO NOGUEIRA MARQUES
– A empresa e o estabelecimento, esboços de definição, em Portugal Judiciário, Ano II, 1978, pp. 149 e s., cit: *"A Empresa e o Estabelecimento"*.

CORREIA, BRITO
– Direito Comercial, 3.º volume, AAFDL, Lisboa, 1983/84, cit: *"Direito Comercial, 1983/84"*.
– Direito Comercial, 1.º volume, AAFDL, Lisboa, 1987/88, cit: *"Direito Comercial, 1987/88"*.

CORREIA, A. FERRER
– Lições de Direito Comercial, vol. I, Universidade de Coimbra, 1973, cit: *"Lições de Direito Comercial"*.
– Sobre a Projectada Reforma da Legislação Comercial Portuguesa, na Revista da Ordem dos Advogados, Ano 44, Lisboa, Maio, 1984, pp. 5 e s., cit: *"Sobre a Reforma da Legislação Comercial"*.
– Reivindicação do Estabelecimento Comercial como Unidade Jurídica, em Estudos de Direito Civil Comercial e Criminal, Amedina, Coimbra, 1985, pp. 255 e s., cit: *"Reivindicação do Estabelecimento"*.
– Contrato de locação de estabelecimento, contrato de arrendamento de prédio rústico para fins comerciais, contrato inominado – Parecer, na Revista da Ordem dos Advogados, Ano 47, Lisboa, Dezembro, 1987, pp. 785 e s., cit: *"Contrato de Locação de Estabelecimento"*.

CORREIA, MIGUEL J.A. PUPO
– Direito Comercial, 2.ª Edição, Lisboa, 1992, cit: *"Direito Comercial"*.

COSTA, MÁRIO JÚLIO DE ALMEIDA
– Direito das Obrigações, 6.ª Edição, Almedina, Coimbra, 1994, Cit: *"Direito das Obrigações"*.

COTTINO, GASTONE
– Diritto Commerciale, Volume Primeiro, Tomo Primeiro, 3.ª Edição, CEDAM, Padova, 1993, cit: *"Diritto Commerciale"*.

CRUZEIRO, FERNANDA
– vide SANTOS, CLARA

D'ALESSANDRO, PASQUALE
–– L'oggetto dell'avviamento nella valutazione anche fiscale, na Rivista de Diritto Civile, 1988, pp. 605 e s., cit: *"L'oggetto dell'avviamento"*.

DEKEUWER-DÉFOSSEZ
- Droit Commercial, Montchrestien, Paris, 1990, cit: *"Droit Commercial"*.

DENOZZA, FRANCESCO
- vide JAEGER, PIER GIUSTO

DERRUPPÉ, JEAN
- Fonds de commerce, em Guide Juridique, Dalloz, Dalloz-Sirey, Paris, 1992, pp. 264-1 e s., cit: "Fonds de commerce".
- Le Fonds de Commerce, Dalloz, Paris, 1994, cit: *"Le Fonds de Commerce"*.
- Les Baux commerciaux, 2.ª Edição, Dalloz, Paris, 1996, cit: *"Les baux commerciaux"*.

DIÃO, NILSON DE CASTRO
- A cláusula contratual de fiscalização da receita das lojas, em Shopping Centers (Questões Jurídicas), Editora Saraiva, S.Paulo, 1991, pp. 265 e s., cit: *"A cláusula contratual de fiscalização"*.

DUARTE, RUI PINTO
- vide RIBEIRO, JOSÉ ANTÓNIO PINTO

ECKERT, HANS-GEORG
- vide WOLF, ECKHARD

FALK, BERND R.
- Methodische Ansätze und empirische Ergebnisse der Kundenforschung in Einkaufszentren, Duncker & Humblot, Berlin, 1975, cit: *"Einkaufszentren"*.

FAVER, MARCUS
- Aluguel em "shopping center", em Shopping Centers (Questões Jurídicas), Editora Saraiva, S.Paulo, 1991, pp. 243 e s., cit: *"Aluguel em shopping center"*.

FERNANDES, LUÍS A. CARVALHO
- Teoria Geral do Direito Civil, Volume I, 2.ª Edição, LEX, Lisboa, 1995, cit: *"Teoria Geral do Direito Civil"*.
- Lições de Direito Reais, Quid Juris, Lisboa, 1996, cit: *"Direitos Reais"*.

FERRARA JR., FRANCESCO
- La Teoria Giuridica dell'Azienda, Reimpressão da 2.ª Edição (1948), Giuffrè Editore, Milão, 1982, cit: *"La Teoria Giuridica dell'Azienda"*.

FERRI, GIUSEPPE
- Manuale di Diritto Commerciale, 8.ª Edição, Utet, Torino 1991, cit: *"Manuale di Diritto Commerciale"*.

FERRO-LUZZI, PAOLO
- L'Impresa, em L'Impresa, Giuffré Editore, Milão, 1985, pp. 9 e s. cit: *"L'Impresa"*.

198   A empresa nos centros comerciais e a pluralidade de estabelecimentos

FLOCH, PAUL LE
- vide PAILLUSSEAU, JEAN.
- Le Fonds de Commerce, LGDJ, Paris, 1986, cit: *"Le Fonds de Commerce"*.
- Entreprise et fonds de commerce, em L'entreprise: nouveaux apports, Economica, Paris, 1987, pp. 89 e s., cit: *"L'entreprise"*.
- vide PAILLUSSEAU, JEAN.

FORCHIELLI, PAOLO
- Il Minimum del Concetto di Azienda e la Distinzione tra Affitto d'Azienda (Libero) e Locazione d'Immobile non Abitativo (Vincolata), na Rivista di Diritto Civile, Anno XXVI, 1980, pp. 515 e s., cit: *"Il Minimum del Concetto di Azienda"*.

FRANCESCHELLI, REMO
- La notion juridique d'entreprise en Italie, em Melanges en l'honneur de Daniel Bastian, I, Droit des Sociétés, Librairies Techniques, s/ data, Paris, cit: *"La notion juridique d'entreprise"*.

FRANCO, J. NASCIMENTO
- A Lei de Luvas e os "shopping center", em Shopping Centers (Questões Jurídicas), Editora Saraiva, S.Paulo, 1991, pp. 123 e s., cit: *"A Lei de Luvas e os Shopping Center"*.

FROTA, MÁRIO
- Arrendamento urbano, Coimbra Editora, 1987, cit: *"Arrendamento Urbano"*.

FURTADO, PINTO
- Curso de Direito dos Arrendamentos Vinculísticos, Almedina, Coimbra, 1984, cit: *"Curso de Direito dos Arrendamentos"*.
- Vinculismo Arrendatício. Origens, Características e Tendência Evolutiva, na Tribuna da Justiça, 2, Fevereiro, Março, 1990, pp. 25 e s., cit: *"Vinculismo Arrendatício"*.
- Manual do Arrendamento Urbano, Almedina, Coimbra, 1996, cit: *"Manual do Arrendamento"*.

GALAN, JUAN FONT
- La Empresa, em Lecciones de Derecho Mercantil, coord. por Guillermo J. Jiménez Sánchez, Tecnos, Madrid, 1992, cit: *"La Empresa"*.

GALGANO, FRANCESCO
- Diritto Civile e Commerciale, volume terceiro, tomo primeiro, Cedam, Padova, 1990, cit: *"Diritto Civile e Commerciale"*.
- Sommario di Diritto Commerciale, 2.ª Edição, Giuffrè Editore, Milão, 1990, cit: *"Sommario di Diritto Commerciale"*.

GARRIGUES, JOAQUIM
- Tratado de Derecho Mercantil, Tomo I, Volume 1.º, Revista de Derecho Mercantil, Madrid, 1947, cit: *"Tratado de Derecho Mercantil"*.

Bibliografia

GERMAIN, MICHEL / ROBLOT, RENÉ
- vide RIPERT, GEORGES

GIERKE, JULIUS VON
- Handelsrecht und Schiffahrtsrecht, 8.ª Edição, Berlin, 1958, cit: *"Handelsrecht"*.

GIL, ARCÁDIO
- Conferência pronunciada no Seminário "Centros Comerciais", promovido pela Câmara Municipal de Lisboa, em 26 de Janeiro de 1989, no âmbito das jornadas subordinadas ao tema "Lisboa na Rota do Comércio", em Centros Comerciais, 8 Conhecer o Comércio e o Consumo, Edição da Câmara Municipal de Lisboa, 1990, pp. 8 e s., cit: *"Conferência"*.

GIORGIANNI, MICHELE
- Causa, na Enciclopedia del Diritto, VI, Giuffrè Editore, 1960, pp. 547 e s., cit: *"Causa"*.

GOMES, MANUEL JANUÁRIO
- Arrendamentos Comerciais, 2.ª Edição, Livraria Almedina, Coimbra, 1991, cit: *"Arrendamentos Comerciais"*.

GOMES, ORLANDO
- Traços do perfil jurídico de um "shopping center", em "Shopping Centers" – Aspectos jurídicos, Editora Revista dos Tribunais, São Paulo, 1984, pp. 88 e s., cit: *"Traços do perfil jurídico de um shopping center"*.

GOUVEIA, ALFREDO JOSÉ RODRIGUES ROCHA DE
- Da Empresa. Estudo de Direito Privado, Lisboa, 1961, cit: *"Da Empresa"*.

GUYÉNOT, JEAN
- Cours de Droit Commercial, Librairie du Journal des Notaires et des Avocats, Paris, 1977, cit: *"Cours de Droit Commercial"*.

GUYON, YVES
- Les groupements d'intérêt économique dans le commerce de détail, après les lois du 11 juillet 1972, no Recueil Dalloz Sirey, 1973, Chronique X, pp. 91 e s., cit: *"Les groupements d'intérêt économique"*.
- Droit des Affaires, Tome 1, 8.ª Edição, Economica, Paris, 1994, cit: *"Droit des Affaires"*.

HOUIN, ROGER / PEDAMON, MICHEL
- Droit Commercial, 7.ª Edição, Dalloz, Paris, 1980, cit: *"Droit Commercial"*.

IANNARELLI, ANTONIO
- La disciplina dei beni tra proprietà e impresa nel codice del 1942, na Rivista Critica del Diritto Privato, Anno XI, Marzo-Giugno, 1993, pp. 17 e s., cit: *"La disciplina dei beni"*.

IPPOLITO, B
- vide JUGLART, M.

200 *A empresa nos centros comerciais e a pluralidade de estabelecimentos*

JAEGER, PIER GIUSTO
- La Nozione D'Impresa dal Codice allo Statuto, Quaderni di Giurisprudenza Commerciale, Giuffrè, Milão, 1985, cit: *"La Nozione d'Impresa"*.
- / DENOZZA, FRANCESCO – Appunti di Diritto Commerciale, I, Giuffrè Editore, Milano, 1989, cit: *"Appunti di Diritto Commerciale"*.

JAUFFRET, ALFRED
- Exploitation d'un fonds de commerce dans un magasin collectif, na Revue Trimestrielle de Droit Commercial, Tomo XXVI, Ano 1973, pp. 59 e s., cit: *"Exploitation d'un fonds de commerce dans un magasin collectif"*.
- / MESTRE, JACQUES – Manuel de Droit Commercial, 22e. Édition, Librairie Générale de Droit et de Jurisprudence, Paris, 1995, cit: *"Manuel de Droit Commercial"*.

JORGE, FERNANDO PESSOA
- Transmissão do arrendamento comercial por efeito da incorporação da sociedade locatária, no O Direito, Ano 122.°, 1990, Abril-Junho, pp. 463 e s., cit: *"Transmissão do arrendamento comercial"*.

JUGLART, M. / IPPOLITO, B
- Cours de droit commercial, Primeiro Volume, 10.ª Edição, Mentchrestien, Paris, 1992, cit: *"Cours de Droit Commercial"*.

JÚNIOR, E. SANTOS
- Sobre o trespasse e a cessão da exploração do estabelecimento comercial, em As Operações Comerciais, Livraria Almedina, Coimbra, 1988, pp. 397 e s., cit: *"Sobre o trespasse"*.

KARPAT, LADISLAU
- Shopping Centers – Manual Jurídico, Hermus Editora, São Paulo, 1993, cit: *"Shopping Centers"*.

KOECHLIN, H.-FRANÇOIS
- Droit de l'entreprise, Librairies Techniques, Paris, 1964, cit: *"Droit de l'entreprise"*.

KOJRANSKI, NELSON
- A Denúncia vazia nas locações dos "shopping centers", na Revista do Advogado, n.° 45, Janeiro, 1995, pp. 37 e s., cit: *"A Denúncia vazia"*.

LANGONI, CARLOS GERARDO
- "Shopping Centers" no Brasil, em "Shopping Centers" – Aspectos jurídicos, Editora Revista dos Tribunais, São Paulo, 1984, pp. 56 e s., cit: "Shopping Centers".

LARENZ, KARL
- Metodologia da Ciência do Direito (tradução do original alemão intitulado "Methodenlehre der Rechtswissenschaft", 2.ª Edição, Fundação Calouste Gulbenkian, Lisboa, 1989, cit: *"Pensamento Sistemático"*.

LAUWERS, EDOUARD
- vide VERCRUYSSE, MARCEL

LAVABRE
- Centres commerciaux, commerçants indépendants et groupement d'interêt économique, no Recueil Dalloz Sirey, 1970, Chronique XXII, p. 102 e s., cit: *"Centres commerciaux"*.

LIMA, FERNANDO ANDRADE PIRES DE
- / VARELA, JOÃO DE MATOS ANTUNES – Código Civil Anotado, volume III, 2.ª edição, Coimbra Editora, Coimbra, 1986, cit: *"Código Civil Anotado"*.

LLORCA, VICENTE ORTEGA
- El arrendamiento de locales de negocio, la ley de Propriedad Horizontal y la autonomía de la voluntad. Problemática de los grandes centros comerciales, em Poder Judicial, 2.ª época, n.º 32, Diciembre, 1993, pp. 141 e s., cit: *"El arrendamiento de locales de negocio. Problemática de los Grandes Centros Comerciales"*.

LUMINOSO, ANGELO
- I Contratti Tipici e Atipici, Giuffrè Editore, Milano, 1995, cit: *"I Contratti Tipici e Atipici"*.

MAGALHÃES, BARBOSA DE
- Do Estabelecimento Comercial, Atica, Lisboa, 1951, cit: *"Do Estabelecimento Comercial"*.

MAQUIEIRA, JOSÉ DA SILVA
- "Shopping centers" – Antigas e novas apreciações, em Shopping Centers (Questões Jurídicas), Editora Saraiva, S.Paulo, 1991, pp. 1 e s., cit: *"Shopping centres"*.

MARROU, LOUIS / TEIXEIRA, JOSÉ AFONSO
- vide PEREIRA, MARGARIDA

MARTINEZ, PEDRO ROMANO
- Contratos em Especial, 2.ª Edição, Universidade Católica Editora, Lisboa, 1996, cit: *"Contratos em Especial"*.

MARTINI, ANGELO DE
- Rilevanza dell'attivitá dell'imprenditore e dell'avviamento nella configurazione dell'azienda, na Rivista del Diritto Commerciale, Ano LI, 1953, II, pp. 100 e s., cit: *"Configurazione dell'azienda"*.

MARTINS, ANTÓNIO DE CARVALHO
- Sobre a locação de estabelecimento ou cessão de exploração, Coimbra Editora, Coimbra, 1989, cit: *"Locação de Estabelecimento"*.

202   *A empresa nos centros comerciais e a pluralidade de estabelecimentos*

MARTINS, FRAN
- Curso de Direito Comercial, 15.ª Edição, Editora Forense, Rio de Janeiro, 1990, cit: *"Curso de Direito Comercial"*.

MARTINS, IVES GANDRA DA SILVA MARTINS
- A natureza jurídica das locações comerciais dos "shopping centers", em Shopping Centers (Questões Jurídicas), Editora Saraiva, S.Paulo, 1991, pp. 79 e s., cit: *"Locações Comerciais dos shopping centers"*.

MENDONÇA, ESTELITA DE
- Da Sublocação, Almedina, Coimbra, 1972, cit: *"Da Sublocação"*.

MERCADAL, BARTHÉLÉMY
- La notion d'entreprise, em Les activités et les biens de l'entreprise, GLN Éditions, Paris, 1991, pp. 9 e s., cit: *"La notion d'entreprise"*.

MESQUITA, MANUEL HENRIQUE
- Direitos Reais, Coimbra, 1966-1967, cit: *"Direitos Reais"*.
- Cedida a exploração de um estabelecimento comercial através de contrato promessa, esta detenção não é susceptível de posse e de protecção possessória, na Colectânea de Jurisprudência, Tomo 3, Ano VII, 1982, pp. 7 e s., cit: *"Cedida a exploração de um estabelecimento comercial"*.

MESSINEO, FRANCESCO
- Contratto innominato, na Enciclopedia del Diritto, X, Giuffrè Editore, 1962, pp. 95 e s., cit: *"Contratto inominato"*.

MESTRE, JACQUES
- vide JAUFFRET, ALFRED

MIRANDA, GUALBERTO GONÇALVES DE
- Natureza jurídica da ocupação das lojas ou espaços nos "shopping centers", em Shopping Centers (Questões Jurídicas), Editora Saraiva, S.Paulo, 1991, pp. 269 e s., cit: *"Natureza jurídica das ocupações de lojas nos shopping centers"*.

MONTEIRO, WASHINGTON DE BARROS
- "Shopping Centers", em "Shopping Centers" – Aspectos jurídicos, Editora Revista dos Tribunais, São Paulo, 1984, pp. 160 e s., cit: *"Shopping Centers"*.

MONTENEGRO, ANTONIO LINDBERG
- Alguns aspectos da responsabilidade civil dos "shopping centers", em Shopping Centers (Questões Jurídicas), Editora Saraiva, S.Paulo, 1991, pp. 253 e s., cit: *"Responsabilidade civil dos shopping centers"*.

MUSAIO, ALESSANDRO
- L'Economia dell'Azienda "in Affitto", Giuffrè Editore, Milano, 1995, cit: *"Azienda in Affitto"*.

NOBILI, RAFFAELE
- Avviamento d'impresa, no Novissimo Digesto Italiano, Volume Primeiro, Tomo II, 1958, pp. 1653 e s., cit: *"Avviamento d'impresa"*.

Bibliografia

OLAVO, CARLOS
- O Contrato de "Franchising", em Novas Perspectivas do Direito Comercial, Almedina, Coimbra, 1988, pp. 159 e s., cit: *"O Contrato de Franchising"*.

OLAVO, FERNANDO
- A Empresa e o Estabelecimento Comercial, no Boletim da Direcção-Geral das Contribuições e Impostos, Ciência e Técnica Fiscal, Vol. X, 1963, pp. 9 e s., cit: *"A Empresa e o Estabelecimento Comercial"*.
- Direito Comercial, volume I, 2.ª Edição, Lisboa, 1970, cit: *"Direito Comercial"*.

OLIVEIRA, FERNANDO A. ALBINO DE
- Fundo de comércio em "shopping centers", em Shopping Centers (Questões Jurídicas), Editora Saraiva, S.Paulo, 1991, pp. 55 e s., cit: *"Fundo de comércio em shopping centers"*.

OLIVIERI, GUSTAVO
- «Picola azienda» e locazione d'immobile, na Rivista del Diritto Commerciale e del Diritto Generale delle Obbligazioni, Anno LXXXV, 1987, pp. 468 e s., cit: *"Picola azienda e locazione"*.

OPPETIT, BRUNO
- VIDE RODIÈRE, RENÉ

OPPO, GIORGIO
- L'Impresa come Fattispecie, na Rivista di Diritto Civile, XXVIII, 1982, pp. 109 e s., cit: *"L'Impresa come Fattispecie"*.

PAGANELLI, OSVALDO
- Valutazione delle Aziende, UTET, Turim, 1990, cit: *"Valutazione delle Aziende"*.

PAILLUSSEAU, JEAN
- / LE FLOCH, PAUL - Magasins Collectifs de Commerçants Indépendants, em Répertoire de Droit Commercial, Tomo IV, Dalloz, 1983, pp. 1 e s., cit: *"Magasins Collectifs de Commerçants Indépendants"*.
- Prefácio ao livro "Le Fonds de Commerce" de Paul Le Floch, Librairie Générale de Droit et de Jurisprudence, Paris, 1986, cit: *"Le Fonds de Commerce"*.
- Qu'est-ce que l'entreprise?, em L'entreprise: nouveaux apports, Economica, Paris, 1987, pp. 11 e s., cit: *"L'Entreprise"*.
- / LE FLOCH, PAUL - Centres commerciaux. Magasins collectifs de commerçants indépendants, em Guide Juridique, Dalloz, n.º 96, 1992, pp. 11 e s., cit: *"Centres commerciaux"*.

PARRINELLO, MARCELLO
- Prelazione urbana e attività d'impresa, na Rivista del Diritto Commerciale e del Diritto Generale delle Obbligazioni, Anno LXXXV, 1987, pp. 409 e s., cit: *"Prelazione urbana e attività d'impresa"*.

204 *A empresa nos centros comerciais e a pluralidade de estabelecimentos*

PEDAMON, MICHEL
- / vide HOUIN, ROGER

PEREIRA, CAIO MÁRIO DA SILVA
- A nova Tipologia Contratual no Direito Civil Brasileiro, na Revista de Direito Comparado Loso-Brasileiro, Ano I, N.° 1, Julho, 1982, pp. 107 e s., cit: *"A nova Tipologia Contratual"*.
- Shopping-Centers. Organização econômica e disciplina jurídica, na Revista Forense, Volume 286, Ano 80, Abril, Maio, Junho, 1984, pp. 1 e s. e na Revista Forense, 1983, cit: *"Shopping-Centers. Organização económica e disciplina jurídica"*.
- Intervenção no Simpósio sobre os centros comerciais, em "Shopping Centers" – Aspectos jurídicos, Editora Revista dos Tribunais, São Paulo, 1984, pp. 1 e s., cit: *"Intervenção no Simpósio"*.

PEREIRA, MARGARIDA
- / TEIXEIRA, JOSÉ AFONSO / MARROU, LOUIS – Os Centros Comerciais de Lisboa. Uma Análise Geográfica, em Centros Comerciais, 8 Conhecer o Comércio e o Consumo, Edição da Câmara Municipal de Lisboa, 1990, pp. 12 e s., cit: *"Os Centros Comerciais de Lisboa"*.

PINTO, DINAH SONIA RENAULT PINTO
- Shopping Center. Uma nova era empresarial, Forense, Rio de Janeiro, 1989, cit: *"Shopping Center"*.

PINTO, JOÃO FERNANDO VARELA
- Transmissão do Estabelecimento Comercial, na Revista da Ordem dos Advogados, Ano 45, Lisboa, Setembro, 1985, pp. 535 e s., cit: *"Transmissão do Estabelecimento Comercial"*.

PINTO, ROBERTO WILSON RENAULT
- O fundo de comércio dos "shopping centers" e o Decreto n. 24.150/34, em Shopping Centers (Questões Jurídicas), Editora Saraiva, S.Paulo, 1991, pp. 219 e s., cit: *"O fundo de comércio dos shopping centers"*.

PITA, MANUEL ANTÓNIO
- Direito Comercial, Fisco, Lisboa, 1992, Cit: *"Direito Comercial"*.

PONT, MANUEL BROSETA
- Manual de Derecho Mercantil, 8.ª Edição, Tecnos, Madrid, 1990, cit: *"Manual de Derecho Mercantil"*.

RAVÁ, TITO
- Il sistema del diritto civile di frente all'azienda, na Rivista del Diritto Commerciale, LXVIII, 1970, pp. 9 e s., cit: *"Il sistema del diritto civile di frente all'azienda"*.

Reis, J. Alberto dos
- Valor de estabelecimento comercial ou industrial, na Revista de Legislação e Jurisprudência, Ano 82.º, 1950, pp. 308 e s., cit: *"Valor do estabelecimento comercial"*.

Requião, Rubens
- Curso de Direito Comercial, 8.ª edição, 1.º volume, Saraiva, São Paulo, 1977, cit: *"Curso de Direito Comercial"*.
- Intervenção no Simpósio sobre os centros comerciais, em "Shopping Centers" – Aspectos jurídicos, Editora Revista dos Tribunais, São Paulo, 1984, pp. 1 e s., cit: *"Intervenção no Simpósio"*.
- Considerações jurídicas sobre os centros comerciais ("shopping centers") no Brasil, em "Shopping Centers" – Aspectos jurídicos, Editora Revista dos Tribunais, São Paulo, 1984, pp. 116 e s., cit: *"Considerações jurídicas sobre os centros comerciais"*.

Ribeiro, José António Pinto
- / Duarte, Rui Pinto – Dos Agrupamentos Complementares de Empresas, Centro de Estudos Fiscais da D.G.C.I., Lisboa, 1980, cit: *"Dos Agrupamentos Complementares de Empresas"*.

Ripert, Georges
- / Roblot, René / Germain, Michel – Traité de Droit Commercial, Tome 1, 16e. Édition, Librairie Générale de Droit et de Jurisprudence, Paris, 1996, cit: *"Traité de Droit Commercial"*.

Roblot, René
- vide Ripert, Georges.

Rodière, René
- / Oppetit, Bruno – Droit Commercial – Groupements commerciaux, 10.ª Edição, Dalloz, Paris, 1980, cit: *"Droit Commercial"*.

Romagnoli, Emilio
- Affito – Disposizioni Generali, no Commentario del Codice Civile a Cura de Antonio Scialoja e Giuseppe Branca, Nicola Zanichelli Editore-Soc. Ed. del Foro Italiano, Bolonha-Roma, 1978, cit: *"Affito"*.

Roppo, Enzo
- I "nuovi contratti" fra autonomia privata e interventi del legislatore, na Rivista Critica del Diritto Privato, Anno X-1, Marzo, 1992, pp. 3 e s., cit: *"I nuovi contratti"*.

Rotondi, Mário
- O Aviamento na Teoria Geral do Estabelecimento Comercial, no Jornal do Fôro, Lisboa, 1959, cit: *"O Aviamento"*.

206   *A empresa nos centros comerciais e a pluralidade de estabelecimentos*

ROUSSEAU, JOSÉ ANTÓNIO
- Intervenção no Seminário "Centros Comerciais", promovido pela Câmara Municipal de Lisboa, em 26 de Janeiro de 1989, no âmbito das jornadas subordinadas ao tema "Lisboa na Rota do Comércio", em *Centros Comerciais*, 8 Conhecer o Comércio e o Consumo, Edição da Câmara Municipal de Lisboa, 1990, cit: *"Intervenção no Seminário"*.

SALANITRO, NICCOLÓ
- vide AULETTA, GIUSEPPE

SANCHES, J. L. SALDANHA
- O regime fiscal dos centros comerciais, na Fisco, N.º 34, Setembro, 1991, pp. 3 e s., cit: *"O regime fiscal dos centros comerciais"*.

SANTINI, GERARDO
- Commercio e servizi, Il Mulino, Bologna, 1988, cit: *"Commercio e servizi"*.

SANTOS, CLARA / CRUZEIRO, FERNANDA – O Comércio nos Centros Comerciais. Resultados de um Inquérito aos Comerciantes, em Centros Comerciais, 8 Conhecer o Comércio e o Consumo, Edição da Câmara Municipal de Lisboa, 1990, pp. 59 e s., cit: *"O Comércio nos Centros Comerciais"*.

SANTOS, J.A. PENALVA
- Regulamentação jurídica do "shopping center", em Shopping Centers (Questões Jurídicas), Editora Saraiva, S.Paulo, 1991, pp. 97 e s., cit: *"Regulamentação jurídica do "shopping center"*.

SANZ, FERNANDO MARTINEZ
- La Indemnizacion por Clientela en los Contratos de Agencia y Concesion, Editorial Civitas, Madrid, 1995, cit: *"La Indemnizacion por Clientela en los Contratos de Agencia y Concesion"*.

SASSO, COSIMO
- Avviamento d'impresa, no Digesto delle Discipline Privatistiche, Sezione Commerciale, II, UTET, pp. 56 e s., cit: *"Avviamento d'impresa"*.

SAVATIER, RENÉ
- Droit des Affaires, Sirey, Paris, 1962, cit: *"Droit des Affaires"*.

SEIA, JORGE ALBERTO ARAGÃO
- Arrendamento Urbano – Anotado e Comentado, Livraria Almedina, Coimbra, 1995, cit: *"Arrendamento Urbano"*.

SENDIM, PAULO
- Artigo 230.º, Código Comercial e Teoria Jurídica da Empresa Mercantil, no Boletim da Faculdade de Direito da Universidade de Coimbra, Estudos em Homenagem ao Professor Doutor A. Ferrer Correia, Coimbra, 1989, pp. 909 e s.,

cit: *"Artigo 230.º, Código Comercial e Teoria Jurídica da Empresa Mercantil"*.

SERNA, JEAN-CHRISTIAN
- Sociétés coopératives de commerçants détaillants et magasins collectifs de commerçants indépendants, na Revue des Sociétés, 90.º Ano, 1972, pp. 443 e s., cit: *"Sociétés coopératives de commerçants détaillants et magasins collectifs de commerçants indépendants"*.

SILVA, ARTUR ALMEIDA E
- Intervenção no Seminário "Centros Comerciais", promovido pela Câmara Municipal de Lisboa, em 26 de Janeiro de 1989, no âmbito das jornadas subordinadas ao tema "Lisboa na Rota do Comércio", em *Centros Comerciais*, 8 Conhecer o Comércio e o Consumo, Edição da Câmara Municipal de Lisboa, 1990, cit: *"Intervenção no Seminário"*.

SILVA, CLÓVIS DO COUTO E
- O conceito de empresa no direito brasileiro, Separata dos Estudos em Memória do Professor Doutor Paulo Cunha, Lisboa, 1989, pp. 95 e s., cit: *"O conceito de empresa no direito brasileiro"*.

SILVA, JOÃO CALVÃO DA
- A Empresa como Objecto de Tráfico Jurídico, em Estudos de Direito Comercial (Pareceres), Almedina, Coimbra, 1996, pp. 165 e ss, cit: *"A Empresa como Objecto de Tráfico Jurídico"*.

SILVA, MANUEL DUARTE GOMES DA
- Esboço de uma Concepção Personalista do Direito, Separata da Revista da Faculdade de Direito da Universidade de Lisboa, Lisboa, 1965, cit: *"Esboço de uma Concepção Personalista"*.

SOUSA, MARCELO REBELO DE
- Parecer inédito, 1991, cit: *"Parecer"*.

TEIXEIRA, JOSÉ AFONSO
- / MARROU, LOUIS – vide PEREIRA, MARGARIDA

TELLES, INOCÊNCIO GALVÃO
- Aspectos Comuns aos Vários Contratos, na Revista da Faculdade de Direito da Universidade de Lisboa, volume VII, 1950 pp. 234 e s., e no Boletim do Ministério da Justiça n.º 23 (1951), pp. 18 e s., cit: *"Aspectos Comuns aos Vários Contratos"*.
- Direito das Obrigações, 6.ª Edição, Coimbra Editora, 1989, cit: *"Direito das Obrigações"*.
- Utilização de espaços nos "shopping centers" – Parecer, na Colectânea de Jurisprudência, Ano XV, tomo II, 1990, pp. 23 e s., cit: *"Utilização de espaços nos shopping centers"*.
- Cessão de Exploração Turística, no O Direito, ano 122.º, 1990, III-IV, pp. 761 e s., cit: *"Cessão de Exploração Turística"*.

208   *A empresa nos centros comerciais e a pluralidade de estabelecimentos*

- Contrato de utilização de espaços nos centros comerciais, no O Direito, ano 123, IV, 1991, pp. 521 e s., cit: *"Contrato de utilização de espaços nos centros comerciais"*.
- Manual dos Contratos em Geral, Reprint da 3.ª Edição (1965), LEX, Lisboa, 1995, cit: *"Manual dos Contratos em Geral"*.

URÍA, RODRIGO
- Derecho Mercantil, 23.ª Edição, Marcial Pons, Madrid, 1996, cit: *"Derecho Mercantil"*.

VANZETTI, ADRIANO
- La Tutela della proprietá e del possesso dell'azienda, na Rivista del Diritto Commerciale, LVI, 1958, pp. 422 e s., cit: *"La Tutela della proprietá e del possesso dell'azienda"*.

VARELA, JOÃO DE MATOS ANTUNES
- vide LIMA, FERNANDO ANDRADE PIRES DE
- Cessão da exploração do estabelecimento comercial em formação – Parecer, na Revista da Ordem dos Advogados, Ano 47, Dezembro, 1987, pp. 821 e s., cit: *"Cessão da exploração do estabelecimento comercial em formação"*.
- Os Centros Comerciais (Shopping Centers), em Estudos em Homenagem ao Prof. Doutor A. Ferrer Correia, II, Coimbra, 1989, pp. 43 e s., cit: *"Os Centros Comerciais"*.
- Centros Comerciais (Shopping Centers). Natureza jurídica dos contratos de instalação dos lojistas, Coimbra Editora, 1995, cit: *"Centros Comerciais: natureza jurídica dos contratos de instalação dos lojistas"*.
- Centros Comerciais: natureza jurídica dos contratos de instalação dos lojistas – Anotação, na Revista de Legislação e Jurisprudência, ano 128.º, 1996, pp. 315 e s., e Ano 129.º, 1996, pp. 49 e s., cit: *"Centros Comerciais: natureza jurídica dos contratos de instalação dos lojistas – Anotação"*.
- Das Obrigações em geral, Volume I, 9.ª Edição, Almedina, Coimbra, 1996, cit: *"Das Obrigações em geral"*.

VASCONCELOS, PEDRO PAIS
- Contratos Atípicos, Almedina, Coimbra, 1995, cit: *"Contratos Atípicos"*.
- Contratos de utilização de lojas em centros comerciais. Qualificação e forma, Separata da Revista da Ordem dos Advogados, Ano 56, II, Lisboa, Agosto, 1996, cit: *"Contratos de utilização de lojas em centros comerciais"*.
- Teoria Geral do Direito Civil, LEX, Lisboa, 1995/96, cit: *"Teoria Geral do Direito Civil"*.

VERCRUYSSE, MARCEL / LAUWERS, EDOUARD
- Le Fonds de Commerce, Maison Ferd. Larcier, Bruxelas, 1967, cit: *"Le Fonds de Commerce"*.

Bibliografia

VERRI, MARIA ELISA GUALANDI
- Shopping Centers – Aspectos jurídicos e suas origens, Editora Del Rey, Belo Horizonte, 1996, cit: *"Shopping Centers – Aspectos jurídicos e suas origens.*

VIEIRA, JOSÉ ALBERTO COELHO
- O Contrato de Concessão Comercial, AAFDL, Lisboa, 1991, cit: *"Contrato de Concessão Comercial".*

VIVANTE, CESARE
- La proprietà commerciale della clientela, na Rivista del Diritto Commerciale, XXVI, 1928, pp. 493 e s., cit: *"La proprietà commerciale della clientela".*

VOGEL, LOUIS
- Location-Gérance des Fonds de Commerce, no Répertoire de Droit Commercial Dalloz, 1993, com actualizações em 1994 e em 1995, cit: *"Location-Gérance des Fonds de Commerce".*
- Fonds de Commerce, no Répertoire de Droit Commercial Dalloz, 1993, com actualizações em 1994 e em 1995, cit: *"Fonds de Commerce".*

WOLF, ECKHARD / ECKERT, HANS-GEORG
- Handbuch des gewerblichen Miet-, Pacht- und Leasingrechts, 7.ª Edição, RWS Verlag Kommunikationsforum, Köln, 1995, cit: *"Handbuch des gewerblichen Mietrechts".*

XAVIER, BERNARDO DA GAMA LOBO
- A repercussão do encerramento definitivo do estabelecimento nos contratos de trabalho, na Revista de Direito e de Estudos Sociais, Janeiro-Março 1973, Ano XX, N.º 1, pp. 1 e s., cit: *"A repercussão do encerramento definitivo do estabelecimento nos contratos de trabalho".*

XAVIER, VASCO DA GAMA LOBO
- Locação de estabelecimento comercial e arrendamento – Parecer, na Revista da Ordem dos Advogados, Ano 47, Dezembro, 1987, pp. 759 e s., cit: *"Locação de estabelecimento comercial".*

ÍNDICE

INTRODUÇÃO 7

CAPÍTULO PRIMEIRO
A EMPRESA E O ESTABELECIMENTO NO DIREITO

SECÇÃO I – A EMPRESA

1. A recepção da empresa pelo Direito 11
2. Os dados pré-legais e a empresa 16
3. As pessoas e a empresa 18
4. A actividade e a empresa 20
5. Os bens e a empresa 22
6. As relações de influência entre os diversos perfis da empresa: a necessidade de ponderação unitária 25
7. A perspectiva institucional 27

SECÇÃO II – O ESTABELECIMENTO

8. Razão de ordem 31
9. Metodologia na determinação do estabelecimento 33
10. O estabelecimento como valor de mercado 44
11. Os valores de mercado no estabelecimento 46
12. O aviamento 49
13. A clientela 56
14. O carácter não autónomo dos valores ínsitos no estabelecimento .. 59

SECÇÃO III – CONCRETIZAÇÃO: A EMPRESA E O ESTABELECIMENTO COMO REALIDADES JURIDICAMENTE RELEVANTES.

15. Balanço 63
16. O valor de projecção externa e o valor de organização interna como critério . 64
17. Opção qualificadora 69

CAPÍTULO SEGUNDO

CARACTERIZAÇÃO ECONÓMICO-SOCIAL DOS CENTROS COMERCIAIS

SECÇÃO I – IDENTIFICAÇÃO

18. Origem e expansão dos centros comerciais	73
19. Os centros comerciais no seio das organizações comerciais: algumas distinções	75
20. Razão de ordem	76

SECÇÃO II – FÓRMULA DE INTEGRAÇÃO COMERCIAL QUE ACOLHEM

21. Descrição	77
22. Análise	79
23. Significado	88

SECÇÃO III – DEFINIÇÃO DE CENTRO COMERCIAL

24. Algumas noções de centro comercial	97
25. Síntese orientadora	104

CAPÍTULO TERCEIRO

O CENTRO COMERCIAL, A EMPRESA E OS ESTABELECIMENTOS

SECÇÃO I – ALGUMAS POSIÇÕES DOUTRINAIS

26. Estabelecimento único	107
27. O sobre-estabelecimento e os vários estabelecimentos	116
28. Mera pluralidade de estabelecimentos individuais	118

SECÇÃO II - POSIÇÃO ADOPTADA

29. Sequência ordenadora	121

SUBSECÇÃO I – OS ESTABELECIMENTOS NO CENTRO COMERCIAL

30. Os estabelecimentos dos lojistas	122
31. O estabelecimento do promotor	123

SUBSECÇÃO II – A EMPRESA NO CENTRO COMERCIAL

32. A cisão entre o estabelecimento e a empresa	128
33. A projecção externa unitária	130
34. A empresa única	133

SUBSECÇÃO III – CONCLUSÕES

35. Impossibilidade de ponderação jurídica unitária de todos os centros comerciais   135

CAPÍTULO QUARTO
ESTRUTURAS JURÍDICAS DOS CENTROS COMERCIAIS

36. Indicação de sequência   139
37. A pessoa colectiva única   140
38. A propriedade horizontal   145

SECÇÃO ÚNICA – O CONTRATO DE INSTALAÇÃO DO LOJISTA

39. Ponto de referência   150
40. Razão de ordem e método   151

SUBSECÇÃO I – DESCRIÇÃO E ANÁLISE

41. O conteúdo   157
42. O objecto   159
43. O fim...   161
44. A causa   163
45. O sentido...   167

SUBSECÇÃO II – QUALIFICAÇÃO

46. O contrato de arrendamento   168
47. A cessão de exploração de estabelecimento comercial   177
48. Conclusão: a atipicidade..   186

BREVE CONCLUSÃO   188

BIBLIOGRAFIA   191